行政 カタカナ用語辞典

中邨 章 (明治大学教授) 監修

イマジン出版

分野	あ	か	さ	た	な	は	ま	や	ら	わ
行政	11	33	43	52	58	61	75	78	79	84
経済	88	96	102	108	112	113	120	122	122	125
ＩＴ	128	141	143	148	151	152	157	158	158	160
福祉・医療	164	172	177	181	183	184	188	189	189	190
教育	192	194	194	195		197	197		197	
環境	200	206	209	213	215	216	219	220	220	221
都市計画	224	227	228	229	230	230	231		231	
交通	234	237	238	239	239	239	240		240	
一般	244	255	259	263	266	268	275	278	278	280

内容

出版するにあたって　中邨　章
……………………………… 4

この辞典の使い方 …… 6

凡例 ……………………… 7
　収録した語
　見出し
　説明

本文 ………………… 9-297
　行政 ……………… 9-85
　経済 …………… 87-125
　ＩＴ …………… 127-161
　福祉・医療 …… 163-190
　教育 …………… 191-198
　環境 …………… 199-222
　都市計画 ……… 223-232
　交通 …………… 233-241
　一般 …………… 243-281

索引
　あ—わ ………… 282-296

現代行政用語一覧
　あ—わ ………… 296-297

監修者・著者紹介
　………………… 298-299

は、コンピューター用語に関する識字率は、世代によって相当、異なる。コンピューター用語の識字率が、世代間の情報格差を広げる可能性がある。そのため、とりわけ行政では、カタカナ表現の使用には慎重でなければならない。高齢者人口が増加する現在、カタカナ表現の多用は一部の住民を苦しめ、彼らを自治体行政の片隅に追いやる危険性もある。出来る限りカタカナ表現は日本語に置きかえ、すべての住民が理解できる共通言語が行政運営の基本でなければならない。

　最近、行政の現場ではしばしば、首をかしげたくなるような意味不明のカタカナ表現が登場する例が増えた。ほとんどが、和製英語である。行政実務の担当者しか理解できない用語が増加している。2つの事例を挙げる。一つは、「アダプト制度」である。都市の美化などに使われている表現であるが、住民が公園や道路など特定の場所を担当し、それらの場所の環境を美化することに貢献する制度である。これが「都市美化推進制度」ではなぜだめなのか、不思議でならない。もう一つは、「マルチペイメント制度」である。これも和製英語であるが、税金を含む公共料金などの納入を、銀行やコンビニなどにも広げ、窓口を多様化する方法のことを指している。この表現は、公共料金の「分割払い」という意味に受けとられることが多い。誤解を招く行政用語である。ただ、この制度についてはすでに運営機構がつくられ、協議会も発足している。今後、行政用語として成熟していくのかもしれない。

　今回、そうした状況を念頭にしながら「カタカナ行政用語集」の改訂版を「行政カタカナ用語辞典」として刊行することにした。旧版と同様、カタカナ表現は行政に係わるものに限定している。出来るだけ要領よく説明することを心がけ、自治体議員や公務員、それに住民が、カタカナ用語を理解する際の簡便な参考資料になることを目指した。

　用語の説明について、改訂版では明治大学大学院で勉強を重ね、その後、東京都国分寺市に公務員として採用された芦田隼人君がたたき台をつくった。その後、明治大学で助手補をしている三原武司君と、財団法人行政管理研究センターの研究員である西村弥君の2人がそれを土台に、さらに検討をつづけた。さらに言うと、旧版は、すでに研究者として活動する佐々木一如、鈴木潔（日本都市センター研究員）、砂金祐年（常盤大学専任講師）の3君が明治大学大学院に在籍していたころにまとめたものである。今回は、彼ら3君を編集者に入れなかったが、彼らの業績が今回の改訂版の基本になっている。それらの諸氏にあらためて感謝の意を表したい。

行政カタカナ用語辞典を出版するにあたって

著者代表
中邨　章
（明治大学政治経済学部・公共政策大学院教授）

　自治体の間で「国際化」の必要性が、さかんに主張された時代があった。なかには、外国人の居住者に特別の手当を支給するところも出てきた。バブル経済が絶好調を迎えた時代のことである。現在の時点に立って振り返ると、自治体が「国際化」と叫んできた政策は、その場かぎりの対応策でしかなかったという印象を受ける。ただ、その後、時代は急変した。「国際化」という表現そのものが後退し、今や「グローバル化」の時代である。自治体はもとより日本全体が、好むと好まざるとに係わらず、この「グローバル化」の影響下におかれる状況になった。

　指摘するもでもないが、「グローバル化」は日本で IT と呼ばれる情報手段の発達によってスピードを上げた。日本以外では ICT(Information and Communications Technology) と通称される情報通信技術の発達は、われわれのこれまでの生活を大きく変えた。なかでも、時間や空間の概念はほとんど意味のないものになった。実は今、この文章をアメリカで書いている。資料はすべてインターネットで検索している。ほとんど日本にいる環境と変わらない。わたくしが留学生として暮らした 45 年前とは雲泥の差である。当時は論文の資料は、船便で日本からとり寄せるしかなかった。カリフォルニアにまで資料が届くのに、数ヶ月もかかった。そのことを思うと、最近の ICT の発展には驚嘆するばかりである。

　情報化が進んで、われわれの生活に英語や英語まがいの日本語が入りこむ機会が格段に増えた。アドレス、ドメイン、ユー・エス・ビーなど、ほとんど普通名詞として使われている。これらの表現は、われわれの日常生活には普段で使用される言語になった。現状では、アドレスを「住所」と言いかえると、かえって意味が分からなくなり、混乱がおきる状況ですらある。ドメインやユー・エス・ビーなどについても、ほぼ同様のことが言える。

　情報技術の発展にともなう社会変化に対して、自治体の行政部や地方議会は今後、ますますあたらしい対応が必要とされる。現状で

この辞典の使い方

一、辞典の目的

自治体行政運営の面で、分権一括法の実施前後から、行政改革の新たな手法を求めて研究が進み、外国の先進的な手法を紹介する場合、日本にない仕組みや、制度を正確に伝えるには日本語に訳す適切な言葉がない場合や、その訳に多くの説明が必要となって、そのまま原語をカタカナで表現するということが多くなりました。また、国際機関や国際的な標準ルールが導入されるなど、経済や環境などの国際化に伴っての言葉が必要になっています。政府機関も新たな政策展開に和製英語のカタカナ語を多用しています。

また、インターネットの普及により、パソコンなどを使用する場合に必要なIT用語は原語とかけ離れた使用例などが見られ、その用例が一般語に反映するなど、パソコンを利用しない人には理解しがたい言語の変遷があります。

この辞典にはIT化が進む自治体行政にあって、国際標準を意識せざるを得ない立場の関係者が、意思疎通を容易に図るために作成されております。

二、辞典の構成と使用例

凡例をまず確認してください。調べたいことばを巻末の索引から引いてください。記号の説明が示してあります。

本文では、ことばの説明のほか、五十音の行末に「現代行政用語」として詳しい解説が別に掲載しています。【関連】と頭についていればその前のことばに関連していることばです。説明文の末尾に矢印（⇩）で頁が記載されていれば、同じことばで、他の分野で他の意味があります。そちらも確認してください。

各分野の仕分けは、おおまかなものです。主にその政策を議論する場合に使用することが多いという程度です。

現代行政用語は、行政改革や行政運営の議論には欠かせないことばを詳細に解説しています。ここを拾い読みするだけで、行政各分野の新しい手法や動きが読み取れます。巻末に一覧と頁を記載していますので、参考書としても利用できます。

凡例

収録した語

1 行政の新しい発想や理念を説明する場合によく使用されることばを中心に収録しているが、政策議論に不可欠なさまざまな分野で使用されているカタカナ語もできるだけ収録した。

行政の分類の場所以外に、❋ 現代行政用語 として詳細解説を各分野に記載。

2 現代、パソコンなどIT関連、経済や環境問題などの政策各分野でよく使用されるカタカナことばをIT、福祉・医療、教育、環境、都市計画、交通に分類。

3 現代、コマーシャルなどに使用され一般常識として使われるようになってきたことばを一般という項目に主に分類。

4 WHOなどのような国際機関やISOなど、英語の頭文字をとって名称としていることばを収録。

見出し

1 見出し

① 見出しには原則としてカタカナを用い、日本語との合成語は漢字やひらがなを使用した。Tはティー、Vはヴィもしくはビ、Wをダブリュもしくはダブルなど多く使われている音をカタカナで表記しているが、アダプトとアドプトなど同意であるが音がちがう語はなるべく両方を示した。

② アイ・エス・オーなど各単語の頭文字をとったものは中点（・）を間にいれ、そのほかのサテライトオフィスのような英単語2語以上で構成されるものには中点は使用していない。

③ 各分野ごとに五十音順に列記している。五十音の項目のそれぞれの文末に現代行政用語を再録して解説がある場合は文末に ❋ 印が頭についている。

表記形

① 【 】 の中に原語を示した。【英】→英語、【仏】→フランス語、【露】→ロシア語、【希】→ギリシア語、【西】→スペイン語、【ラテン】→ラテン語、【蘭】→オランダ語、【独】→ドイツ語。また、【和製英語】とあるのは英語には無い表現であるが、日本で一般に使用されているカタカナ語。【和＋英】とあるのは日本語と英語の複合語。【英語名】は日本の機関を英語で表記した場合やその略称。

② 英語やフランス語などの原語の綴りを【 】の

後に示した。

関連語
関連することばはもとになる語の次に【関連】として収録している。

3

説明
① 行政関係の場面で使用されることが多いことばに関しては、できるだけそのような場面での意味を詳しく説明した。
② 一語にいくつかの意味がある場合は①、②と示した。また、同じことばで他分野に説明を立てた場合は、文末に矢印で頁を示した。

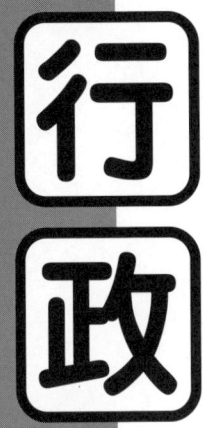

あ　行政

※アーカイブス【英】 archives

記録保管館、保存記録。公文書保管館、公文書館。履歴。

アール・アイ・エー【英】 RIA(Regulatory impact analysis)

規制影響分析。⇨インパクト分析22頁参照。

アール・ティー・エー【英】 RTA (regional trade agreement)

地域貿易協定。FTAと関税同盟の両方の特徴を備えた協定。双方を含む概念。参加国間の共通通商政策を前提としており、対外的には共通関税を設定する点が通常のFTAと異なる。⇨EPA20頁参照、FTA25頁参照、フリー・トレード・ゾーン117頁参照。

※アイ・エス・オー【英】 ISO (International Organization for Standardization)

国際標準化機構。

アイ・エス・オー‐14000【英】 ISO14000 (Intenational Organization for Standardization)

ISOが開発した環境マネジメントシステム（EMS：Environmental Management System）。わが国では、国家規格のJISとして発行。ISO14000ファミリー（シリーズ）は、数次にわたって改訂されており、現在では、ISO14001「環境マネジメントシステム―要求事項及び利用の手引」ISO14004「環境マネジメントシステム―原則、システム及び支援技法の一般指針」ISO14015「環境マネジメント―用地及び組織の環境アセスメント（EASO）」ISO14020「環境ラベル及び宣言―一般原則」など、多数から構成する。

（関連）**アイ・エス・オー‐9000【英】** ISO9000 (Intrenational Organization for Standardization)

国際標準化機構（ISO）が制定した品質管理システムに関する基準。1987年に制定されたのち1994年と2000年に改定されている。ISOが開発した品質マネジメントシステム（QMS：Quality Management System）。わが国では、国家規格のJI

Sとして発行。ISO9000ファミリー（シリーズ）は、数次にわたって改訂されており、現在ではISO9000「品質マネジメントシステム—基本及び用語」、ISO9001「品質マネジメントシステム—要求事項」、ISO9004「品質マネジメントシステム—パフォーマンス改善の指針」などから構成される。

アイ・ティー戦略本部【英＋和】IT

高度情報通信ネットワーク社会推進戦略本部。2001年に内閣に設置された機関。わが国のIT化を推進するための基本計画であるe-Japan重点戦略（2001～2003年）、e-Japan重点戦略Ⅱ（2003～2006年）、IT新改革戦略（2006年～）の策定ほか、各年度ごとの重点計画を策定。前身は情報通信技術戦略本部。

※アウトカム評価【英＋和】outcome

ある政策を実施することによって、どのような成果や効果が生じたかを観察する評価方法。

（関連）アウトカム【英】outcome

結果。成果。

※アウトソーシング【英】outsourcing

（資金や製品などの）外部調達、外注。業務の外部委託。

（関連）共同アウトソーシング【和＋英】outsourcing

IT投資が深刻な財政負担となっている自治体に対して、パッケージソフトウェアを活用してシステムを構築し、自治体間での共同利用を推進することで、各自治体の効率的なIT投資を支援する総務省の事業。情報システムを外部委託することにより、共同データセンターが設けられ、情報システムの運用が行われることになるが、民間がもつノウハウを活用することによって、低コストでありながら高い情報セキュリティ水準が確保できる。また、単独運用と比較して、システム運用コストが削減できることや、内部管理業務の効率化などが、その効果として期待されている。

アウトプット【英】output

算出。生産高。

行政

アウトプレースメント【英】outplacement
余剰人員に対する再就職の世話。再就職支援。転職斡旋。

❋**アカウンタビリティ**【英】accountability
答責性。説明責任。

アクション・プラン【英】action plan
行動計画。ある政策を、どのように実施、運営してゆくのかを具体的に示した計画書。または選挙において、候補者が、公約の実現に向けて提示する計画書。

アクション・プログラム【英】action program
実行計画。実行手順。行動計画。⇨アクション・プラン13頁参照。

アクセス権【英＋和】right of access
政府や自治体が持つ情報を公開することを国民が請求することができる権利で情報開示請求権ともいう。⇨別分野129頁参照、164頁参照、245頁参照。

❋**アジェンダ・セッティング**【英】agenda-setting
議題設定。

（関連）**アジェンダ**【英】agenda
議題。検討課題。行動計画。議事日程。⇨アジェンダ21、200頁参照。

アジャスト【英】adjust
調整。調停。

アセスメント【英】assessment
査定、評価の意。とりわけ、「環境アセスメント」が有名である。⇨環境アセスメント206頁参照。

（関連）**時のアセスメント**【和＋英】assessment
北海道庁が1997年から実施してきた、政策の再評価システム。長期間停滞している政策や、時間の経過により変化し、社会的状況や住民要望が低下した政策などの見直しを行うことを目的とした。現在は「政策評価」の観点を加えた、「政策アセスメント」が実施されている。

行政

アセンブリー 【英】assembly
集合。議会、立法府。機械などの組み立て部品。

✽**アダプト・システム**（アダプト・システム）【英】adopt system
行政が管理している公共施設の管理を、民間に委託する方式。地域住民や企業などと行政とが協力して進める、まちの美化運動を実施する際に採用されている。

（関連）**アダプト／アダプト**【英】adopt
採用、採択する。養子にする。行政用語としては「アダプト」が多い。

（関連）**アダプト・ロード・プログラム**【和製英語】adopt road program
市民団体や企業などに、一般道路や高速道路のサービスエリアを長期間にわたりごみ拾いや花壇の管理をしてもらう（里親）制度。

アドバイザー【英】adviser
助言者。相談役。

アドボカシー・プランニング【英】advocacy planning
都市計画などの計画立案において、貧困層などの社会的弱者や住民団体といった多様な集団が意見を述べたり、これらの集団を代弁する専門家（アドボカシー・プランナー）が代替案を立案したりすることなどによって、多様な価値観を反映させようとする活動。

✽**アドミニストレーション**【英】administration
管理、統治、行政。

（関連）**アドミニストレータ**【英】administrator
管理者。行政官。長官。⇩別分野 130 頁参照。

アナウンスメント【英】announcement
告知すること。公表。発表。

（関連）**アナウンスメント効果**【英＋和】announcement effect
報道の影響により、視聴者の心理や行動に影響が生じること。アナウンス効果とも呼ばれる。とくに選挙の予測報道においては、アンダードッグ効果とバンドワ

行政

アパシー【英】 apathy

無気力な状態。意欲に乏しく無感動な様。政治的無関心。

アパルトヘイト【アフリカーンス】 apartheid

「隔離」を意味する言葉。南アフリカ共和国が、白人政権のもとで行われてきた、有色人種差別政策の総称。1993年に廃止された。

アファーマティブ・アクション【英】 affirmative action

アメリカで実施されてきた、少数民族や、女性、身体的・精神的ハンディキャップを負った人々に対する、差別是正を目的とする優先政策のこと。大学の入学優先入学を認める方策や、就学以前の児童に特別の準備教育をする方法などが有名。しかし、優先政策によって成人白人男性が逆差別を受けるという問題が発生し、訴訟が起こされている。そのため優先政策は縮小の方向にあるとされる。

アポインティブ【英】 appointive

任命。行政組織における「政治任命職」（political appointee）を指して用いられたことがある。⇒スポイル・システム49頁参照。

アンケート【仏】 enquete

多人数に一定の方式で行う質問調査。または、その調査に対する回答。

アンダードッグ効果【英＋和】 underdog

選挙において特定政党の圧勝を嫌ったり、優位の候補者に投票する必要性は薄いと判断したりすることで劣勢と報道された候補者に有権者が投票する現象。反対の現象はバンドワゴン効果。⇒アナウンスメント効果14頁参照、バンドワゴン効果64頁参照。

アンチ・グローバリズム【英】 anti-globalism

グローバル化に反対する運動、ないしそうした動き。⇒グローバリゼーション38頁参照。

ゴン効果に分類される。⇒アンダードッグ効果15頁参照、バンドワゴン効果64頁参照。

アンテナ・ショップ 【和製英語】antenna shop

新商品などをテスト的に売り出し、その反応から消費者の需要動向を探るために設けた小売店。近年では、自治体においても、主に都道府県やその外郭団体が東京都内を中心にアンテナショップを展開し、特産品の販売や飲食店の運営、観光案内などを行っている。また、テナント料等の運営維持費を節減する方式として、和歌山県の「ソフトアンテナショップ」ように積極的に百貨店、ホテル等で移動式のフェアを開催する、固定の店舗を持たない方式もみられるようになった。

〔関連〕アンチ【英】anti

「反」「反対」の意味の接頭辞。

アントレプレナー 【英】entrepreneur

高い志と成功意欲の強い起業家。①現状を変えるために主導権を握り、②それを実現するために、資源などを組織化・再組織化することができ、加えて③一連の行動に伴うリスクを受け止めることができる人物のこと。本来、アントレプレナーとは「組織外の起業家」と訳されることが多いが、実際には、停滞している組織の現状を打破することを目的として、企業や公的機関の中においても、アントレプレナーの精神（アントレプレナーシップ）をもった管理者などが求められている。

✱現代行政用語

アーカイブス 【英】archives

記録保管館、保存記録。公文書保管館、公文書館。履歴。

アーカイブ（公文書館）は「歴史資料として重要な公文書等の適切な保存及び利用」を目的として設置されるものであり、この点で、様々な図書一般を収集整理し、閲覧に供しているライブラリー（図書館）と異なる。現在、国民は情報公開法により、政府、自治体の公文書を閲覧できるが、これは情報公開請求時に政府等で保管されている公文書を対象としている。保存期間を超過した公文書の散逸を防止し、それを閲覧できる点にアーカイブの意義がある。また、わが国では内閣総理大臣が国立公文書館の意見

❋ 現代行政用語

アイ・エス・オー 【英】 ISO (International Organization for Standardization)

国際標準化機構。ジュネーブに本部を置き、電気・電子分野を除く分野の標準化を推進する国際機関。1947年に非政府団体として設立され、国際貿易の円滑化・促進のための国際規格の策定をしている。品質管理及び品質保証に関する国際規格ISO9000シリーズや、組織活動が環境に及ぼす影響を最小限にくい止めることを目的に定められた環境に関する国際的な標準規格ISO14000シリーズは、日本でも広く認知されるようになってきている。わが国においては、財団法人日本適合性認定協会（JAB：The Japan Accreditation Board for Conformity Assessment）が、審査登録機関を認定しており、この審査登録機関に申請し、審査を受けることでISOの認証を受けることができる。

❋ 現代行政用語

アウトカム評価 【英＋和】 outcome

ある政策を実施することによって、どのような成果や効果が生じたかを観察する評価方法。パソコン講習会の開催を例にすると、講習会を開催するために必要とされる費用や職員数は、インプット（入力）指標になる。講習会が何回開催されたか、受講者は何名であったかはアウトプット（出力）指標と呼ばれる。それに対して、アウトカム指標は、受講者のうち実際に何名がパソコンを使えるようになったかを表す指標。アウトカム評価は、政策の最終的な成果や効果に注目する点で、これまでの政策分析とはやや異なる性格を備えている。

❋ 現代行政用語

アウトソーシング【英】outsourcing

（資金や製品などの）外部調達。外注。業務の外部委託。行政分野においては、ごみの回収、施設の維持、管理、情報システムの運営など、様々な業務で外部委託が行われている。事業を外部に委託するのは、主として行政組織内部には無いノウハウの調達、あるいは、経費削減のためである。だが、資源や情報が、民間企業などによって管理、運用されるケースが増えると、プライバシー保護や情報管理などに問題が生じることがあるほか、委託業者を変更する際に事業継続に必要なノウハウが行政組織内部に蓄積されていないことにより、事業の継続に支障が生じることなどがあるため、これらの面での制度整備が急務とされる。

❋ 現代行政用語

アカウンタビリティ【英】accountability

答責性。説明責任。行政責任の明確化などとともに呼ばれる。行政の分野で権限を行使する人物や組織は、それぞれのとった行動や、各々が進めた政策に責任を負わなければならない。責任の所在を外部に向かって公開することは、行政の正当性を高めるための必要要件である。ただ、日本のように行政の行動がグループで実施される場合、責任の所在があえてして不明確になりがちであった。それを是正するため、手続きや政策の決定過程などをガラス張りにし、それらの中身を外部に説明するなど、責任制の高い行政を進めることが必要である。

❋ 現代行政用語

アジェンダ・セッティング【英】agenda-setting

議題設定。ある政策がつくられるためには、その案件が議題として確定して日程に上り、課題が討議の

対象にされる必要がある。これは一見、単純なように思われるが、議題設定はしばしば政治が絡んで複雑な様相を呈する。いかに深刻な解決すべき問題が生じていても、人々（とくに政治的に議題を設定できる政治家や官僚など）に「課題として認識」されなければ、検討、討議すべき対象とはならないからである。議会などでは議長の権限が議題の設定に大きな影響をもつ。政府では、総理大臣や閣僚がトップダウンで検討課題を設定することもあれば、各府省の官僚が課題を発見し、政策立案にとりかかることもある。その上、有力議員の政治力、利益団体による政治家や官僚、マスコミへの働きかけも無視することはできない。このようにアジェンダ・セッティングは政治過程、政策過程の両方に関係する。その前段階（前決定）に注目する研究もある。

※ **現代行政用語**

アダプト・プログラム（アダプト・システム）【英】adopt program

地域住民や企業などと行政とが協力して進める、まちの美化運動のこと。元来、英語のアダプト（adopt）には、「〜を養子にする」、「〜を一定期間あずかって養育する」という意味がある。ここから転じて、地域住民や企業などが「里親」となって道路や河川をはじめとした公共の場所を「養子」とし、清掃、美化運動を行い、行政がその活動を支援することを意味するようになった。アメリカのテキサス州で道路の清掃から始まったとされる。活動を行うに際しては、里親となっている団体名などを示すために、看板がたてられる。道路に関しては、特に区別して「アダプト・ロード・プログラム（adopt road program）」といわれることがある。

い　行政

❋ 現代行政用語
アドミニストレーション【英】administration
管理、統治、行政。行政の分野で使用されることの多い表現。経営学にも登場する。ただ、行政分野ではこの言葉は、国や自治体が作る各種の法律によって形成される公的意思を執行する業務全体を指す概念と捉えられる。一般的には、簡単に国や自治体の執行機関を指す表現として理解されている。

イー・エー【英】EA (Enterprise Architecture)
⇒エンタープライズ・アーキテクチャ26頁参照。

❋ イー・ガバメント【英】electronic government
電子政府。

イー・コンシューマー・ガバメント【英】eConsumer.gov
OECD加盟国等における非公式な会合「消費者保護及び執行に関する国際ネットワーク」（ICPEN）のプロジェクトとして、20カ国の政府機関が参加して、国境を越えたオンライン関連取引に関して、消費者側に役立つ情報を直接提供し、また、消費者側から苦情を直接集めるためのeConsumer.govサイトが運営されている。このサイトは、これまで、英語の他に、仏独西韓等の言語で閲覧することができたが、2007年5月、日本語による閲覧も可能になった。日本語を使う消費者にとっても、このサイトから、オンライン取引を行う

イー・ピー・エー【英】EPA (Economic Partnership Agreement)
経済連携協定。FTAの要素を含む、より広範な対象分野に関する協定。締約国間における経済取引の円滑化、経済制度の調和、協力の促進等市場制度や経済活動の一体化のための取り組みなどを含む。⇒RTA11頁参照、FTA25頁参照、フリー・トレード・ゾーン117頁参照。

イニシアチブ 【英】initiative

①主導権。②国民の政治への直接参加の一形式で、一定数の有権者が国や自治体の立法に関する提案を行う制度。⇒シチズン・イニシアチブ45頁参照。

イニシャル・コスト 【英】initial cost

初期投資費用。施設の建設や、機器、システムを導入するときにかかる費用のこと。これに対し、施設の運営、機器、システムの運用にかかる経費をランニング・コストと呼ぶ。⇒ランニング・コスト80頁参照。

イミグレーション 【英】immigration

①（他国からの）移民、移住。②入国審査、出入国管理。

インカメラ審査 【英＋和】in camera

最初は裁判官室の中でという意味。情報公開制度で実施機関が非公開決定とした情報が現実に存在するのか、又は非公開としたことが妥当であったか等を判断するため、審査会の委員が直接その情報を見ることができる方式をいい、これにより公正な判断の確保が図られるものである。

インキュベーション 【英】incubation

卵がかえるまで抱えるさま。起業家育成、起業支援、新規事業育成、新規事業支援。

(関連) インキュベーター 【英】incubator

もともとは保育器や孵卵器の意味。転じて、起業家精神を持つ実業家に、場所・資金・人材などを提供して、企業の発足を支援する機関・施設を指す。

✽インクリメンタリズム 【英】incrementalism

増分主義、微増主義。

インセンティブ 【英】incentive

動機。目標を達成するための刺激。報奨。

(関連) インセンティブ規制 【英＋和】incentive regulation

公益事業に対する料金規制方法の一つ。被規制企業に経営効率向上への誘因を提供する。

行政 22

(関連) インセンティブ手法【英＋和】incentive
建築物等に対する容積、形態などの一般的規制を排除することにより、優良な建築活動を誘導する方法。

インタープリテーション【英】interpretation
一般的に「解釈」と訳される。外国では「自然遺産や文化遺産を通訳すること」を表し、自然、文化、歴史(遺産)をわかりやすく人々に伝える活動のこと。一方的な説明ではなく、また知識そのものを伝えるだけでなく、その裏側にある"メッセージ"を伝える行為。

インタレスト・グループ【英】interest group
利益団体。圧力団体とも呼ばれる。特定の利害を共有する組織や団体によって構成され、政治家や行政に圧力をかけることを目的にする集団。経団連、医師会、農協、地方六団体などがこれにあたる。

インテリア【英】interior
①内政、内務。②室内装飾。

インパクト分析【英＋和】impact analysis
影響分析。政策分析の手法。政策が実施に移されたあと、それが社会にどのように影響を及ぼしているかを計測しようとすること。アウトカム評価に類似した考え方。日本では、新たに規制を導入することによって、どのような影響が経済、社会に及ぶかについて事前に分析する規制影響分析(regulatory impact analysis: RIA)が、2004年から試行的に実施されてきたが、2007年10月から政策評価法の改正により、国の行政機関は規制の新設、改廃の際にRIAの実施が義務付けられている。

(関連) インパクト【英】impact
衝撃、影響の意。

✤インプリメンテーション【英】implementation
実施。特に政策実施。

✲ 現代行政用語

イー・ガバメント【英】Electronic government
電子政府。国や自治体への届け出・申請や納税、さらには手数料支払いなどの手続き、それに行政情報の閲覧などをパソコンからインターネットを通じて行うことができる仕組み。役所などに出向く必要がなくなる、情報が容易に入手できるなど、利便性が向上する反面、個人情報の漏洩など、安全面での課題も抱えている。1999年に策定された「ミレニアム・プロジェクト」の一環として電子政府の実現がうたわれ、公共工事などの業務発注や、住民票登録などの各種手続き、行政文書の管理などにコンピュータシステムやインターネットを活用することで、効率化とコスト削減、サービスの質の向上をはかることを目指した。⇒アイ・ティー戦略本部12頁参照。

✲ 現代行政用語

インクリメンタリズム【英】incrementalism
増分主義、微増主義、あるいは漸増主義。行政分野で予算の変化を説明するときに用いられる表現。予算の決定には、普通、多数の人々が関わる。それらの人々の選択肢は、前年度の実績にもとづくことが多い。また、関係者は政策を積極的に変えることよりも、微調整にとどまる。また、予算の策定にあたっては、政治家や官僚、利益団体など、多数の人々が関係し、それが決まる過程ではいろいろな意見が表出する結果、微増や微減を繰り返すことになる。

✲ 現代行政用語

インプリメンテーション【英】implementation
実施。特に政策実施。アメリカの行政から出てきた表現。アメリカのように分権制をとる国では、連邦

行政 24

政府の意図と、自治体の思惑とが異なることがある。雇用の創出などを目的とした連邦政府の政策が、自治体で実施に移されると、様々な事情が絡んで政府の初期目的が実現しないことが起こる。このギャップを問題にするために登場したのが、インプリメンテーションという考え方。初期の政策目標により近い結果を得るためには、政策を立案する際に現場の状況を良く知ること、それに政策を実施に移す過程で柔軟な対応策をとることなどが要求される。

う　行政

ウェストミンスター・モデル【英】 Westminster Model

議院内閣制の中でも、政府の権限を内閣に集中した政府体系を指す。主に、イギリス型の議会制度を指して用いられる。ウェストミンスター（Westminster）は、イギリスの首都ロンドン中心に位置し、国会議事堂やバッキンガム宮殿がある。ウェストミンスター型に対し、議会での野党との協調・合意を重視し、法案を修正する欧州大陸型がある。

え　行政

※エイジェンシー【英】 agency

特定の任務を持つ行政機関や部局のことを指す。

※エー・ディー・アール【英】 ADR(Alternative Dispute Resolution)

裁判外紛争処理制度のこと。

エー・ビー・シー【英】 ABC(activity based costing)

活動基準原価計算。管理会計の手法のひとつ。膨張し続ける間接費を管理し、各活動単位に正しく反映させる原価計算法。企業の利益を圧迫している活動を把握することができるなどのメリットが期待される一方で、分析自体に費用や時間がかかることやそれ自体が自己目的化してしまうおそれのあることがデメリットとして指摘されている。近年、行政の現場においてもABCが用いられるようになっているが、それを行政にあてはめて定義してみると、行政サービスを業務

エクイティ【英】equity

① 公正。② 英米法における金銭によらない救済を求める紛争を解決する法制度の分野をさす。③ 株式持分、普通株。⇨エクイティ・スワップ92頁参照。

エスニシティ【英】ethnicity

文化、言語、伝統などを媒介に形成された民族的特性。

エヌ・ジー・オー【英】NGO (nongovernmental organizations)

非政府組織。

エヌ・ピー・エム【英】NPM(New Public Management)

新行政管理学。新行政管理法。新行政経営論などとも呼ばれる。

エヌ・ピー・オー【英】NPO(nonprofit organizations／Nonprofit Organization／Not-for-profit Organization)

特定非営利活動団体。多種多様な社会活動を行う非営利の民間組織。

エフ・ティー・エー【英】FTA (free trade area)

自由貿易協定。締約国との間で関税の撤廃や、その他の制限的通商規則、サービス貿易の障壁等の撤廃を内容とする協定⇨フリー・トレード・ゾーン117頁参照、EPA20頁参照、RTA11頁参照。

エム・ピー・エヌ【英】MPN (multi-payment network)

⇨マルチ・ペイメント・ネットワーク76頁参照。

エル・シー・シー【英】LCC (life cycle cost)

⇨ライフ・サイクル・コスト79頁を参照。

エル・ジー・ワン【英語名】LGWAN (Local Government Wide Area Network)

総合行政ネットワーク。

の最小単位ごとに分類・分解し、各業務単位ごとにどれくらいのコストがかかるのかという点について分析することになる。実際に、千葉県市川市などがある。ABCを導入し活用している自治体としては、

（関連）霞が関ワン【和＋英】WAN (wide area network) 国の各府省のLANを相互に接続しているWANのこと。

✿ エンタープライズ・アーキテクチャー【英】enterprise architecture (EA)
組織体制の最適化の手法のひとつ。

✿ エンパワーメント【英】empowerment
①授権。②能力開化、能力強化。経営用語としては、組織の第一線に権限を委譲する組織運営の方法を指す。

エンフォースメント【英】enforcement
法執行。

エンプロイアビリティ【英】employability
雇用可能性。社会人の雇用され得る能力。

✿ 現代行政用語

エイジェンシー【英】agency
①わが国の行政機関のうち、「庁」の英訳。②イギリスなどにおいて、政策の企画立案をになう本省に対して、実施を担う機関。独立の法人格は持たないが民間企業等との競争的入札を通じて、エイジェンシーの長は本省の大臣と契約を交わし、事業を実施する。政策を企画する部門とそれを実施する部署を分離することが、エイジェンシー化のもっとも大きな特徴であり、その目的は行政のコスト削減と効率の向上にある。エイジェンシーには人事や財政、それに事業面における裁量権を付与されているが、エイジェンシーの担う事業は業績評価の対象となる。わが国においては①の用法のほか、特定の任務をもつ行政機関の部局や付属機関を独立行政法人化することを「エイジェンシー化」と呼ぶことがある。こうした用法がなされるのは、1996年の「橋本行革」において政府事業のエイジェンシー化が打ち出され、その結果、独立行政法人制度が誕生したことによる。現在まで、各省付属の機関にとどまらず、

国立大学や国立病院の独立行政法人化（国立大学法人化）も進められた。各府省の独立行政法人評価委員会は、各府省が所管する独立行政法人について業績評価を行い、それらの業績評価について、総務省の政策評価・独立行政法人評価委員会が意見を述べ、主要な事務・事業の改廃に関して主務大臣に勧告を行う。

❋ 現代行政用語

エー・ディー・アール 【英】ADR(Alternative Dispute Resolution)

裁判外紛争処理制度のこと。裁判に至る前の紛争解決手段。具体的には、調停など、裁判所が関与するものもあれば、行政機関や民間の機関による仲裁などもある。日本では、裁判所において行われている民事調停や家事調停もこれに含まれ、また、その他裁判所外で行政機関、民間団体、弁護士会などが行う、仲裁、調停、あっせんなどの手続きも含まれる。契約を結ぶにあたって、「将来この契約に関して紛争が生じた場合は仲裁で解決しよう」と決める場合と、問題が生じてからADRの導入を決める場合がある。当事者（制度の利用者）の自主性を活かせること、法律に縛られず実情にあった解決を図ることができる可能性の高いこと、迅速かつ簡易な解決が実現できることなどが特徴。なお、ADRの利用を促進することを目的として、裁判外紛争解決手続利用促進法（2007年4月1日施行）が制定されている。

❋ 現代行政用語

エスニシティ 【英】ethnicity

文化、言語、伝統などを媒介に形成された民族的特性。エスニシティが問題となるのは、国民国家との関係においてである。従来、国家の枠組みと民族の枠組みは一致するものと考えられてきた。しかしながら、現在ではそのような国家と民族の一致は歴史的に作為されたフィクションなのではないか、といういう議論が出始めている。それには2つの理由がある。一つは、欧米諸国でアジア、アフリカ諸国からの移

民の定住化が進行し、彼らの社会参加と政治参加が重要な課題になってきたこと。二つ目は、国内の少数民族の自治運動や地域文化保護運動が隆盛し、国家の内部の文化的多様性が明らかになったことである。

❋現代行政用語

エヌ・ジー・オー【英】NGO(nongovernmental organizations)

非政府組織。本来はNPOとほぼ同義。NGOは特定の分野で政府に関わって様々な活動をする団体。近年ヨーロッパなどで注目される活動をしている。NGOが主役、政府・自治体は脇役になるような社会を「市民社会」と呼んでいる。日本ではNGOを国際的に活動する民間援助団体に限定して用いる場合が多い。

❋現代行政用語

エヌ・ピー・エム【英】NPM(New Public Management)

新行政管理学。新行政管理法。新行政経営論などとも呼ばれる。行政改革に関連して、最近世界的に注目を集めている考え方。その特色は、1・行政に市場原理を導入し、合理化を図ろうとすること。2・行政に競争原理をとり入れ、コスト削減に力を入れること。3・税収など財源に限りがあると考え、限られた収入をどうやりくり（マネジメント）するかを重視すること。4・政策を企画する部門と政策を実施する部門の二つに切断すること。5・政策の結果に格段の注意を払い、行政責任の明確化に力点をおくことなどである。

❋現代行政用語

エヌ・ピー・オー【英】NPO(nonprofit organizations／Nonprofit Organization／Not-for-profit Organization)

一般には、民間非営利組織のことをさす。ただし実

際には、日本において「NPO」という概念が示す範囲は、それの使われる場面によって異なる。たとえば、もっとも狭くとらえた場合、特定非営利活動法人（NPO法人）のみをさす。反対に、もっとも広くとらえた場合には、私立の学校や経済団体なども含まれることになる。日本の自治体行政において、NPOといった場合には、「特定非営利活動法人」と「法人格」を有していない任意の市民活動団体」のことをさすことが多い。その活動分野は、子育て支援・まちづくり・環境美化など、多岐にわたっており、行政が供給できない公共サービスを供給することができる主体として近年では注目されている。NPO法人については、1998年に「特定非営利活動促進法」が成立し、市民活動を普及・促進するための制度の整備が進められている。また、NPO法人のうち、一定の要件を満たしたものについては国税庁長官の認定に基づき、寄付者に税の優遇措置等とられる「認定NPO法人」になることができる。2007年9月現在で約3万2600のNPO法人が活動中である。

❋ 現代行政用語

エル・ジー・ワン【英語名】LGWAN (Local Government Wide Area Network)

総合行政ネットワーク。全国の自治体の庁内LAN同士を相互接続した行政目的専用のネットワークのこと。高い情報セキュリティ水準が確保され、自治体間の高度な情報流通を可能にしている。2001（平成13）年10月から運用が開始され、2008（平成20）年にはすべての市区町村が接続された。霞が関WANにも接続されていることによって、自治体と国との間でも高度な情報のやりとりが、このネットワークを用いることによって可能になった。これを、「国・地方連携システム」という。

❋ 現代行政用語

エンタープライズ・アーキテクチャー【英】enterprise architecture（EA）

大企組織を構成する要素をいったん分解し、業務が

効率化、システムが最適化するように再構成する手法、考え方。エンタープライズ（企業）という用語が用いられているが、基本的な考え方は、国や自治体の行政組織にも適用できるとされる。組織全体を構成要素に分解し、目的意識を持って再構成することによって、組織を構成する構成単位（部局）間の関係を明確化や、最適な情報システムの導入が可能となる。

❋ 現代行政用語

エンパワーメント【英】 empowerment
①授権。②能力開化、能力強化。経営用語としては、組織の第一線に権限を委譲する組織運営の方法を指す。ジェンダーや男女平等に関連する文脈では、さまざまな場面における女性の社会参加や男女格差の解消を目指す活動をエンパワーメントと呼称することがある。

お　行政

❋ オー・ディー・エー【英】 ODA(Official Development Assistance)
政府開発援助の略称。

オートクラシー【英】 autocracy
独裁政治、独裁国。大衆を操作することによってその支持を得つつ行われる、少数派による専断的な支配。

❋ オートノミー【英】 autonomy
自治。

オーバーステイ【英】 overstay
超過滞在、外国人の不法長期滞在。

オールド・カマー【英】 old comer
在日外国人の中でも、在日韓国・朝鮮人など旧植民地出身者及びその子孫。

オフィシャル【英】official

正式の、公式の。

オフサイト・センター【英】off-site center

前線拠点、緊急事態応急対策拠点施設。原子力災害時などにおいて、事故や災害が発生した現場である建造物や敷地（オンサイト：on-site）の外部に設置される対応センター。

オプション・ペーパー【英】option paper

実務担当者が作成する複数の実現可能な政策案。政策決定者に説明するため政策内容を簡潔に要約してある。

（関連）オプション【英】option
選択できるもの。選択肢。

❖オルタナティブ【英】alternative

代案・代替物の意。または、既存のものに対するもう一つのもの。

❖オンブズパーソン（オンブズマン）【英】ombudsperson／ombudsman

もともと護民官と訳されてきたスウェーデンに起源を持つ制度。行政に対する市民の苦情などを処理し、行政を監視する役割を担う人々のこと。

❖現代行政用語

オー・ディー・エー【英】ODA(Official Development Assistance)

政府開発援助の略称。発展途上国の経済・社会の発展や、福祉の向上に協力するために、政府資金で行われる援助。いくつかの形態があるが、供与条件をもとに分類すると、返済や利子の支払い義務のない「贈与（無償資金・技術協力）」と、返済義務を伴う「借款（融資・貸付）」、及び国際開発機構への出資・拠出の3つに大別される。日本の場合、主要な外交手段として用いられることから、国益を重視する立場をとっており、しばしば他の援助国からの批判の

対象となることもある。

❋ 現代行政用語
オートノミー【英】autonomy

自治。「自ら治める」という意味のギリシャ語 "aut" "nomuos" に由来する。分権と一緒に使われることが多い。自治が最近、改めて注目を集める。個人であれ組織であれ、自分に関わることは、自分で決めたいと思う。それを自己決定と呼ぶが、これは個人や組織が生まれながらにしてもつ願望である。自己決定には自己責任が伴う。それら2つの要件が備わってはじめて、自治が成り立つ。日本では、行政に関しては、従来から大陸型の国が自治体に対して自治を保障する「団体自治」と、住民の意思を最優先に考えるアメリカ・イギリス型の「住民自治」とに分類されてきた。自治は民主制の質向上に不可欠という見方が、日本では支配的である。

❋ 現代行政用語
オルタナティブ【英】alternative

代案・代替物の意。または、既存のものに対するもう一つのもの。産業社会に対抗する人間と自然との共生社会を目指す生活様式・思想・運動の意味でも用いられる。行政においては、ある政策に対し、「賛成」「反対」の二分論ではなく、有意義な対案を示すことで、政策議論の内容を充実させようとすることとして使われる。

❋ 現代行政用語
オンブズパーソン（オンブズマン）【英】ombudsperson／ombudsman

もともと護民官と訳されてきたスウェーデンに起源を持つ制度。行政に対する市民の苦情などを処理し、行政を監視する役割を担う人々のこと。条例などによって設置された公的なオンブズパーソン（自治体オンブズパーソン）と、NPOなどによる市民オン

か　行政

ブズパーソンとがある。公的なオンブズパーソンの場合、市民から行政に寄せられる苦情を処理するため調査権が制度化されている事例が多い。原因が制度や運営の欠陥によると判断された場合、首長に対し、是正勧告や意見表明を行なう。ただ、日本で注目を集めてきたのは、市民オンブズパーソンである。自治体のカラ出張や首長の交際費の公開などを問題としてきた。

ガーディアン・エンジェルス【英】guardian angels

非武装の民間防犯団体。非行に走る可能性のある青少年と対話し、未然に非行を防ぐことを主目的とする。1990年代にニューヨークで誕生。

ガイドライン【英】guideline

①指針、目標、指導方針。日米安保条約のガイドライン（防衛協力のための方針）。②診療ガイドラインという場合は予防、診断、治療、リハビリテーションの一貫した経過の中で、「特定の臨床状況のもとで、適切な判断や決断を下せるよう支援する目的で体系的に作成された文書」のこと。

カジノ【伊】casino

ルーレットなどを備えた公認の賭博場。もとはイタリアの夏の別荘の意。わが国でカジノの開設は、刑法第185条（賭博罪）、186条（常習賭博罪）で禁止されている。これに対し一部の自治体は、カジノの設置に積極的な姿勢を示している。たとえば石原東京都知事がパチンコと同様の方式でカジノ設置を検討し、断念した。2003年以降、鳥羽市を筆頭に熱海市などが構造改革特区としてカジノ設置を申請しているが、いずれも実現にはいたっていない。

カスタマー【英】customer

顧客、消費者。行政サービスを受ける立場にある市民を商取引と同じように「お客様」と考え、サービスの向上を図る。自治体行政でも、「顧客満足度」が課題とされてきている。

行政　34

❋ガバナンス【英】governance

協治、共治とも訳される。社会運営の方法を表す言葉。

❋（関連）ガバナビリティー【英】governability

統治可能性、統治能力。

ガバメント【英】government

支配、統治、政府。政府が垂直的に国民を統治する旧来型の統治形態を指す。ガバメントからガバナンスへというのが昨今の方向とされる。⇒ガバナンス34頁参照。

❋現代行政用語

ガバナンス【英】governance

協治、共治とも訳される。社会運営の方法を表す言葉。ガバメント（政府）の機能が低下してきた状況に対応する新しい概念。ガバナンスは、市民やNPO、NGO、企業などが、行政活動に自主的に、し

かも積極的に参加する社会運営の方法を念頭にした表現。それらの民間団体に政府や自治体も絡んで、様々な組織や機関がヨコ一列に水平的に協働しながら諸問題の解決にあたる、それがガバナンスの本質である。ガバナンスでは、行政活動の透明性や説明責任の重要さが強調される。⇒ガバメント34頁参照。

❋現代行政用語

ガバナビリティー【英】governability

統治可能性、統治能力。政府の統治能力は年々、厳しい評価にさらされてきている。とりわけ1980年代以降、先進国を中心に政府が対処するべき問題が拡大する傾向にある。景気後退とデフレの同時進行など、政府はこれまで直面したことのない難題に直面している。それに政府はどう対応するか、術はなかなか見つからない。政府の課題処理能力が低下しているといわれるゆえんである。一方、高齢化などに付随して、行政サービスに対する市民の要求も増加している。政府は、限られた人員と資源の中、

き　行政

そうした限りない市民からの要求にどう応えるか、統治能力が一段と問われる。今後、政府はNGOやNPOなど非政府組織と協働することが必要とされる。⇒ガバナンス34頁参照

❀**キット【英】** KIT (knowledge, innovation and technology)

知識と革新、技術のこと。

❀**キャスティング・ボート（キャスチング・ボート）【英】** casting vote

議会において、議決の結果が賛否同数になった際、議長が投じる一票のこと。転じて、政権運営の重大な局面において、その動きが結果を左右する議員や政党を指して、「キャスティング・ボートを握る」と用いられる。

キャビネット【英】 cabinet

内閣。

❀**キャリア【英】** career

①仕事、職業。②わが国特有の用法としては、国家公務員Ⅰ種試験に合格した国家公務員の通俗称としての用法がある。

キュレーター【英】 curator

学芸員。わが国では、学芸員の業務は博物館法で規定されている。

現代行政用語

キット【英】 KIT (knowledge, innovation and technology)

知識 (knowledge) と革新 (innovation)、技術 (technology) のこと。政府の統治能力を高めるために必要なものとして、国連などで用いられている。

❋ 現代行政用語

キャビネット【英】cabinet

内閣。「立法」「司法」に並ぶ国の三権のひとつである「執行」(行政)を担当する行政府の最高意思決定機関。内閣総理大臣及び国務大臣で構成される。国務大臣の任命権は内閣総理大臣にあるが、内閣としての最終的な意思決定は閣議においてなされる。内閣総理大臣の統率の下、議会に対し連帯して責任を負う。

❋ 現代行政用語

キャリア【英】career

①仕事、職業。②わが国特有の用法としては、国家公務員Ⅰ種試験に合格した国家公務員の通俗称としての用法がある。旧帝国大学出身者の占める割合、特に東京大学法学部出身者の割合の高さが批判の対象となったこともあるが、現在では漸減傾向にある。Ⅱ種、Ⅲ種の職員(ノン・キャリア、ノンキャリ)に比べてはやい速度での昇進が慣習上保障されている。こうした国家公務員法にない特別な扱いは、人事運用を妨げるという意見もある。なお、医学用語で感染者、保菌者を意味する「キャリア」はcarrierであり、まったく別の用語である。

く 行政

クエスチョン・タイム【英】question time

党首討論。英国下院本会議の党首定例討論がはじまり。日本でも、1999年10月の第146回臨時国会で試験的に導入され、2000年1月の通常国会から正式に実施されている。導入の目的は、与野党の党首が国家運営や政策をめぐる双方向的な議論を行なうことにあった。しかし、実際には党首の単なるパフォーマンスの場になっている、あるいは、時間の節約などから議論がかみ合わないまま終わっているなどの批判もある。

クォータ制【英＋和】quota system

男女共同参画の社会形成のために設けられる仕組み。一定の割合で、大臣の男女比など女性を公的役割を担う部署に配置するシステム。

クライエンタリズム【英】clientelism

情実主義、縁故主義、恩顧主義。地縁や血縁などの私的な人間関係によって公職者を任命したり、利益誘導を行なったりすること。クライエンタリズムの弊害は、汚職や合理的な政策実施の障害として現れる。日本政治にもクライエンタリズム的な要素が多々見受けられるが、国家公務員制度はメリット・システムが定着しているためクライエンタリズムを免れているという評価がある。⇒メリットシステム77頁参照。

✽クライシス・マネジメント【英】crisis management

危機管理。

グラス・シーリング【英】glass ceiling

ガラスの天井、目に見えない天井、不可視障害。管理職採用や昇進に際しての、女性に対する企業内でのイ ンフォーマルな差別などを指して用いられる。

✽グラス・ルーツ【英】grass roots

草の根。

グランド・デザイン【英】grand design

大規模な事業などの、全体にわたる壮大な計画・構想。

グランド・ワーク【英】Grand Work

住民、行政、企業の3者のパートナーシップが軸となり、グランド（生活の現場）に関するワーク（創造活動）を行なうことで、自然環境や地域社会を整備・改善していく活動。行政がトップダウンで決定・実施する従来型の施策とは異なり、住民と企業を不可欠のメンバーとするところが特徴的である。

グリーン・カード【英】green card

米国の永住許可証。

グリーン・ツーリズム【和製英語】green tourism

農村地域での長期滞在・低料金・自然活用型の保養。たとえば、観光・体験農園、ふるさと会員制度、森林

や棚田のオーナー制度などの事業がある。グリーン・ツーリズムは、短期滞在・高料金・施設利用型だった従来のリゾート開発の行き詰まりによって注目を集めている。

❖ グローバリゼーション（グローバル化、グローバライゼーション）【英】globalization

地球規模の一体化が進むこと。

（関連）グローバル・ガバナンス【英】global governance

世界秩序のあり方を捉える概念。特に秩序形成の主体が主権国家にとどまらず、市民、NGO、自治体、多国籍企業、国際機関などが協力して問題解決にあたる側面を強調する。

（関連）グローバル・ローカリゼーション（グローカリゼーション）【和製英語】global localization

"Think globally, act locally"（発想は地球規模で、行動は地域密着で）という考え方。

クロス・ボーティング【英】cross-voting

交差投票。議会内での投票の際、議員が所属する政党に反対票を入れたり、反対党に賛成票を入れたりすること。日本は党議拘束が厳格で、かつ党内手続きによって政策への賛否や修正が行なわれるため、交差投票はほとんどおこらない。

❖ 現代行政用語

クライシス・マネジメント【英】crisis management

危機管理。自然災害や人的事故の発生に備えてあらかじめ対応策を考えておくこと。emergency management や risk management などの表現で呼ばれることもある。危機管理は、（1）事前準備、（2）応答性、（3）復旧性、（4）減災性の4つの要素を含む。危機の発生に備えて、組織や機材を準備することと、人事配置を考えること、施設や機材を整備することと、それに危険物をあらかじめ撤去しておくことなどが、それらの要点である。日本で危機管理という言葉が一般化したのは、1995年の阪神・淡路大震災からである。現在、各地の自治体が、大規模災害や食品安全、学校の安全などに関する危機管

マニュアルづくりを進めている。

❋現代行政用語

グラス・ルーツ【英】grass roots

草の根。国民や市民が、政治や行政に積極的に参加し、市民ベースの政治運営を図ること。アメリカ第7代大統領アンドリュ・ジャクソン（1829〜37年）の時代に出てきた表現。それまでの大統領が名望家出身者で占められたことに対して、ジャクソンは一般市民の力で政治を運営することを企図した。その際のスローガンが、「草の根」と「コモン・マン（一般市民）」という表現である。以来、「草の根」はデモクラシーの同義語と考えられるようになった。

❋現代行政用語

グローバリゼーション（グローバル化、グローバライゼーション）【英】globalization

地球規模の一体化が進むこと。ヒト・モノ・カネ・情報が国境を越えて行き交い、政治、経済、社会、文化など様々な分野で地球規模の一体化が進むこと。経済的分野での統合は、通信運輸技術の発展や社会主義国の市場経済化が大きな推進力となった。政治的には欧米先進国、わけてもアメリカが多くの国際問題に対して圧倒的な影響力を発揮する体制が確立した。

け　行政

ケー・ピー・アイ【英】KPI (key performance indicators)

重要成果指標。公共サービスの成果を測るための指標であり、理想的な公共サービスの実現に向けて、客観的かつ定量的に把握できるように設定されることが必

要である。戦略的な目標を立て、中でも重視すべき指標を明示する。担当者にとっては取り組みやすく、また責任者にとっては管理をしやすくするための指標のこと。

ゲリマンダー【英】gerrymander
自党に有利なように選挙区を変更すること。

こ　行政

コアビタシオン【仏】cohabitation
フランスにおける保革共存政権。大統領と首相の所属政党が食い違う状況。コアビタシオンが生じたのは、1986～88年のミッテラン大統領とシラク首相の組み合わせ、1993～95年のミッテラン大統領とバラデュール首相の組み合わせ、1997～2002年のシラク大統領とジョスパン首相の組み合わせである。

コーポラティズム【英】corporatism
協調組合主義、団体協調主義。労使の頂上団体のもとに労組・経営者団体が組織化され、政府と共に協調的な労働・雇用政策が展開される政治経済体制。中欧や北欧がその実例とされる。

コスタリカ方式【西＋和】Costa Rica
衆議院議員選挙候補者の公認調整のための方法で、同じ選挙区を地盤とする複数の候補が競合を避けるために、小選挙区と比例代表を交互に入れ替わること。1994年の小選挙区比例代表並立制の成立がこの背景にある。コスタリカで国会議員の汚職防止を図るために連続当選を禁止していることにちなんでこの名前がつけられた。

コナベーション【英】conurbation
①連結。②連接都市。発生起源が異なる複数の都市で市街化が拡大した結果、それらが一体化し、密接な関係となること。⇒スプロール現象228頁参照。

コミューン【仏】commune
フランスなどで共同体や自治体の最小単位を指す。歴史上では史上初の労働者による自治政府だったパリ・コミューンが有名。1871年3月に全市民の選挙に

よって成立したが、同年5月当時の中央政府によって制圧された。

✿ コミュニティ【英】community

地域社会。共同体。

（関連）コミュニティ・センター【和製英語】community center

地域社会の中心となる文化施設。

コモン・ロー【英】common law

英米法において、判例法として形成されてきた慣習法体系の総称。または、英米法の法体系全体を指す概念として用いられることもある。世界各国が採用している法は、大きく分けると大陸法（ドイツ、フランスなど）と英米法（イギリス、アメリカなど）に2分される。大陸法が「ローマ法大全」に起源を発する制定法主義である。一方英米法は、各地の氏族間紛争を解決するためにイギリスの国王裁判所によってなされた判決（判例）や各氏族間の慣習を基にして、各氏族間共通の法（common law）として生まれた判例法を基礎にしている。そのため、個々の裁判において下され

た判決が拘束力を持つ先例となり、その後類似した事件を裁くときにはその先例に従って判決が下される。

コンカレント・エンジニアリング【英】concurrent engineering

各部門から人が集まり、横断的に問題を検討すること。

コンセンサス【英】consensus

合意。意見の一致。

コンティンジェンシー・プラン【英】contingency plan

偶発事故や事故、不測の事態が発生した場合に、その損害を最小限に抑え、機能を迅速に復旧するための復旧計画。発生時の損害の大きさと発生確率を考慮し策定される。内容は、緊急時における所属員の行動指針、行動計画、マスコミへの対応方針、業務や機能の継続・復旧作業の優先順位などが盛り込まれる。

コンパクト・シティ【英】compact city

買い物や医療など生活に密着したサービス全てを歩ける範囲内で受けることが可能な街づくりの発想。コンタクトシティともいう。エネルギーの有効利用・高齢

化などに対応。過疎化した地方都市や都心で具体化が進行中である。

✼**コンプライアンス（コンプラ）【英】compliance**
遵守。法律遵守。一般的には、社会秩序を乱す行為や他人から非難される行為をしないことを意味する。しかしコンプライアンスが用いられる文脈は多様であり、たとえば、法律の遵守、企業倫理・経営倫理の遵守、医師の処方どおりに薬を服用することなども指す。

コンペティション（コンペ）【英】competition
①競争。②競技、試合。③行政機関等が発注、公募を行う際に、入札にあたって受注を希望する事業者から企画書を提出させ、性能やコストなどを競わせる方式。

コンベンション・ビューロー【英】convention bureau
会議やシンポジウムなど大規模な催しを誘致するために国や地方自治体が運営する機関。団体や企業などに働きかけ、催し物や観光などに関する手配を行う。

コンメンタール【独】Kommentar
注釈、注解。逐条解説書。

✼**現代行政用語**

✼**コミュニティ【英】community**
地域社会。共同体。人間の共同生活が行なわれる一定の地域、及びその中の人間関係の総体を指す。コミュニティは、社会教育や自治活動の場として、民主主義の運営上、重要な要素とされてきた。しかし、産業化、都市化の進展に伴い、多くのコミュニティは衰退の危機にある。今後、こうしたコミュニティの維持、再構築が大きな課題となる。

✼**コンプライアンス（コンプラ）【英】compliance**
法令遵守。元来、コンプライアンスとは、命令などに従うことを意味したが、そこから転じて、企業経営において、法令や企業倫理などを遵守することを意味するようになった。コンプライアンスが注目されている背景には、企業の不祥事が相次いだことなどがあるが、法治国家において法令を遵守することは当然であることから、企業倫理を遵守する側面が

強調されることがある。もっとも近年では、広い範囲でコンプライアンスという言葉が用いられるようになっており、公的機関においてもコンプライアンスが重視されるようになっている。たとえば、コンプライアンスに関連する法律のひとつに公益通報者保護法（2006年4月1日施行）があるが、その対象には公務員が含まれている。なお、公益通報者保護法とは、公益を守ることを目的として、勤務先の法令違反などを行政機関などに通報した者に対して勤務先の企業などが解雇をはじめとした不利益取扱いを行うことを禁止した法律である。

さ　行政

サイエンス・パーク【和製英語】science park

国公立の研究機関、あるいは地場産業や企業研究所に核にしてつくられる地域社会。

サスティナブル・コミュニティ【和製英語】sustainable community

持続可能な地域社会。公共投資や企業誘致などに依存することなく持続可能な地域を目指すという合意がある。

サマータイム【和製英語】summer-time

およそ春分から秋分にかけての日の長い期間に、時計を1時間進めて昼の時間を長くする制度を指す。英語ではDaylight Saving Time(DST)と書かれることが多い。日照時間が長くなることで、余暇・娯楽に関連する消費が伸び、また照明や冷房の省エネ対策として効果を上げることが期待されている。日本でも占領軍の統治下にあった1948年から1951年まで導入されたことがある。再導入については、経済効果や省エネ効果についてはっきりとした根拠が示されているとは言えず、導入に伴う混乱を懸念する声もある。

サミット【英】summit

①頂上。②主要国首脳会議。第1回はジスカールデスタン仏大統領の呼びかけで、石油危機への対応を話し

行政 44

合うため1975年パリ郊外のランブイエで開催された。当初はアメリカ、イギリス、フランス、イタリア、日本の6カ国であったが、後にカナダ、EC委員会(現EU委員会)、ロシアが加わった。ソ連の崩壊以降は地域紛争など政治問題を論じる舞台として期待されていたが、2001年に成立したアメリカのブッシュ政権は一国主義的な行動を志向し、サミットの存在意義は疑問視されるようになっている。

サラダ・ボウル 【英】salad bowl

サラダ用の器。転じて、アメリカ社会における他民族の共存の理念を表現した言葉。従来は人種差別主義と決別するための対抗概念として「メルティング・ポット」(るつぼ)が用いられた。ここでイメージされたのは、多種多様な背景を持つ諸民族が、アメリカの価値観のもとに一元化・均質化される姿である。しかしながら、1980年代以降、各民族固有の言語や文化を尊重すべきだとする意識が高まり、従来のメルティング・ポット論は強制的な同化主義として批判されるようになった。その結果、サラダの中で野菜が個々の味を残しているように、それぞれ民族集団が独自性を維持したまま社会的統合を進める理念として、「サラダ・ボウル」が用いられている。日本では川崎市が「サラダ・ボウル」を外国人住民との共存の理念のひとつとして掲げている。

産業クラスター 【和+英】cluster

ブドウの房のような企業・機関のネットワーク。地域経済の再生は、企業間や大学・研究機関などとの組み合わせによるイノベーションの創出(新たな産業創出、需要創出)によって実現されるという方針の下で経済産業省が推奨し、各地域でその形成が進められている。

し 行政

ジー・エヌ・エイチ 【英】GNH(Gross National Happiness)

ブータンの国王が提唱した言葉。国民総幸福量。お金やモノより心の豊かさ、伝統的な社会・文化、自然環境などのほうが大切だという意味。⇒GNP 104頁参照。

✻ シーリング 【英】ceiling

①天井。②概算要求基準。

行政

ジェイ・アール・エー【英語名】 JRA(Japan Racing Association)
日本中央競馬会。1954年、日本中央競馬会法によって設立された特殊法人。

ジェイ・ピー【英語名】 JP (Japan Post)
日本郵政グループ、あるいは日本郵政株式会社。2007年10月に日本郵政公社が民営化されたことにより誕生。持ち株会社である日本郵政株式会社が、郵便事業株式会社、郵便局株式会社、株式会社ゆうちょ銀行、株式会社かんぽ生命保険の4社を率いて担うグループが日本郵政グループである。郵便局と郵便事業については、全株保有するとされているが、ゆうちょとかんぽは、民営化から10年以内に段階的に株式を売却し、完全民営化される予定。

ジェトロ【英語名】 JETRO(Japan External Trade Organization)
日本貿易振興会。1958年に設立された特殊法人。海外市場の調査や日本商品の宣伝を通じ、日本企業の支援を行うことを目的として設立された。近年は、中小企業の海外進出に対する支援も行っている。

ジェンダー【英】 gender
社会的性差。
✻⇒ジェンダー【英】gender

（関連）ジェンダー・エンパワーメント【英】 GEM (gender empowerment)
政治家や管理職の男女の割合などから、政治・経済活動での女性の進出の度合いを測る目安。

（関連）ジェンダー・フリー【和製英語】 gender-free
性別による役割分担をなくすこと。

市場化テスト【和＋英】 test
⇒マーケット・テスティング75頁参照。

システム・コンサルティング【英】 systems consulting
情報システム全体を経営戦略、効率性、安全性などから総合的に評価、助言、設計、調整を行う事業。

シチズン・イニシアティブ【英】 Citizen Initiative
市民の主導、主張に基づく政策決定と実行。

シチズンシップ [英] citizenship

元来、古代ギリシアの都市国家に住む人々を指した表現。転じて市民権を意味するようになった。現在、ヨーロッパやアメリカでは国籍をシチズンシップと呼称している。市民権は、伝統的には憲法によって保障された自由権、参政権、社会権を指してきた。今日では、「シチズンシップ」は市民の政治意識や政治参加を指して用いられることが多い。

シティ・マネージャー制 [英＋和] City-manager

行政経営に関する専門的な知識や経験をもつ人物に、執行機関の最高責任者として行政運営を委任する制度のこと。アメリカで広く採用されている制度であり、市支配人制ということもある。日本においては、構造改革特区制度を利用して、埼玉県志木市がその実現を目指したが、実現していない。

✻シナジー [英] synergy

経営用語で、相乗効果を意味する。

シビック・センター [英] civic center

市民のための行政施設、文化会館など。

シビック・トラスト [英] civic trust

公益信託、市民活動などのための資金的基盤。住民や企業が資金を供出し、自然保護や地域環境の改善を行う制度。1957年にイギリスで発足した。イギリスでは、1000を越す組織と約30万人の個人会員によって運営されている。具体的な活動としては、環境保全地区を無差別な開発から守る運動、歴史的価値のある建築物を保護する法律の成立、都市部における荒地の管理、大型車の都市内通過規制運動などがある。日本においても、都市や観光地のアメニティを向上させようとする住民の意識は高まっており、シビック・トラストを導入する試みが始まっている。

シビリアン・コントロール [英] civilian control

文民統制。軍隊(日本の自衛隊を含む)に対する最終的な指揮権は文民(非軍人)が握らなければならないという原則。先進民主主義国家の基本原則となっている。

行政

✳︎シビル・ミニマム【和製英語】 civil minimum
快適な市民生活を送るために必要な最低限の環境条件のこと。

シャウプ勧告【英＋和】 Shaoup Recommendation
1949年、GHQに提出された、シャウプを長とする日本税制調査団の勧告。戦後日本税制の原型となった。

ジャス【英語名】 JAS(Japanese Agricultural Standard)
日本農業規格。

シャドー・キャビネット【英】 shadow cabinet
イギリスの野党が政権交代を念頭につくった、政権党の内閣と同様のポジションからなる「影の内閣」。イギリスではその運営費に国費があてられている。

ジャパン・プラットフォーム【英語名】 Japan Platform (JPF)
2001年に設立された、国際協力や災害救援活動を実施しているNPO法人の国際人道機関。他のNGOや企業、国や自治体と連携してこれらの活動を実施しているとされる。

現代行政用語

シーリング【英】 ceiling
①天井。②概算要求基準。各省庁が予算の概算要求を行うのに先立って、財務省から各省庁に示される上限額、要求・要望の基本的な方針のこと。この概算要求基準は、国の一般会計歳出から国債費と地方交付金等を除いた、政策的に利用できる経費（一般歳出）について設定されている。

✳︎現代行政用語

ジェンダー【英】 gender
社会的性差。生物的・身体的な性差（セックス）ではなく、文化的・社会的に作られる性差のこと。特に女性の場合、社会進出の際に待遇などで差別的な

行政 48

扱いを受ける場合がある。近年は、ジェンダーを越えた「男女共同参画社会」の構築を目指す動きが高まりつつある。

❋現代行政用語

シナジー【英】synergy

経営用語で、全体的効果に寄与する各機能の共同作業のこと。シナジー効果とは相乗効果を意味する。1+1が2以上の効果を生むことを指す。国連がこの表現を行政の現場に関連する言葉として使ったことから、世界的に注目を集めるようになった。政府や自治体が市民やNPO、NGO、企業などと協働しながら社会運営を図っていくあたらしい行政形式を指す表現。

❋現代行政用語

シビル・ミニマム【和製英語】civil minimum

市民としての生活を送るために必要最低限の条件のこと。特に自治体において、教育・衛生・環境・住宅などの分野で、目標とする行政基準のことを指す。1965年に政治学者・松下圭一氏が提起した概念で、都市型社会（高度産業化社会）における快適な市民生活のために必要となる最低限の生活権のこと。社会資本、社会保障、社会保険の3領域を課題として設定し、さらに、それぞれの基準達成を目指す製作基準を定めたことを特徴とする。⇒ナショナル・ミニマム58頁参照。

す　行政

スウォット分析【英＋和】SWOT

企業の意思決定方法のひとつ。SWOTとは、強み(Strength)、弱み(Weakness)、機会(Opportunity)、

脅威（Threat）の4つを意味しており、それぞれの頭文字をとったものである。企業が経営戦略を決定するためには、自らの強みと弱みを取り巻く環境について分析することが必要になる。そのために有効な手段のひとつとされているのがSWOT分析で、具体的には「SWOTマトリクス（ポートフォリオマトリクスと言われることもある）を用いて行われる。SWOTマトリクスを用いることで、強み（S）、弱み（W）、機会（O）、脅威（T）を相互に関連づけ、網羅的に分析することが可能になる。近年では、自治体行政でもSWOT分析を用いて、自治体の将来像や経営戦略などが描かれることがある。

スクラップ・アンド・ビルド方式【英＋和】scrap and build system

もともと高度成長期に出てきた表現。古い建造物を新しいものに立て替え、経済効率を上げようとする手法。ただ、最近では行政組織の膨張を防ぐための表現として使用されることが多い。国の行政機構、定員を所管する総務省行政管理局が採用している原則。行政機関が内部組織を新設する場合には、それに相当するだけ

の既存の組織を廃止しなくてはならない。

スタッフ機能【英＋和】staff

組織内において調査、分析、企画立案、財政、人事など組織自体のマネジメントやトップへの助言を行う部門。実務の執行を担当するライン機能と対比して用いる。スタッフ機能の起源は、19世紀にプロイセン陸軍が発案した参謀本部制度にあるという説もある。

ステートマン（ステーツマン）【英】statesman

政治家。英語では、私利私欲に走らない、高潔な政治家を指して用いられる。対して、私利私欲に走る政治家はポリティシャン（politician）という。

ストーカー【英】stalker

獲物にこっそり近づく人の意。近年は女性や有名な人などに付きまとうなど、陰湿的な迷惑行為をする人のことを指す。

スポイル・システム【英】spoil system

猟官制。選挙で勝った政党が公職の任命権を握る政治的習慣。アメリカ第7代大統領であるアンドリュー・

せ　行政

ジャクソンの時代に出てきた仕組み。アメリカでは大統領が変わると、新任の大統領はおよそ4千人の人事を新しくしなければならないといわれる。日本でも戦前の大正期から昭和のはじめに同じようなことが起こった。政友会と憲政会が政権を争うなか、一方が政権をとるとほとんどの知事は政友会系、あるいは憲政会系に更迭された。スポイル・システムと対照的な人事制度が、試験によって公正に採用・昇進を行うメリット・システム（merit system、資格任用制、実力本位制、能力主義任用制）。⇒メリット・システム77頁参照。

セーフティ・ネット【英】safety net

元々は、綱渡りを演じる綱の下に張られた安全ネットの意。転じて、経済・社会活動における安全を保障するための制度の意味で用いられる。⇒179頁

セクシュアル・オリエンテーション【英】sexual orientation

性的志向。個人ごとの性の多様なあり方を指し、未婚の母や同性愛などの社会的容認につながる概念。

セクシュアル・ハラスメント（セクハラ）【英】sexual harassment

性的嫌がらせ。一般に、「対価型」（上司が異性労働者に対し性的な関係を要求し、応じなければ解雇するなど）と「環境型」（職場内で他の社員から身体に触るなどの行為を受け、仕事が手につかなくなること）に分けられる。

セクショナリズム【英】sectionalism

部局割拠主義。省庁などの縦割り組織の弊害を指す言葉。セクショナリズムは日本の行政機構の抱える重要な問題のひとつである。こうしたセクショナリズムの評価をめぐる見解は一様ではない。省庁間の対立が合理化、総合調整的な政策形成を妨げているという意見がある反面、省庁間競争が政策を革新する推進力になってきたとする見方もある。行政の長にとってセクショナリズムがリーダーシップ発揮の障害になることは少なくない。

ゼロ国債【英＋和】zero

当該年度の年割額がゼロ、すなわち、当該年度におい

ゼロベース予算【英＋和】zero-base

ゼロから策定する予算。前年比で予算策定するのではなく、実績は前提ではない予算編成。

（関連）ゼロベース【英】zero-based

定期昇給がないこと。

センサス【英】census

①人口調査。もっとも大規模な人口調査である国勢調査は、1920年以来ほぼ5年ごとに行われており、2005年国勢調査で18回目。国勢調査には、死文化しているものの報告義務と罰則が規定されており、個人情報保護との関係から見直しを求める声がある。②様々な分野を対象とした国勢統計調査。工業センサス、賃金センサス、道路交通センサスなど。

センシティブ情報【英＋和】sensitive information

機微情報。社会的に差別される原因となるような、第三者に知られたくない個人情報のこと。病歴など個人情報の中でも特に取り扱いに慎重さが求められる情報。プライバシー・マークを取得しようとする事業者は、センシティブ情報の収集が原則として禁止されている。
⇒プライバシー・マーク制度117頁参照。

そ　行政

ソーシャリゼーション【英】socialization

社会化。個人が、教育や周囲の環境によって、その社会の規範を内面に受容し、社会の構成員として適合するようになること。

ソーシャル・アカウンティング【英】social accounting

貨幣計算できないような、社会生活の質の評価。社会会計ともいう。

ソーシャル・エンタープライズ【英】social enterprise

環境問題や、少子高齢化にともなう介護、福祉の問題など、様々な社会的課題の解決が目的であり、利潤の拡大や株主への分配は目的ではないが、ビジネスの手法で取り組む企業のこと。わが国においては、公益法

人や協同組合、あるいは株式会社などがソーシャル・エンタープライズに含まれるとする指摘もあるが、特定の法人形態や業態を意味する用語ではない。イギリスやアメリカにおいて地域再生などに力を発揮しているとされる。

ソーシャル・コスト【英】social cost

ある事柄が社会に与える負担や損失。「アルコール問題のソーシャル・コストは年間6兆円にのぼる」というような使い方をする。

ソーシャル・セキュリティ【英】social security

社会生活を営む上で、生活の安定・安全を保障するような諸制度のこと。年金や健康保険などの社会保険等がこれに該当する。

ソフト・ランディング【英】soft landing

軟着陸の意。転じて、経済体制の移行を不景気などを招かないで達成しようとする経済政策。たとえば日本では、2002年前後の段階において不良債権処理の方法や金融政策をめぐる政策的対立の相違を、ソフト・ランディング対ハード・ランディング（強行着陸）

として位置付けていた。この問題については、公的資金の注入（ハード・ランディング）で決着をみたが、現在では、加熱する中国経済、あるいは、米国のサブプライム問題に端を発する国際金融における信用不安をいかにソフト・ランディングさせるかが国際的な課題となっている。

た　行政

タウン・ミーティング【英】town meeting

①（アメリカの）町民会。②国民と現職の閣僚や官僚が質疑応答を行なうことで、国民の声を直接国政に反映させるとともに、政府の施策を直接国民に伝えることを目的とした制度。

タスク・フォース【英】task force

対策本部、機動部隊。特殊任務を遂行する特別編成チーム。金融相のもとに設置された金融再生タスク・フォースなど。

ち　行政

❋チープ・ガバメント【英】cheap government

国民の税負担を低く抑えて、政府を運営しようとする発想。

❋チェック・アンド・バランス【英】check and balance

権力が不当に強大にならないことを防止するための政治制度。

❋ 現代行政用語

チープ・ガバメント【英】cheap government

国民の税負担を低く抑えて、政府を運営しようとする発想。「安価な政府論」や「小さな政府論」とも呼ばれる。もともとは18世紀に自由放任主義が一世を風靡していた時代のイギリスでうまれた概念。現代では民営化、規制緩和、中央・地方の行財政改革などの手法をとる。1980年代にイギリスやアメリカで用いられるようになった。戦後、先進工業諸国は雇用の創出や福祉国家の実現にむけて努力してきた。その結果、政府は一般的に大きくならざるを得なかった。チープ・ガバメントはこの問題を解決する一つの方法として注目されている。

❋ 現代行政用語

チェック・アンド・バランス【英】check and balance

権力が不当に強大にならないことを防止するための政治制度。抑制・均衡論とも呼ばれる。ロックの政治思想に負うところが大きい概念。大統領制をとるアメリカの政治制度が最も代表的である。アメリカ政治では、立法部の機能と行政部の役割はまったく異なる。相互はお互い別の機能を担って、対立する仕組みになっている。議院内閣制と異なり、アメリカの大統領は議会審議に参加することはない。また、閣僚は議員を兼務することはできない。立法部が法律を作り、それを大統領の率いる行政部が実行に移

行政 54

す。立法と行政は、対等で均衡の関係を維持している。しかし、20世紀に入って行政府の肥大化が進み、立法府による行政府のチェック機能が低下してきた。権限や情報が行政に集中し、行政権限が恣意的に使されることがおきるようになった。そのために、情報公開や政策評価が求められてきている。

て　行政

ディグ（ディー・アイ・ジー）【和製英語】DIG (Disaster Imagination Game)
災害図上訓練。三重県地域振興部消防防災課、防衛庁防衛研究所、防災ボランティア団体等が開発した防災トレーニング・プログラム。「掘り起こす、探求する、理解する」という意味の英語DIGに「防災意識を掘り起こす、地域を探求する、災害を理解する」という意味を重ねたもの。

ディーマット【英語名】DMAT (Disaster Medical Assistance Team)
災害医療派遣チーム。大地震などの災害発生直後、その現場に急行し、その活動を機敏に行うことができるような専門の訓練を受けた医療チームのこと。

ディスクロージャー【英】disclosure
情報開示。

✢**ディレギュレーション【英】deregulation**
規制緩和。

デジタル・デバイド【英】digital divide
パソコン等の情報端末の普及にともない、そうした端末にアクセスできる者とできないものとの間で、情報技術に通じていないことによる社会的、経済的不平等が生じること。

✢**デセントラリゼーション【英】decentralization**
①非集中化、分権化。②地方分権
（関連）セントラリゼーション【英】centralization
中央集権化。

✵デモクラシー【英】democracy

民主主義、民主制。

✵デモグラフィー【英】demography

人口学。

✵デュー・プロセス【英】due process

何人も、法律の定める手続きによらなければ、その生命もしくは自由を奪われ、またその他の刑罰を科せられないという規定。

✵テレトピア【和製英語】teletopia

テレコミュニケーション（電気通信）とユートピア（理想郷）のふたつの言葉を合わせた造語。中央と地方の情報格差をなくし、高度情報社会へ移行させる計画。

✵テレワーク【英】tele-work

「情報通信技術を利用した場所・時間にとらわれない働き方」のこと。パソコンやインターネットの普及に代表される情報技術の発展により生まれてきた新しいビジネスのスタイル。会社や職場ではなく、自宅などでクライアント（業務発注者）と連絡を取り合いながら仕事を進めていく。

✵現代行政用語

ディレギュレーション【英】deregulation

規制緩和。政府が経済活動に介入し、規制を増やす結果、市場メカニズムが作動しなくなることがある。自由な経済活動が阻害され、物価の高騰や寡占化が引き起こされる。そうした状況を「政府の失敗」と呼んできている。政府の規制を取り除くことによって、公正で自由な経済活動を取り戻そうとする政策。ただ、規制緩和を進めるために、あらたな既成が必要という矛盾した状況が出ることも少なくない。したがって、de-regulationに代えて、de-controlという表現を使うことも多い。

❈ 現代行政用語

デセントラリゼーション【英】decentralization

①非集中化、分権化。②地方分権。中央集権が、国の行政機関に権限、財源が集中している状態であるのに対して、地方分権は、自治体に権限や財源を移譲し、国による自治体への関与を削減することによって、自治体の中央政府からの自立をはかること。あるいは、自立が成立している状態。

❈ 現代行政用語

デモクラシー【英】democracy

民主主義、民主制。もともとは、群衆 (demos) の力 (kratia) の意味。古代ギリシアでは「多数者による支配」を意味し、プラントがそれを「衆愚政治」と呼んだのは有名。君主制、貴族制に並ぶ政体のひとつ。長らく現実の政治体制としては無視されてきたが、近代に入り、市民革命の勃発とともに西洋諸国において体制原理として確立した。第二次大戦以降は、全世界規模で普遍的政治形態として認知されてきている。現代的な意味においては、国民の大多数の意思によって政治が運営される政治システムのことを意味する。現代国家においては、全てに国民が一堂に会して政治を行なうこと（直接民主主義）は事実上不可能である。選挙によって代表者を選出し、選ばれた代表が議会を構成することによって政治を運営する、代議制民主制（間接民主制）が主流となっている。

❈ 現代行政用語

デュー・プロセス【英】due process

何人も、法律の定める手続きによらなければ、その生命もしくは自由を奪われ、またその他の刑罰を科せられないという規定。刑法や行政手続きを法律に則って公正適正な手続きにとりおこなうこと。デュー・プロセスと呼ばれる概念には、国民や住民が政府から不当な取り扱いを受けないことを保障するという視点がある。市民を政府権力か

らどう守るか、それがこの概念のもっとも重要な要点である。そのために、市民が罪に問われる場合、あるいは、正当な権利を行使する際には、法律に則った手続きで公正に遺漏なく進められることが必要とされる。

と　行政

統合型ジー・アイ・エス【和＋英】GIS (geographic information system)

自治体行政の業務を進めるにあたって、地図は必要不可欠なものであるが、従来は、各所管課が地図を個別に作成してきたため、必要以上のコストがかかっていた。そこで、各所管課で作成していた地図をデジタル化し、比較的汎用性の高いものについては「共用空間データベース」に蓄積して一元的に管理することで、庁内LANなどを介し、各所管課が共同で地図を利用することができるようにする仕組みのこと。⇨GIS 144頁参照。

ドクトリン【英】doctrine

①教義。②政治・外交における基本原則。たとえば、トルーマンが議会で共産主義の拡大と戦うことを唱えたトールマン・ドクトリンなど。

✢**ドメスティック・バイオレンス（ディー・ブイ）**【英】domestic violence (DV)

家庭内暴力。特に、夫（妻）・恋人などパートナーからの暴力。

トラフィッキング【英】trafficking

国境を越えた女性や子どもの人身売買。

トランスナショナル【英】transnational

超国籍の、多国籍の。しばしば国際的な大企業を形容する際に用いられる。

トレーサビリティー【英】traceability

英語の「トレース（足跡を追う）」と、「アビリティ（できること）」を合わせた言葉で、「追跡可能性」と訳される。小売されている食品等について、流通から生

産現場まで「さかのぼる」ことが可能になっていること。

現代行政用語

✻ ドメスティック・バイオレンス（ディー・ブイ）【英】domestic violence (DV)

家庭内暴力。DVということもある。一般には、男性が、妻や恋人などの近しい関係にある女性に対してふるう暴力のことをさす。日本では、ドメスティック・バイオレンス防止法（配偶者からの暴力防止及び被害者保護に関する法律）（2001年公布、2002年施行）で、暴力を身体的暴力、精神的暴力と定義。DV法では救済の対象は配偶者から暴力を受けた人（男性も含む）となっている。家庭内であっても暴力行為があると判断されたら、被害を防止するために第三者が介入することができ、国と地方公共団体が、被害者を保護し、被害者に暴力が及ばないように加害者に命令し、配偶者からの暴力を防止するための被害者の一時保護を規程。加害者が被害者に近づかないように裁判所が命令し、命令に従わなかった場合は罰則を与えることも可能となった。北海道では、「DV防止法」などの改正に伴い、道の基本計画に男性被害者の「一時保護」を盛り込んでいる。

な　行政

ナショナル・ミニマム【英】national minimum

①賃金、労働時間、安全衛生など雇用全般にかかわる最低限度水準。19世紀イギリスの都市労働運動のなかで、フェビアン社会主義の指導者であるウェッブ夫妻により提唱された。②戦後日本の経済開発の基本理念であった「国土の均衡ある発展」を支える概念であり、都市部と農村部のインフラ面での格差を解消しようとするもの。しかし、今日では財政悪化の進行によって、地域格差もやむなしとする議論が台頭しつつある。

に　行政

ニュー・ディール【英】New Deal

1933年米国大統領に就任したF・D・ローズヴェルトが、大恐慌から社会を立て直すために展開した諸政策の総称。全国産業復興法、農業調整法、全国労働関係法、社会保障法などが含まれる、典型的なケインジアン政策と見なされている。この結果、連邦政府の役割と経済への介入が増大することになった。

ニュー・パブリック・マネジメント【英】New Public Management

新行政管理学。⇒NPM 25頁参照

ニュー・ポリティクス【英】New Politics

民主主義的価値（政治の透明性など）や公的利益（環境保護など）を重視する新しい政治の分野。1960年代以降、先進諸国では、人々の関心が言論の自由、政治参加、環境保護など経済利害とは直接関係のない論点に移行してきた。社会が安定し、豊かになるにつれて人々のニーズ、価値観が変化していうということである。衣食住が足りれば、さらなる贅沢を求めるし、さらには金では買えないものを追求することになる。こうした新しい論点が政治の中で重要になってきている。

✻ニンビー【英】NIMBY(Not-in-My-Backyard)

「総論賛成、各論反対」の意。

✻ 現代行政用語

ニンビー【英】NIMBY(Not-in-My-Backyard)

「総論賛成、各論反対」の意。「Not-in-My-Backyard」（うちの裏庭ではお断り）の頭文字をつなげた造語。ごみ処理場や高速道路など「迷惑施設」の立地や建設に際して、総論としての施設建設には賛成だが、自分の近所に建てるのは認めないとする態度のこと。

行政

ね　行政

ネガティブ・リスト【英】negative list

製品の原材料などで、原則自由だが使ってはいけないものを一覧表にする考え方。逆に、原則全て禁止で、使ってよいものだけを一覧表にするものをポジティブ・リストという。

ネポティズム【英】nepotism

縁故主義。行政・公的機関における就職や役職の任命などにおいて、その人の能力やその役職への妥当性ではなく、地縁・血縁関係を重視すること。主に発展途上国の政府の役職任命において多く見られ、汚職や非能率などの弊害の元凶と見なされている。日本公務員については、国家公務員、地方公務員とも試験によるメリット・システムが採用されているため、ネポティズムが発生する余地は比較的少ない。しかし、一次試験後のいわゆる「役所まわり」や面接において、出身大学や地縁関係が考慮されるケースがままあると指摘されている。

の　行政

（日本版）ノーアクションレター制度【英＋和】no action letter

「行政機関による法令適用事前確認手続」のこと。具体的には、民間企業などが、実際に行おうとしている自らの事業に関連する具体的な行為について、その行為が特定の法令の適用対象になるかどうかを、あらかじめ当該法令を所管する行政機関に問い合わせて確認し、問い合わされた行政機関は回答するとともに、その回答を公表する手続のことである。日本版ノーアクションレター制度が整備された背景には、行政機関が、その法令解釈を事前に明確にすることで、国民が事後に思いもよらない不利益を被ったり、過度に萎縮することで有益な事業活動が抑制されることを回避するねらいがある。

ノン・キャリア【和製英語】non-career

国家公務員試験のうち、Ⅱ種（大卒程度）、Ⅲ種（高卒程度）に合格し、各府省に採用された職員。また、Ⅰ

は　行政

ノン・ストップ・サービス【英】non-stop service

24時間サービスを指し、住民が都合の良い時間にサービスを受けることを可能にするサービスのこと。コンビニでの公共料金の納付なども含まれる。

パートタイマー【英】Part-Timer

パート労働法では、一週間の所定労働時間が同一の事業所に適用される通常の労働者（正社員）の一週間の所定労働時間に比べ短い労働者と定義される。パートタイマーであっても、労働関係法令は正社員と同じように保護するとしているが、実際には、レイ・オフの実施時などに正社員よりも不利な取り扱いを受けることが多いとされる。⇒レイ・オフ124頁参照。

種試験を経たものでも、技術官や研究官はノン・キャリアに含まれることもある。Ⅰ種採用のいわゆるキャリアに比べて、昇進・昇給の面で不利なことがある。

（関連）パートタイム労働法【英＋和】part time labor law
短時間労働者の雇用管理の改善等に関する法律。1993年12月に施行された、パート労働者の適正な労働条件の確保、雇用管理の改善を目指した法律。

※パートナーシップ【英】partnership

①協力関係。②NPOと行政や企業などが協働していくこと。

バードン・シェアリング【英】burden sharing

責任分担。国際政治においては、防衛や国際援助などの責任を分担しあうこと。

ハーモナイゼーション【英】harmonization

①調和、整合化、協調。②異なる自治体間や政府間で、同じ法律や規制などを実施すること。特に国家間で行なわれる場合は、国際的ハーモナイゼーションという。

バウチャー【英】voucher

一般には切符を意味する。この表現が政策手段として登場するようになった。バウチャーは、アメリカの

パターナリズム 【英】paternalism

後見主義、父親的温情主義。社会関係の文脈では、グループ内のリーダー（親分）となるものが、構成員（子分）の面倒を細かくみることを指す。政治学的には、国家が社会運営に強度に介入し、諸政策を実現していくことを意味する。シンガポールなどがその代表例とされる。

パックス・ディプロマティカ 【ラテン】Pax Diplomatica

外交による秩序。ラテン語で表記されるのは、古代ローマ帝国の繁栄と安定を意味する「パックス・ロマーナ」（ローマの平和、ローマによる平和）から派生したことによる。このほか、主な派生語として、19世紀中盤から末にかけての国際状況を表現した「パックス・ブリタニカ」（大英帝国による平和）、冷戦期の国際的覇権を意味する「パックス・ルッソ・アメリカーナ」（ソ連・アメリカによる平和）、米国を唯一の超大国と

してとらえる「パックス・アメリカーナ」（アメリカによる平和）などがある。

パブリシティ 【英】publicity

新聞、雑誌、テレビ、ラジオなどに働きかけて「報道」として取り上げてもらう行為。マスコミ機関に報道素材を提供するコミュニケーション手法。

※ **パブリック** 【英】public

公共。

（関連）**パブリック・アクセプタンス** 【英】public acceptance

社会的受容。広報活動などを通じて、国民の理解を得ていく考え方。

※ （関連）**パブリック・インタレスト** 【英】public interest

公共利益。

（関連）**パブリック・インボルブメント（ピー・アイ）** 【英】public involvement (PI)

PIと略す。広く住民や有識者などの意見を求めなが

パブリック・コメント（パブコメ）【和製英語】public comment
公共事業を行なうこと。公共事業の構想、計画策定の段階から、事業の影響が及ぶ地域住民、その他関係者に情報公開し、説明会、公聴会を開催する。

（関連）パブリック・コメント（パブコメ）【和製英語】public comment
意見公募手続。行政機関が政策立案を行なおうとする際に、その案を公表し、この案に対して広く国民や事業者などから意見や情報を提出してもらう機会を設けること。行政機関は、提出された意見を考慮して最終的な決定を行なう。近年、多くの自治体でこの制度の導入がはかられている。国においても、2006年から改正行政手続法が施行されたことにより、政府は命令等を定める際に、パブリック・コメントが実施されることとなった。

（関連）パブリック・セクター【英】public sector
公共部門。政府、自治体、および政府に付属する機関などが所轄する領域・部門。

パブリック・サポート・テスト【英】public support test
特定非営利活動法人が、認定NPO法人になるための審査に用いられる指標のひとつ。具体的には、総収入金額のうちに寄附金総額の占める割合が5分の1以上であることで、当該NPO法人が、どれくらいの人達から支持されているかを数値により判断するために採用されている指標のことである。

バランス・オブ・パワー【英】balance of power
勢力均衡。国際政治では、各国の国力・軍事力の均衡状態を作り出すことにより、政治的・軍事的安定性を確保する考え方。

バリュー・フォー・マネー（ブイ・エフ・エム）【英】Value for Money（VfM）
⇒VFM 67頁参照。

パレット【英】pallet
荷物を運搬したりするための荷台。資源回収などにボックスパレットなどがよく使われている。

ハローワーク【和製英語】hellowork

公共職業安定所のニック・ネーム。労働省が公募し1990年から使用。

パワー・ハラスメント（パワハラ）【英】power harassment

仕事上の上下関係・権利関係を不当に利用することによる嫌がらせ・いじめなどを指す言葉。解雇や転職・退職を促すような発言や、必要以上に怒鳴りつけたり、公衆の面前で失敗の指摘を繰り返すことなどがそれにあたる。パワハラ、ボスハラなどともいう。

バンダリズム【英】vandalism

落書き、いたずら、公共物破損などの行為。

バンドワゴン効果【英＋和】bandwagon

アナウンスメント効果の一つ。選挙において、自らの一票が死票になることを嫌い、優位と報道された候補者や政党に投票する現象。反対の現象はアンダードッグ効果。⇒アナウンスメント効果15頁参照、アンダードッグ効果15頁参照。

✾現代行政用語

パートナーシップ【英】partnership

①協力関係。②NPOと行政や企業などが協働していくこと。政策用語としては、官民が協力して公的課題にあたること。これまでの公的事業は、国や自治体など行政が一元的にこれを行い、企業や市民などはそれを受ける客体でしかなかった。しかし、環境問題やグローバル化の進展など、行政だけでは対応できない問題が多く浮上してきた。こうした問題を解決するためには、公的課題に対し、行政と企業・NPOなどの民間主体が協力して取り組む必要があるとの認識が広まりつつある。⇒PPP68頁参照。

✾現代行政用語

パブリック【英】public

公共。英語の「パブリック」は、日本語の「公共」より広い概念としてとらえられている。私的なもの

現代行政用語

パブリック・インタレスト 【英】public interest

公共利益。自然環境や治安、インフラなど、社会全体にかかわる利益のこと。特定の個人や企業・業界などのプライベートな利益の対となる概念である。時にパブリックな利益とプライベートな利益は鋭く対立する（例えば飛行場用地の収容問題など）こともある。また、「何がパブリック・インタレストか」は意見がわかれやすい。

（プライベート）に対比される公的な性質や価値を指す。より日常語的な文脈では、公権力にかかわる事柄全体をさす場合が多い。

ひ　行政

ヒアリング 【英】hearing

聞取り。

ビー・エス・イー 【英】BSE (bovine spongiform encephalopathy)

牛の病気で、正式には牛海綿状脳症という。プリオンと呼ばれる異常なタンパク質により感染し、脳がスポンジ状に侵されて死に至る病気。ヒトのプリオン病であるクロイツフェルト・ヤコブ病との関連が疑われている。一般的に狂牛病ともいう。

ピー・エフ・アイ 【英】PFI (Private Finance Initiative)

民間資金活用事業。

（関連）ビー・エル・オー方式 【英＋和】BLO(Build Lease Operate)

PFIの主要な事業方式のひとつ。Build Lease Operate の頭文字をとったもの。PFIを担う事業者

が、施設を建設（Build）し、その施設を行政が一度買い取ったうえで、PFIを担っている事業者に対して当該施設を賃貸（Lease）し、PFIを担っている事業者がその施設を運営する方式。

（関連）ビー・エル・ティー方式【英＋和】 BLT(Build Lease Transfer)

PFIの主要な事業方式のひとつ。Build Lease Transferの頭文字をとったもの。PFIを担う事業者が、施設を建設（Build）し、その施設を自治体に対して一定期間賃貸（Lease）し、前もって決められたリース料で事業コストを回収した後に、当該施設の所有権を自治体に移管（Transfer）する方式。

（関連）ビー・オー・オー方式【英＋和】 BOO(Build Own Operate)

PFIの主要な事業方式のひとつ。Build Own Operateの頭文字をとったもの。PFIを担う事業者が、施設を建設（Build）したうえで、そのまま保有（Own）し、事業を運営（Operate）していく方式のこと。事業終了後の施設の扱いとしては、自治体に、その所有権を譲渡することは行わず、そのまま保有するか、あるいはその撤去を行うことになる。

（関連）ビー・オー・ティー方式【英＋和】 BOT(Build Operate Transfer)

PFIの主要な事業方式のひとつ。Build Operate Transferの頭文字をとったもの。PFIを担う事業者が、施設を建設（Build）し、契約期間中、その維持管理と運営（Operate）を行い、契約期間終了後は、当該施設を自治体に譲渡し、移管（Transfer）する方式のこと。

（関連）ビー・ティー・オー方式【英＋和】 BTO(Build Transfer Operate)

PFIの主要な事業方式のひとつ。Build Transfer Operateの頭文字をとったもの。PFIを担う事業者は、施設を建設（Build）した後、その施設の所有権を行政に移管（Transfer）する。そのうえで、PFIを担っている事業者が、一定の事業期間中、当該施設の維持管理と運営（Operate）を実施する方式のこと。この方式の特徴は、施設の建設後に、行政がその所有権をもつため、固定資産税などの税負担が不要になる点である。

行政

ディー・ビー・オー方式【英＋和】 DBO (Design Build Operate)

PFIの主要な事業方式のひとつ。Design Build Operate の頭文字をとったもの。PFIを担う事業者に、施設の設計 (Design)、建設 (Build) および運営 (Operate) を一括して委ね、その施設の所有および資金の調達を、自治体が行う方式のこと。

（関連）**ブイ・エフ・エム【英】** VfM(Value for Money)

PFI事業における最も重要な概念の一つで、支払い (Money) に対して最も価値の高いサービス (Value) を供給するという考え方で、従来の方式と比べてPFIの方が総事業費をどれだけ削減できるかを示す割合。

VFM（%）＝（従来の公共事業のLCC－PFIのLCC）÷（従来の公共事業のLCC）×100。

（関連）**ピー・エル法【英＋和】** Product Liability

製造物責任法。1995年7月に施行された、欠陥製品による被害者の救済を目的とする法律。企業が生産、販売した製品について消費者や社会一般に対する責任を持つことが義務づけられた法律。製品の品質、機能、効用に対する責任と、使用後の環境への影響についての責任を製造者に負わせ、生命、身体または財産に損害を被った場合には、製造業者などに対して損害賠償を求めることができる。

ビー・シー・エム【英】 BCM(Business Continuity Management)

事業継続マネジメントのこと。⇒BCP67頁参照

ビー・シー・ピー【英】 BCP (Business Continuity Plan)

事業継続計画のこと。大地震などの災害や事故など、いわゆる危機が発生した際に、企業が、特定の重要業務を中心として、その事業を中断させずに継続させるための経営戦略のこと。あるいは、仮に中断しても、目標の復旧時間内での業務再開を目指す経営戦略でもある。これは、危機の発生のために業務が中断することによって、他の企業に顧客が流出したりすることなどから企業の価値が低下したりすることを防ぐことを目的としている。日本の企業は、一般的な防災対策の面では世界的にも優れているとされている。しかし、事業継続の面ではむしろ遅れをとっていると言われ、それに取り組むことが緊急の課題となっている。内閣府は、

行政 68

中央防災会議の中に「民間と市場の力を活かした防災力向上に関する専門調査会」を設置し、「事業継続ガイドライン第一版―わが国企業の減災と災害対応の向上のために―」を作成し、二〇〇五（平成17）年8月に公表した。国・自治体の双方に、企業の大小を問わず、BCPの取組みを普及・促進させることが求められている。なお、BCPは、計画であるとは言っても、単なる計画書ではなく、経営戦略を構成する一要素として捉えられることが多いことから、マネジメント（経営管理）の側面を強調し、BCM（Business Continuity Management：事業継続マネジメント）と称されることもある。

ピー・ディー・シー・エー・サイクル／マネジメントサイクル【英】PDCA cycle／management cycle

日常の業務やプロジェクトを管理し、改善していくための手法のこと。具体的には、一定の目的を達成するための計画を立案し（Plan）、その計画を実行し（Do）、それが計画通りに進んでいるのか、あるいは計画したことをどれくらい達成できているのかということを点検・評価し（Check）、その点検・評価の結果に基づいて対象となっている業務やプロジェクトを見直し、改善する（Action）という一連の流れをたどる。このプロセスを継続的に回すことによって、不断に業務改善を進めることが可能になる。PDCAサイクルは、行政の現場にも導入されており、行政サービスの水準の維持・向上に効果があるとされている。なお、PDCAとは、Plan・Do・Check・Actionの頭文字をとったものである。

✻ピー・ピー・ピー【英】PPP（public private partnership）

従来、公共部門で行なわれていたサービス分野を、民間部門に開放、移譲すること。

ビジョン【英】vision

将来のあるべき姿とそれに向かう基本理念。基本構想。将来像や将来展望。

✻ビューロクラシー【英】bureaucracy

官僚制。

（関連）ビューロクラット【英】bureaucrat

官僚。

❈ 現代行政用語
ピー・エフ・アイ【英】PFI(Private Finance Initiative)

民間資金活用事業。プライベート・ファイナンス・イニシアチブの略。公共部門が担ってきた、社会資本形成を伴う公共サービスの提供を行なう分野で民間事業者の資金、経営能力、技術力などを活用する手法。経済的・効率的・効果的なサービスを調達するのがねらい。

❈ 現代行政用語
ピー・ピー・ピー【英】PPP (public private partnership)

官民協働、公共サービスの民間開放、パブリック・プライベート・パートナーシップの略。従来、公共部門で行なわれていたサービス分野を、民間部門に開放、移譲すること。きわめて広い概念であり、民営化や公共部門で行われていた事業を外部委託することから、バウチャーの導入など、公共部門の事業に擬似的に競争原理を導入することまで含まれる。

❈ 現代行政用語
ビューロクラシー【英】bureaucracy

官僚制。机 (bureau) の力 (kratia) から派生した概念。大きく二通りの語法がある。第一に、政治的な含意をもつ使用法で、国民の指導や監視を超越した特権的な高級公務員を指す。これは、国家権力による市民生活への干渉、ひいては権威主義や非能率、無責任といった負の側面を批判する概念として用いられることが多い。第二に、M・ウェーバーに代表される、複雑で大規模な組織の目的を能率的に達成するために、合理的に分業化された組織形態をさす用法がある。この場合、対象となるのは行政の担い手としての官僚組織だけでなく、企業などの組織形態も含んだ包括的、かつ価値中立的な概念である。

ふ　行政

ファーム・ステイ【英】firm stay
酪農、牧場、果樹栽培などを営んでいる民宿へ滞在し、農家の人々の暮らしを体験すること。

ファイアウォール【英】firewall
①防火壁。②コンピュータ・ネットワークにおいて、外部の不正な侵入から自分のネットワークを守る役割をするシステム。③官民競争入札の公正性を阻む可能性のある情報の交換を遮ることを目的とした措置（公共サービス改革法第9条第2項第6号）。

ファシリティ・マネジメント【英】Facility Management
企業や公的機関などが有している施設や、それに伴う環境を経営資源としてとらえ、それらを総合的な視野から企画・管理し、施設や設備を常に最適化すると同時に、もっとも有効に利用することを目的とした経営管理手法のこと。Facility Management の頭文字をとって、FMとも言われる。

フィスカル・ポリシー【英】fiscal policy
補正的財務政策。財政支出や租税を適正に運営・管理し、景気や経済の成長、雇用の安定を図ることを目的とした財政政策。

フェデレーション【英】federation
①同盟、連合、連盟、連邦。②連邦政府の意。

フェミニスト【英】feminist
男女同権主義者、女性権拡張論者。

(関連) フェミニズム【英】feminism
男女同権主義、女性権拡張運動のことをさす。古くは普通選挙や売春防止などの歴史的な運動があった。最近では国際婦人年をきっかけに男女共同参画推進が政府や各自治体で課題となってきている。法や条例の整備が現在進められている。

フォローアップ調査【英】follow-up study
追跡調査。ある処置を行なった場合、その内容が有効なものであるかどうかを事後に（後追い活動として）

確認する検証活動のこと。

プライオリティー【英】priority
物事に優先順位をつけること。政策用語としては、例えば3つの政策を同時に実施することが難しい場合、各政策の緊急性や効率性、コストなどを考慮して、実施の優先順位を決定することをさす。

❈プライバタイゼーション【英】privatization
政府事業、公的事業の民営化。

プライベート・セクター【英】private sector
民間部門。民間企業。

プライベート・ファイナンス・イニシアティブ【英】private finance initiative
⇒PFI 65頁参照。

❈プライマリー・バランス【英】primary balance
国や自治体などの財政状態を示す指標のひとつ。「基礎的財政収支」ともいう。

（組織の）フラット化【英＋和】flat
組織の中間管理職層を減らすことによって、組織をピラミッド型のものから、より平ら（フラット）なものにすること。そもそもは、企業の改革手法のひとつであったが、近年では行政の改革手法としても用いられるようになっている。組織のフラット化を行った代表例としては、静岡県や三重県がある。組織のフラット化は、その中間管理職層を減らすことが目的のように思われているが、最も重要なねらいは、組織を目的志向のものに変化させることである。

フリー・ライダー【英】free rider
「ただ乗りする者」の意で、公共財（公園、道路、きれいな空気など）の費用を負担せずに、その便益を享受する人のこと。公共財は、それを利用する者全員が共同で費用を負担するのが原則だが（共同消費）、費用を負担しなかった人でも利用を妨げられないので（非排除性）、ただ乗り（フリー・ライド）することが可能となる。しかし、多くの人がフリー・ライドになった時は、公共財は供給されなくなってしまう。そのため、いかにしてフリー・ライドを防ぐかが課題となる。

ブルー・ロー 【英】blue law

安息令、厳格な法律。日曜日に働くことや娯楽に興じることを禁止する法律。

フレックス・タイム 【英】flextime

始業終業の時刻を、従業員が自由に選択できる制度。自由勤務時間制。

プロポーザル 【英】proposal

提案書。プロポーザル方式とは、入札における選定方式であり、提案書の内容を一定の評価基準に照らして吟味することによって、そのプロジェクトに最も適した創造力、技術力、経験などを持つ事業者を選定しうる方式である。

❉ 現代行政用語

プライバタイゼーション 【英】privatization

政府事業、公社や特殊法人等による公的事業の民営化。ただし、プライバタイゼーションと民営化では、内包する範疇が異なる。プライバタイゼーションにおいては、国鉄の分割民営化のように、国営事業を民間企業に転換することだけでなく、自治体の事業の一部を民間企業に委託することなども民営化の一部である。近年の風潮として、政策の効率性・透明性・説明責任などを高めるため、官民が協力して公的事業を行なう考え方が広まりつつある。

❉ 現代行政用語

プライマリー・バランス 【英】primary balance

国や自治体などの財政状態を示す、指標のひとつ。「基礎的財政収支」ともいう。国債の元利払いを除く歳出と、国債以外の歳入の差と定義される。国のプライマリー・バランスが均衡していれば、国民が払う税金などの負担と国から受ける公的サービスの受益は同じ水準になる。プライマリー・バランスが赤字の場合は、現代の世代にとっては、税務負担以上の恩恵を享受することになる。反面、将来の世代は、

へ　行政

そのツケを負わされることになる。

ベスト・プラクティス 【英】Best Practice

企業や公的部門などにおいて、業務などの革新を図り、大きな成果を生み出そうとするにあたって手本とするべきもっとも優れた経営管理や業務管理の手法のこと。ベストプラクティスにあたる事例を多く収集し、分析したうえで、それを自らの組織や部門にとりくむことによって改善が図られる。もともとは、企業の改革手法のひとつであったが、近年では行政においても取り入れられており、ベストプラクティスの共有を全庁体制で行うことができるような体制づくりを進める自治体もある。

ヘブン・アーティスト 【和製英語】haven artist

東京都が行なっている文化活動。審査により選定したアーティストにライセンスを発行して、公園や地下鉄の駅など、公共施設の一部を活動の場として提供している。

❋ベンチマーキング 【英】benchmarking

企業経営改革をはかる手法の一つ。

ベンチャー 【英】venture

投機、冒険の意だが、近年はベンチャー企業の意味で用いられることが多い。

（関連）ベンチャー・キャピタル 【英】venture capital
ベンチャー投資資金。ベンチャー事業へ投資する会社、またはその資本。

（関連）ベンチャー企業 【英＋和】venture
最も狭義には、何らかのリスクを負いつつ、事業や経営にイノベーションを起こそうとしている中小企業をさすが、広義には、単に新しい企業の意味で用いられることもある。

（関連）ベンチャー支援 【英＋和】venture
独立・起業家育成・支援のこと。融資、行政や研究機

関等による技術支援、情報提供など、中小企業庁や自治体が行っている。

❋現代行政用語

ベンチマーキング【英】benchmarking
企業経営改革をはかる手法の一つ。複数企業のビジネスのやり方を比較し、最良のパフォーマンスを達成している企業から成功要因を分析し、自社の改革に適用するもの。近年、この手法を行政組織に応用し、政策や事業に対する評価を進める試みが多数されている。

ほ　行政

ポジション・ペーパー【英】position paper
討議資料、政策方針書。

ボランタリー・スキーム【英】voluntary scheme
イギリスの労働政策。50歳以上で一定期間以上失業している者か経済的に困窮している者へ、雇用サービス庁が個々人に見合った求職に関する助言を与える。また、その後も、職を維持するのに必要な資格を得るのを支援するための職場内訓練手当てを支給する。

ポリシー・ボード【英】policy board
政策決定機関。

❋ポリシー・ミックス【英】policy mix
二つ以上の政策手段が組み合わさって一つの政策手段となったもの。

ポリティカル・アポインティ【英】political appointee
政治任用、政治任命職。⇒スポイル・システム49頁参照。

ポリティカル・コレクトネス【英】political correctness
政治的正当性、政治的正しさ、政治的公正。

ホワイトカラー・エグゼンプション【英】white collar exemption

自律的労働時間制度、ホワイトカラー労働時間規制撤廃制度。一定の職種、賃金等の要件を満たす労働者の労働時間に対する規制を適用免除（exempt）すること。サービス残業に対する規制に対し日本経団連が2005年6月に「提言」を行い、裁量労働制の大幅な見直しを求めたことで、2006年の6月に厚生労働省（労働政策審議会労働条件分科会）がその素案を示した。また、厚生労働省は2007年の通常国会に関連法案を提出する意向であったが国民の反発が大きく、厚生労働大臣は、「名前を『家庭だんらん法』にしろと言ってある」と言い換えを指示したことを明らかにした。

✤現代行政用語

ポリシー・ミックス【英】policy mix

二つ以上の政策手段が組み合わさって一つの政策手段となったもの。例えば、都市計画を考える際、同時に自動車の交通量などを考慮したりする（交通政策）、犯罪の発生しにくい区画整備を行なったりする（治安政策）などが考えられる。この場合、複数の部局にまたがって政策が展開されることになるので、行政内部のセクショナリズムをいかに乗り越えるかが課題となる。

ま　行政

✤マーケット・テスティング【英】market testing

市場化テスト（官民競争入札）のこと。

マスター・プラン【英】master plan

基本的な方針。市町村の都市計画に関する基本的な方針である「都市計画マスタープラン」の略として用いられることが多い。基本計画。

行政 76

※マニフェスト【英】manifest (manifesto)
①政策綱領。②産業廃棄物管理票。

マルチ・ペイメント・ネットワーク（エム・ピー・エヌ）【英】Multi-Payment Network (MPN)
収納企業と金融機関とをコンピュータネットワークで結合し、電話・パソコン・ATM（現金自動預入支払機）などのさまざまな端末を利用することによって、利用者の税金、公共手数料を納付することができ、その支払い情報などが収納企業に通知されるようになっている仕組みのこと。

※現代行政用語
マーケット・テスティング【英】market testing
市場化テスト（官民競争入札）のこと。特定の公共サービスの提供に関して、官（行政）と民が対等な立場のもとで競争入札を行い、質と価格の双方で最良の者が当該公共サービスの提供を行うという仕組

みのこと。ニュー・パブリック・マネジメント（NPM）の潮流の中で生まれてきた行政改革手法のひとつである。日本においても、2006（平成18）年に、いわゆる公共サービス改革法（市場化テスト法）が成立し、その取組みが順次進められている。
⇒NPM25頁参照。

マニフェスト【英】manifest (manifesto)
①政策綱領。元々は、英国で選挙の際に各党が「政権獲得後に実現させる政策」をまとめた冊子のこと。いわゆる「公約」とは異なり、内容に具体性を持たせるために、各政策ごとに「期限（いつまで）」、「財源（どのお金を使って）」、「工程表（どういう手順で）」、「数値目標（どの程度のこと）」の4つを示すことが多い。近年、いわゆる改革派知事と呼ばれる知事らが提唱し、国政、地方政治を問わず広まりつつある。②産業廃棄物管理票。産業廃棄物の移動を正確に把握するための積荷管理票。産業廃棄物は、

※現代行政用語

排出事業者が処理責任を負うこととされている。排出事業者がその処理を他のものに委託する場合、産業廃棄物の性状等の情報を排出業者、収集、運搬業者、処分業者の間で受渡しすることによって、廃棄物の流れや処理状況を把握する。

み 行政

ミッション 【英】mission
①派遣団。使命、任務。②伝道、布教団体。ミッションスクールとは非キリスト教国にキリスト教の伝道団体が設立した学校。③職業的、社会的使命。NPO団体などが公益性の説明のためにその団体の目的を明らかにした存在理由。

ミニスター 【英】Minister
大臣。

ミニストリー 【英】Ministry
①内閣。②省庁。たとえば、日本の総務省は英語ではMinistry of Internal Affairs and Communicationsとなり、法務省はMinistry of Justice、環境省はMinistry of Environment。

ミニマム・アクセス 【英】minimum access
WTOによって定められた最低輸入業務量。最低輸入機会。1993年のウルグアイ・ラウンド農業合意において1年間に輸入しなければならない農産物の最低限度量。各国の輸入制限によって輸入がほとんどない品目について設定される。

め 行政

✤ **メリット・システム** 【英】merit system
資格任用制度。任用試験制度。

メリトクラシー 【英】meritocracy
業績主義、能力主義、成果主義。能力が高い人材や、

業績を重ねた人々が政治や行政を担当する社会。アリストクラシー（貴族社会）などの対立概念であり、近代以降の、メリット・システムによって選ばれた官僚による社会支配を指すことが多い。アリストクラシーよりも合理的な支配政体といえる。しかし少数の官僚が支配するエリート政治に陥る危険性をはらんでいる。

メルティング・ポット【英】melting pot

人種の坩堝（るつぼ）。移民の国であり、さまざまな民族、文化背景を持った人々が共存するアメリカ社会を評した言葉。しかし、実は民族間の文化的創意は決して失われているわけではなく、混ざり合うというよりは、共存しているのではないか、という指摘もある。このことから、アメリカ社会をサラダボウルと呼ぶ人もいる。

メロー・ソサエティ／ソサイアティ【英】mellow society

メロウとも表記される。円熟社会の意味。余暇の重視、高齢者の社会参加の促進など、規制の価値観にとらわれない、充実した生活を保障する社会をめざす概念。旧通産省が1990年に提唱した。

＊現代行政用語

メリット・システム【英】merit system

資格任用制、任用試験制度。筆記試験などで公平な選抜を行い、能力や業績によって採用や昇進を決めていく人事システムのこと。政治家が政治的任用を行うスポイル・システムに比べ、政治的中立性と、能力による機会平等主義を重視する立場をとる。日本の公務員試験制度もこれにあたる。

ゆ　行政

ユニバーサル・サービス【英】universal service

全国均一サービス。電気や水道、電話、郵便、放送など生活に不可欠なサービスを、誰でもが、国内どこでも適切な料金で公平に利用できるよう提供すること。

＊ユニ・ラテラリズム【英】unilateralism

一方的外交や一国主義をいう。

現代行政用語

ユニ・ラテラリズム 【英】 unilateralism 一方的外交。一国主義、自国中心主義。外交政策で、自国の都合のみを重視することをさす。外交における国益重視の姿勢は、度が過ぎると国際的な協調体制を乱しかねない危険性を秘めている。近年のアメリカ外交は、このユニ・ラテラリズムに傾きつつあるといわれる。米ロ間ABM（弾道弾迎撃ミサイル）制限条約、CTBT（包括的核実験禁止条約）、生物化学兵器禁止条約、京都議定書などからの離脱がその例である。

ら　行政

ライト・サイジング 【英】 rightsizing 規模の適正化。

ライフ・サイクル・コスト 【英】 LCC(Life Cycle Cost) 施設や設備、機器、システムの計画から設計、設置、維持・運営、改修、廃棄まで、事業全体にわたり必要なコストのこと。⇒イニシャル・コスト21頁、ランニング・コスト80頁参照。

ライフライン 【英】 lifeline 電気や水道、ガス、電話など線で結ばれている、日常の生活を支えるシステム。生活線。

ライン・アンド・スタッフ組織 【英＋和】 line and staff organization 組織運営手法のひとつ。

ライン機能 【英＋和】 line function 部・課・係のように垂直的な命令系統にしたがって、その組織の持つ主たる業務のうち、組織内で割り当てられた任務を遂行する機能。また、行政の現場で実務に当たる人びと。ラインとは組織が目的とする仕事を直接的に行う「実務」や「現場」の意。スタッフ機能とはこのラインの実務を支援する機能。

❋ラスパイレス指数【英＋和】Laspeyres index

①国家公務員と地方公務員の給与水準を対比するときに使われる指標。②消費者物価指数。

ランニング・コスト【英】running cost

「運用コスト」「維持費」。すでに設置してある施設や設備、機器、システムの運用・維持・管理に必要な費用。ランニングコストに含まれるのは、光熱費、通信費、消耗品費や保守サービスの料金など。たとえば自動車を購入後も、燃料費のほか、保険費用、部品交換等の補修費用、車検費用などがかかるが、これらは全てランニング・コストに含まれる。⇒イニシャル・コスト21頁、ライフ・サイクル・コスト79頁参照。

❋現代行政用語

ライト・サイジング【英】rightsizing

規模の適正化。政府の事業に関与する主体には、府省等の行政組織のほか、独立行政法人などの組織が多数存在するため、行政活動を行う組織の全容を把握するのは困難である。行政改革において議論される規模の適正化は、行政組織の実際の規模を把握しなければ進めることができない。

❋現代行政用語

ライン・アンド・スタッフ組織【英＋和】line and staff organization

組織運営の手法の一つで、命令系統の統一性を特徴とするライン組織と、専門性を特徴とするスタッフ組織の、両方の利点を取り入れた組織形態。ライン組織は管理と執行を、スタッフ組織は助言や助力をそれぞれ担当する。今日広く採用されている組織の基本形態。⇒ライン機能79頁、スタッフ機能49頁参照。

現代行政用語

り　行政

✳ ラスパイレス指数【英＋和】Laspeyres index

国家公務員と地方公務員との給与水準を対比するときに使われる指標。国家公務員の職員構成を基準都市、職種ごとに学歴別、経験年数別の平均的な給与月額を比較し、国家公務員の給与を100とした場合の地方公務員の給与水準を指標であらわしたもの。これと類似の計算方法で算出する「消費者物価指数」もラスパイレス指数とよぶ。

✳ リージョナリズム【英】regionalism

地域主義。

✳ リコール【英】recall

①解職請求、国民解職。公職にいるものを一定の署名によって解職する制度。②欠陥商品、不良品の回収。

リベラリズム（リベラル）【英】liberalism (liberal)

自由主義。対義語はコンサバティズム（保守主義）、あるいは、リアリズム（現実主義）。使用される文脈によって異なるが、経済的には、市場の自主性を重視し、国家の介入をできるだけ小さくする立場をもつ。国内政治的には、制度や意識などの改革などを通じて、国や社会を斬新的に向上させようとする立場を指すことが多い（保守主義との対立概念）。アメリカでは経済的には政府介入による福祉などの充実、社会的には個人の自由の擁護を重視する立場を指す。また国際政治の文脈では、国家間の関係について、競争よりも共存のメリットを重視する立場として用いられる（現実主義の対立概念）。

リンケージ【英】linkage

関連、連鎖。ある物事とある物事が関連を持っていること。

✳ （関連）政策のリンケージ【和＋英】policy linkage

一見異なっているが、大局的に見れば関連しあう政策

同士を、政策の策定、実施、評価の各段階で結合させる、あるいは、関連づけること。

❈現代行政用語
リージョナリズム【英】regionalism
地域主義。地域住民が、その地域の社会的、文化的特徴にもとづいた一体感を共有し、その地域の行政・経済活動において、自立性と文化的独立を追及すること。

❈現代行政用語
リコール【英】recall
解職請求、国民解職。わが国の自治体における直接請求権の一つ。有権者の3分の1の署名を当該自治体の選挙管理委員会へ提出することで実施される住民投票の結果、過半数の同意があれば地方自治体の首長や議員が解職される制度。

❈現代行政用語
政策のリンケージ【和＋英】policy linkage
一見異なっているが、大局的に見れば関連しあう政策同士を、政策の策定、実施、評価の各段階で結合させる、あるいは、関連づけること。政策のリンケージとは例えば、新たな工業用地を開発する際、周囲の環境にも配慮する（開発と環境保護の政策のリンケージ）、都市計画を行う際、犯罪や事故がおきにくくなるよう配慮する（都市計画、治安政策、交通政策のリンケージ）などがこれにあたる。異なる部局にまたがる場合が多いので、セクショナリズムを打開し、いかに各部局の横の連携を取れるかが課題となる。⇩ポリシー・ミックス74頁、セクショナリズム50頁参照。

る　行政

※ルーティン【英】routine

機械的作業、日常業務。業務を遂行するために定式化、定例化された一連の行動様式・技術や公式の手順、戦略、非公式な因習もしくは習慣など。

※現代行政用語

ルーティン【英】routine

機械的作業、日常業務。業務を遂行するために定式化、定例化された一連の行動様式や技術、公式の手順、戦略、非公式な因習もしくは習慣など。行政組織の特徴のひとつは、業務のルーティン化にある。ルーティン化により、業務の効率的な運営が行える。行政組織内の政策決定過程や、書類の作成方法やそのフォーマットなどは、ルーティン化の一例である。
しかし、このルーティン化は、往々にして、「お役所仕事」、「官僚的」という批判を受ける。また、災害などの突発的事象へ柔軟に対応できないという問題がある。

れ　行政

レジーム【英】regime

もともとは国家の政治体制を指す概念であったが、近年では、国家間で成立しているルールや規範などの意味で用いられることが多い。国際協定、条約、議定書など。

レッド・テープ【英】red tape

お役所仕事、官僚的作業の意。英国では18世紀に役所の書類は赤いテープでくくられているのを常としていたことに由来する。否定的な意味合いで使われる。

※レファレンダム【英】referendum

国民投票。住民投票。

✻現代行政用語

レファレンダム【英】referendum
政治に関する重要事項の可否を、議会の決定にゆだねるのではなく、直接国民の投票によって決める制度。直接民主制の一形態。スイス、アメリカが有名。カルフォルニアの直接住民投票では、住民が特定の条例案を起案しその件に関する一定の署名が集まると、案件は即刻、直近の投票にかけられる。日本では、憲法改正の場合の国民投票や地方自治特別法（地方特別法）の制定についての住民投票が制度化されている。近年自治体の条例によって住民投票を制度化しているが、是非を単純に問う形式が一般的。

ろ　行政

ロビイスト【英】lobbyist
ロビイングを職業とする人。企業や利益団体、NGOなどの代理人として、政治家や官僚などに接触し、情報の収集や働きかけを行う。欧米ではロビー活動を行う企業が雇用。

（関連）**ロビイング**【英】lobbying
利益の増進や目的の達成のために、政治家や官僚に対して直接的な影響力を及ぼそうとする活動。

わ　行政

ワーカーズ・コレクティブ【英】workers' collective
メンバー全員が出資、経営、労働の一人三役を担う協同組合方式の非営利事業である。「他人に雇われない」働き方で、地域に必要な「もの」「サービス」を事業化する。

ワーキング・ホリデー（ワーホリ）【英】working holiday
ワーキング・ホリデー制度は、日本と相手国の政府間で締結された協定に基づき、現地で限定的な就労によリ滞在資金を補いながら休暇を過ごすことを認める制度。対象は日本国籍で日本に在住している18歳から30

歳（一部の国では25歳）まで。対象国はオーストラリア、ニュージーランド、カナダ、韓国、フランス、ドイツ、イギリス、アイルランド、デンマーク、シンガポール。

ワン・ストップ・サービス【和製英語】one stop service 1つの窓口やポータルサイト、手続などで、必要なすべてのサービスが提供されること。例えば、従来、別々の窓口で申請が必要だった行政サービスを、1つの窓口で受けられるようにすること。

経済

あ　経済

アール・シー・シー【英語名】 RCC (The Resolution and Collection Corporation)
整理回収機構。破綻した旧住専（住宅金融専門会社）7社や金融機関などから債権を買い取り、債権の管理、回収、処分などの業務を行っている。1999年4月1日、住宅金融債権管理機構（住管機構）と整理回収銀行とが、前者を存続会社とする形で合併し、新たにRCCが創設された。

アイ・アール【英】 IR(Investor Relations)
株式会社が会社の経営情報を的確に開示することによって企業理解を深め、資金調達を円滑に進める目的で行われる株主や投資家に対して行う広報活動。

アイ・エス・オー9000【英】 ISO9000 (Intrenational Organization for Standardization)
国際標準化機構（ISO）が制定した品質管理システムに関する基準。1987年に制定されたのち1994年と2000年に改定されている。 ⇒別分野11頁参照。

アセット【英】 asset
負債の償却に当てるべき資産、財産。交換価値のある所有物。

※【関連】アセットマネジメント【英】 Asset Management
個人や法人の資産 (asset) を管理・運用 (management) して利益の最大化をはかること。近年、道路など公共の建築物についても用いられることが増えている。

アドバンス【英】 advance
手付金。前払い金。事前。

アナリスト【英】 analyst
分析家。精神分析者。識者。

アニュアルレポート【英】 annual report
年次報告書。株式を上場・店頭公開している企業が事業年度終了後に作成する財務諸表などを記載した報告書。主に海外の株主・投資家や取引先に向け、経営内容についての総合的な情報を掲載している。インター

アライアンス 【英】alliance

同盟。連合。協調。

アロケーション 【英】allocation

割り当て。配分。配給。

アンタイドローン 【英】untied loan

資金の貸し手が借り手に対して、その用途や運用について指定をしない融資。不拘束貸付。不拘束融資。ひもなし援助。政府開発援助の一環としても行われる。

アンペイドワーク 【英】unpaid work

無報酬労働。賃金労働など、市場で貨幣による評価が行われる労働に対し、家庭での家事や育児、介護、地域社会の様々な活動など、市場での評価が行われず、無償で行われる労働のこと。

ネットで閲覧できる企業も多い。

❋ 現代行政用語

アセットマネジメント 【英】Asset Management

資産運用、もしくは資産運用を提供するサービスのこと。近年ではNPMの導入にともない、2003年に国土交通省の「道路構造物の今後の管理・更新等のあり方に関する委員会」が、道路等に関するアセットマネジメントの定義を提言するなど、国や自治体においても、道路や土木施設を資産としてとらえ、その状態を正確に評価することで、運営維持、改修等の長期的経費を低減させるよう、計画を最適化する手法として採用されてきている。背景には、高度経済成長期に整備された社会資本が老朽化し更新の時期をむかえていること、自治体の多くが抱える財政面での制約内で更新を適切に行う必要があること、などの事情がある。なお、公共施設等の一般的な建造物については「ファシリティマネジメント」という用語を用いることもあるが、厳密な定義に区分があるわけではない。

い　経済

＊イーコマース（イーシー）【英】 Electoronic commerce (EC)

電子商取引。納税などもこの手法で行われてきた。

イービジネス【英】 Electoronic business

インターネットの発展による、オープンでグローバルなディジタル・ネットワークを活用して行われる、新しい形態での業務行為および商取引全般。

イニシエーション【英】 initiation

①開始、創業、始動、起爆。②入学式、加入式。

インカムゲイン【英】 income gain

利子・配当収入。資金を保有して得られる配当金、利子、不動産賃貸料などの所得。

〔関連〕**インカム【英】** income

収入。所得。

インサイダー【英】 insider

（組織などの）内部の者。内部関係者。

インサイダー取引【英＋和】 insider

会社関係者などが、投資家の投資判断に影響を与える内部情報をその立場ゆえに知り、その情報の公表前に有価証券の売買をすること。不正取引として規制されている。

インダストリアルエンジニアリング【英】 Industrial Engineering(IE)

IEとも表記される。生産工学または産業工学。狭義では、人の動きのムダを除き、仕事の効率と能力を高める技法。人・機械・材料・方法・エネルギーを効率良く組み合わせて安くてよいものを創るための技術。

インデックス・ファンド【英】 index found

株価指数に連動する仕組みの投資信託。

インフレーション（インフレ）【英】 inflation

一般的な物価水準が継続的に上昇し、貨幣価値が下落

〔関連〕**インフレーションターゲティング【英】** inflation targeting

インフレ率目標。中央銀行が一定のインフレ目標を設定して金融政策を行う。

インベストメント【英】 investment

投資、出資、投資金。

インベントリー【英】 inventory

在庫。

インボイス【英】 invoice

送り状（値段や輸送料をつけて、買い手に送る商品リスト）。仕入れ税額票。

※**現代行政用語**

イーコマース（イーシー）【英】 Electoronic commerce (EC)

電子商取引。企業間の発注から、ウェブ上のオークションまで様々な取引が、インターネット網を利用して行われている。また、行政においても様々な電子申請が進展しており、電子納税の分野では、2004年から国税の申告、全税目の納税が可能なe-Tax（イータックス）が運用されているほか、2005年から一部の自治体では、自治体で組織する「社団法人地方税電子化協議会」によって運営されるeLTAX（エルタックス）が稼動している。いずれも本人が利用届出を行ったのち、インターネットを介して電子署名（電子証明書）を付して申告する。なお、2007年度分または2008年度分のいずれか1回の所得税については、イータックスで電子納税を行うことで、最高五千円の税額控除を受けることができる。そのほか、公共料金、携帯電話料金、年金、生保・損保保険料などが支払い可能となっている。イー・コマースの拡大に伴い、クレジットカ

―ド決済の安全性や、個人情報の保護など、新たな課題も発生している。

う　経済

ウェザーマーチャンダイジング 【英】 weather merchandising
製造業、流通業など向けに付加価値をつけた気象情報。

ウォール・ストリート 【英】 Wall Street
ニューヨークにある米国金融の中心地。

え　経済

エージェント 【英】 agent
代理店。代理人。情報機関の協力者。

エクイティスワップ 【英】 Equity Swap
企業が資産有効活用の一環として、持ち合い株式を証券会社に渡し、株式売買益の代わりに、証券会社から固定金利の支払を受けるという取引。⇒エクイティ25頁参照。

エクスチェンジャブル・ボンド 【英】 Exchangeable Bond(EB)
株式転換条項付社債。EBと略す。

エコノミー 【英】 economy
経済、節約。

(関連) **エコノミカル** 【英】 economical
経済的、倹約的。

(関連) **エコノミスト** 【英】 economist
経済学者、経済分析の専門家。

エコマネー 【英】 eco-money
特定の地域だけで通用する通貨で、何らかの形のサービスの対価として受け取り、それを使って、別のサービスを受けられる。80年代の欧米で始まり、現在、世界中で3000以上が流通するといわれ、日本でも3

エス・アール・アイ【英】SRI(socially responsible investment)

社会的責任投資のこと。経済的・財務的側面だけを投資の判断基準とするのではなく、社会的・環境的・倫理的側面も考慮した投資行動のことで、長期的な視点でみて社会的責任を果たしている企業ほど持続的な発展が見込める、という考え方が背景になっている。00以上が流通している。(2005年経済産業省)

エスクロー【英】escrow

第三者預託方式。物品売買の際に当事者以外の第三者が決済を仲介するサービス。取引の安全性を保証する。ネットオークションの普及により出品者と落札者の間を仲介するサービスが増えている。たとえば、大手のオークションサイトなどでは、買い手が第三者に代金を預託し、売り手は代金の預託を確認後に商品を発送、買い手は届いた商品の確認後、第三者にそれを伝え、売り手に代金が払い込まれる。この方式は、インターネット上での個人間での売買の普及にともない、ネット上での個人間での売買の普及にともない、トラブルや悪質な売り手が増加してきたことに対し、買い手の前払いリスクを低減させる利点がある。ただし、経済産業省による「エスクローサービス利用促進に関する調査研究報告書」(2006年度)では、認知度の低さ、認知していても手続のわかりにくさ、他の決済サービスに比べ高額であること、代引きの普及などにより、消費者のニーズが低く、普及に向けていくつかの課題があることが指摘されている。⇒ネットオークション151頁参照。

エス・ピー・シー【英】SPC(Special Purpose Company)

特定目的会社または特別目的会社と訳す。不動産や債権の証券化など、特別の目的を持って設立された会社や団体を指す。

エム・アール・ピー【英】MRP(material requirement planning)

資材所要量計画。

エム・アンド・エー【英】M&A(merger & acquisition)

企業の合併および買収。

エル・エル・シー【英】LLC(Limited Liability Company)

有限責任事業会社のこと。日本では、2006 (平成

18）年5月に施行された会社法においてはじめて認められた新しい会社形態であり、「合同会社」と称され、日本版LLCとも言われている。LLCの特徴として、出資者が出資額までしか責任を負わない「有限責任制」と、民法組合的な「内部自治原則」が挙げられる。「内部自治原則」は、組織の内部ルールが法律によって細かく定められているのではなく、話し合いで決定できる。具体的には、現在、株式会社は利益配分、議決権などについては株式の持分割合で定められているが、LLCは損益や権限の配分を自由に定めることができる。また、会計監査人などの監視機関の設置も不要とされている。

エル・エル・ピー【英】LLP(Limited Liability Partnership)
有限責任事業組合のこと。LLC（有限責任事業会社::合同会社）が法人格をもつのに対し、LLPは法人格を有していない。LLCは1人でも設立できるが、LLPは2人以上の組合員が必要。法人格がないため、LLP自体には課税されない。LLPの利点は組合員課税にある。これは税金が会社に対してかかるのではなく、出資者一人ひとりにかかる。

エンゲル係数【英＋和】Engel's coefficient
家計での全支出に占める食費の割合。

エンジェル（エンゼル）【英】angel
①天使。②起業して間もないベンチャー企業に資金を提供する個人投資家。もともとは、アメリカでミュージカルの製作へ資金提供を行う人を指してエンジェル（天使）と呼んだことにちなむとされる。⇒別分野169頁参照。

エンタープライズ【英】enterprise
大事業、企業。

エンドユーザー【英】end user
最終使用者。流通経路の末端の消費者。一般消費者。

【　お　経済　】

オイルショック【和製英語】oil shock
1970年代に2度発生した、石油生産量の減少によ

る価格の急激な上昇とそれによって引き起こされた世界的な混乱を指す。1973年の第1次オイルショックは、中東の石油生産国が生産量を減らし、石油の値段を引き上げたことにより発生した。この事件により、石油輸入国の産業活動は停止状態に追い込まれ、日常生活にも大きな影響が出た。当時、石油輸入国は、石油の供給の大半を中東諸国に依拠していたため、問題は深刻であった。1979年には、イラン革命をきっかけに石油価格が急上昇し、第2次オイルショックが発生した。日本の企業は、第1次オイルショック以降、省エネ対策を進めていたので、比較的その影響が少なかったとされる。

オー・イー・エム【英】OEM(Original Equipment Manufacture または Manufacturer)

相手先商標製品の製造、供給。あるメーカーが開発もしくは製造した製品を、別ブランドで販売することを指す。開発元、製造元の企業はライセンス契約に基づいて、販売元となるメーカーに自社製品を供与する。

オー・イー・シー・ディー【英】OECD(Organization for Economic Cooperation and Development)

経済協力開発機構。欧州12カ国のほか日本も含めて全加盟国は30か国。先進国間の自由な意見交換・情報交換を通じて、経済成長、貿易自由化、途上国支援を目的としている。

オーナー【英】owner

所有者。

オーバーシュート【英】over shoot

相場の行き過ぎ。

✽オールドエコノミー【英】old economy

従来の形態の経済・産業。

オフショア【英】offshore

①海外、沖、域外。②租税回避地。税金のない地域。
⇒タックスヘイブン108頁参照。

オフショアリング 【英】offshoring

コストの削減を主な目的として、海外の企業に、システムの開発やデータの入力業務などを委託すること。

オペ／オペレーション 【英】operation

金融調節、公開市場操作。

※ 現代行政用語

オールドエコノミー 【英】old economy

従来の形態の経済・産業。情報技術（IT）やバイオテクノロジー、ナノテクノロジーなど、新しい技術がもたらす経済を「ニュー・エコノミー」と呼ぶが、それに対応させて、従来の形態の経済・産業を「オールド・エコノミー」と呼ぶ。オールド・エコノミーの代表的企業は重厚長大産業に多いが、とくに旧態依然とした経営を続ける企業を指して言うこともある。

か　経済

ガット 【英】GATT(General Agreement on Tariffs and Trade)

関税と貿易に関する一般協定、1948年1月に発足。関税や輸出入障壁の撤廃を推進し、戦後の自由貿易体制を支えた。1995年1月、ガットはWTO（世界貿易機構）に引き継がれた。

カバード・ワラント 【英】covered warrant

株式あるいは株価指数オップションを証券化して市場に流通させたワラント債。権利の対象となる企業以外が発行する。

カルテル 【独】kartell

同じ業種の複数の企業が、共同で市場を支配することを目的とした協定を結ぶこと。独占禁止法により、原則として禁止されている。

き　経済

キックバック 【英】kickback
割戻し金、リベート。

キャッシュ・オン・デリバリー 【英】cash on delivery
現品到着払い。商品の配達と引き換えに代金を支払うシステム。

✽キャッシュフロー 【英】cash flow
現金の流出入。キャッシュ・フロー計算書。

キャッシュレス 【英】cashless
現金を媒介しない商取引形態。クレジットカード、電子取引の普及に伴うもの。

キャピタリズム 【英】capitalism
資本主義。資本を主体とする経済体制。古典的な定義では、生産手段及び生活資料を資本とする少数の資本家が、利潤を目的に労働者を搾取し、それらの労働力で商品を生産する経済体制。労働力に対して払われた価格と商品の価格との差額が、資本家の利潤とされる。

キャピタルゲイン 【英】capital gain
①資本利得。株式の値上がりなどによる利得。②資産売却所得。資本売却差益。

ギャランティー 【英】guarantee
①保証、担保。②契約出演料、給料。

キャリアプラン 【英】career plan
自分の職業生活に目標を立て、それを実現する計画を立てることをいう。将来に向けて自分がどのような職種で働きたいのか、そのためにどのような能力・スキル・経験が必要なのかを考察し、企業側の意向とすりあわせ出向や異動を行なう。キャリアデザインともいう。ひとつの企業に自分の将来設計が用意されていた終身雇用制が過去のものとなり、個人が自分でキャリアデザインすることが必要となっている。

経済　98

キュー・ダブリュー・エル【英】QWL(Quality of Working Life)

企業の組織や工場システムなどにおける、人間が働く上での労働環境の質のこと。この改善が課題となっている。

❋ 現代行政用語

キャッシュフロー【英】cash flow

現金収支。資金の流れ、もしくはその結果としての資金の増減を指す。一定期間内の資金の流入と流出を示したものがキャッシュフロー計算書であり、2000年3月期から、株式を公開している企業には作成が義務付けられている。貸借対照表や損益計算書と並ぶ財務諸表の一つとして、近年重視されている。キャッシュフローは、本来の営業活動にともなう仕入や販売にともなう収支、設備の維持費などにともなう仕入や販売にともなう収支、設備の維持費などを記載した「営業キャッシュフロー」、政府からの補助金や設備投資などによる収支をまとめた「投資キャッシュフロー」、借入やその支払、新株発行、配当金の支払等による資金の出入りを示した「財務キャッシュフロー」の三つに区分されている。なお、収支計算書が予算と決算を対照表示させるのに対し、キャッシュフロー計算書は予算の執行状況を示すわけではないため、対照表示をする必要はない。

く　経済

クーリングオフ制度【英＋和】Cooling-off system

消費者保護のため、消費者が一方的に契約の撤回や解除を無条件に行える権利。一定期間内（クーリング・オフを書面で知らされた日から8日間から20日間など）に書面で行う必要がある。

クラウディングアウト【英】crowding out

公債発行にともなう利子率の上昇が民間投融資を抑制し、公共支出が民間支出を押し出してしまうこと。

クレジットクランチ【英】credit crunch

貸し渋り。金融機関による貸し出しが厳格で、借り手が資金調達に困難を覚える状態。

クレジットライン【英】credit line

与信枠。どの程度まで相手にお金を貸すことが可能かを示す数値。

グローバルエコノミー【英】global economy

世界経済。1990年代、通信運輸技術の向上や社会主義経済陣営の自由主義化によって経済のグローバル化が加速された。ヒト・モノ・カネの世界的一体化が進む一方、連鎖的な通貨危機や世界同時不況を発生させている。

グローバルキャピタリズム【英】global capitalism

世界経済における多国籍企業や大資本の影響力を重視する見方。どちらかというと経済のグローバル化の負の側面を強調する。反グローバリズム運動はこうした観点から巨大企業による短期の資本移動や投機的な取引が貧富の不平等感を強めていることを批判している。

グローバル・キャリー・トレード【英】global carry trade

ヘッジファンドの為替売買をつうじた荒稼ぎのひとつの手法。円などで低利の資金を調達し、リターンの高い資産に投資するトレードのこと。このグローバル・キャリー・トレードは、当初こそ円安や対象資産のリターン工場などを生み出すが、問題はその反動として起こる急激な反対売買にある。過去にはドルが円に対して約1週間で18％も下落した例がある。⇒ヘッジファンド119頁参照。

け　経済

ケインジアン【英】Keynesian

英国の経済学者ケインズ（1883-1946）の学説を継承する人々を指す。ケインズの唱えた総需要管理政策は、低金利、減税、公共投資などを通じて有効需要を増やせば、失業者を減らすことができるというものであった。これは、ケインズ以前の経済学が失業率を減らす方法は賃金の引き下げであると想定していたことに比

経済 100

こ　経済

べて「ケインズ革命」と呼ばれるほどの大きな変化をもたらした。ケインジアンの思想は、日本の経済政策にも色濃く反映されている。1990年代の長期不況下では莫大な公共投資が実施されてきたが、それは必ずしも成果をあげていないのみならず、巨額の累積債務を築いている。

コアコンピタンス【英】core competence
中核能力。企業の商品開発において他社が模倣できない、卓越した価値を生み出す能力。

ゴーイングコンサーン【英】going concern
会計学の用語で、継続企業、継続企業の前提という意味。

✺**コーポレートガバナンス**【英】corporate governance
企業統治。

コールセンター【英】call center
企業や自治体等の中で、客や住民の電話応対を専門に行なう部署。問い合わせ受付窓口となる大規模な電話応対センターのこと。電話は、地理的・時間的条件に制限されずに広範囲の顧客とコンタクトできることから、本社とは離れた場所で運営できるため、コストの安い場所に設置できる。自治体業務の委託も行う。地域の雇用創出にもつながると誘致活動がおこなわれている。

コストパフォーマンス【英】cost performance
原価あたりの効用。費用対効果比率。

コスト・ベネフィット・アナリシス【英】cost-benefit-analysis
費用対効果分析。公共事業の無駄づかいが問題視される中、公共計画の評価方法として導入されるケースが増えている。

コマーシャルペーパー【英】commercial paper
企業が短期の資金を調達するために短期金融市場で発

行する無担保証券。CPと略す。

コミッション【英】commission
① 手数料、歩合。②代理業務。③委員会。

※コミュニティビジネス【英】community business
地域のニーズに基づいて行なわれる事業活動。

コングロマリット【英】conglomerate
業種・業務面で関係をもたない企業間の合併を通じて成長した複合企業体。

コンシューマー【英】consumer
消費者。

コンソーシアム【英】consortium
① 協会、組合。②3社以上の出資で作られた合弁会社。

コンディショナリティ【英】conditionality
国際通貨基金（IMF）が開発途上国に財政支援を行なう際、支援の代償として履行を義務付けた経済改革の条件のこと。内容は各国ごとに異なるが、支出削減、成長率の抑制、外国人直接投資の緩和など、その内容は多岐にわたる。

コンビナート【露】kombinat
相互に関連の深い生産部門を地域的に結合させ、生産の効率をはかることを目的とした工場の集団。

※現代行政用語

コーポレートガバナンス【英】corporate governance
企業統治。株主、経営陣、従業員などがともに経営に参加し、チェックすること。コーポレート・ガバナンスは国によって異なるが、日本企業の場合、かつては、終身雇用、年功序列、協調的企業内組合が主流であり、事実それにより成功した多数の企業が存在した。しかし、企業経営をめぐる不祥事、欧米先進国やアジア諸国との競争の激化、日本企業の存在自体が安閑でいられない状況にある。この現状から、適法性、健全性の確保のみならず、企業経営の効率性を高め、そ

の競争力を強化するにはどうすべきか、という観点からもコーポレート・ガバナンスのあり方が考えられてきている。

※ 現代行政用語

コミュニティビジネス 【英】community business
住民や企業など、地域に存在するさまざまな主体が、自らの居住する地域を中心にして行う地域に密着した事業のこと。地域経済の活性化、地域における雇用の確保、地域社会の再生などを目的としている。Community Business の頭文字をとって、CBと言われることもある。

さ　経済

サービサー 【英】servicer
債権回収専門業者。

（関連）**サービサー法** 【英】servicer
債権管理回収業に関する特別措置法。1999年2月施行、2001年9月改正法施行。これにより、従来、一般会社等の債権の譲り受けや、委託による回収は、弁護士にしか認められていなかったが、同法の施行によって、法務大臣の許可を受けた専門業者（サービサー）が集金代行業務や買取業務等を取り扱えるようになった。ただし、取り扱えるのは、正常債権および同法に規定する「特定金銭債権」に限定されている。

サスティナビリティレポート 【英】Sustainability report
企業が自社の環境活動等について記載する環境報告書。持続可能性報告書。組織の活動内容や製品、サービスについて、経済性、社会性、環境に対する配慮の面から報告。

サブプライム融資【英＋和】sub-prime
信用度の低い顧客への貸し出し。

サプライチェーンマネジメント【英】supply-chain management(SCM)
受発注、資材調達、在庫管理、製品配送をコンピュータを使って統合的に管理する方法。略してSCMともいう。

サプライヤー【英】supplier
部品や資源の供給者。

サンクコスト【英】sunk cost
埋没費用。事業に投下した資金のうち、事業の撤退・縮小を行ったとしても回収できない費用をいう。サンクコストは意思決定に際しては無視してよいとされる。

し 経済

シー・アール・エム【英】CRM(Customer Relationship Management)
顧客関係管理のこと。顧客に関する情報を一貫して管理することによって、顧客の視点でのサービスを提供できるようになることを目指す経営管理手法のこと。長期的な顧客との関係を構築することが目的。自治体経営を住民（顧客）ニーズと整合させ、長期的に住民（顧客）との信頼関係を築くことで、自治体経営の改善をはかるための手段の一つとして活用され始めている。

シー・イー・オー【英】CEO(Chief Executive Officer)
最高経営責任者、株主総会で選ばれた会長(Chairman)を議長とする取締役会に業務内容を報告し、取締役会から監督される立場にある。行政においても、執行責任者を指す言葉として使われる。

シー・エフ・オー【英】CFO(Chief Financial Officer)

最高財務責任者。CFOは、CEOの決定を企業収益や株主価値の向上という視点から支えていく役割を担う。

シー・オー・オー【英】COO(Chif Operation Officer)

最高執行責任者。業務の執行者で、CEOとは明確な上下関係がある。

シー・アイ・オー【英】CIO(Chief Information Officer)

最高情報責任者。システムの構築や運営、投資配分のほか、電子商取引など新しい業務分野で戦略立案などIT関連の全業務を統括する。

シー・エル・オー【英】CLO(Chief Learning Officer)

最高学習責任者。執行役員の役職のひとつであり、人材開発や学習システムの開発などを、その主な役割としている。このような役職が設けられる背景には、多くの企業において次世代を担うリーダーを育成することが重視されていることがある。

（関連）シー・エイチ・オー【英】CHO(chief human resource officer)

最高人事責任者。執行役員の役職のひとつであり、人事全般に対して責任をもつ。CLO（最高学習責任者）との違いは、CHOが人事全般を担当するのに対して、CLOは人材育成に特化していることである。

シー・エス【英】CS(Customer Satisfaction)

顧客満足のこと。

シー・エス・アール【英】CSR(Corporate Social Responsibility)

一般には、「企業の社会的責任」と訳されている。企業経営においては、経済面のみを重視せず、環境に配慮したりすることなども必要であり、社会貢献をしたり、顧客・従業員・地域住民などといった利害関係者（ステークホルダー）と良好な関係を築くことができるような経営を行うことが重要であるとする考え

経済 104

経済

方のこと。日本では、経済産業省などが研究会を設置している。国外でも、イギリスがCSR担当大臣を任命しているなどの動きがある。利害関係者と良好な関係を築くための手段として、CSRに関する自らの取組みを利害関係者に対して報告することを目的としたCSR報告書を作成する企業も増加している。

ジー・エヌ・アイ 【英】GNI(Gross National Income)
国民総所得。国内総生産（GDP）に海外からの純所得を加えたもの。以前のGNP。

ジー・エヌ・ピー 【英】GNP(Gross National Product)
国民総生産。以前は国の経済成長尺度にGNPが使われたが現在GDPが使用されている。

（関連）**ジー・ディー・ピー** 【英】GDP(Gross Domestic Product)
国内総生産。一定期間に一国の領域内で生産された財やサービスの総額。GNPから海外での純所得を差し引いたものがGDPとなる。経済成長率は一定期間内におけるGDPの変化率から算出する。

シー・ピー・アイ 【英】CPI(Consumer Price Index)
消費者物価指数。全国の世帯が購入する家計に係る財及びサービスの価格等を総合した物価の変動を時系列的に測定する目的で、総務省統計局が毎月閣議に発表する。統計局は「ある基準となる年に家計で購入した種々の商品を入れた大きな買物かごを考え、この買物かごの中と同じものを買いそろえるのに必要なお金がいくらになるかを指数のかたちで表すのが消費者物価指数」と説明している。現在は2000年の物価水準を100として、全国約167市町村の約700地区、約600品目の小売価格を調査して数値化する。

ジャスト・イン・タイム方式 【和製英語】just-in-time
かんばん方式ともいう。トヨタが1970年代に確立した生産管理方式。必要なときに必要な量だけの部品を購入することで、在庫とコストの抑制を実現した。1980年代には、日本式経営の成功のカギを握るものとして世界的な注目を浴びた。

ジャンク・ボンド 【英】junk bond
くず債券。信用の低い債権回収が見込まれない債券。

す　経済

ジョイントベンチャー【英】joint venture(JV)
合弁事業。複数の企業による大型事業。JVと略す。JVを受注条件にしている公共事業も少なくない。

シンジケート【英】syndicate
①企業の独占形態のひとつ。有価証券の引き受け団体。自治体の起債引き受け団体をこのように呼ぶことがある。②大がかりな犯罪組織。

シンジケートローン【英】syndicate loan
銀行が企業向けに多額の融資を実行する際に、複数の銀行が同一の融資条件で資金を分担する協調融資。

スケールメリット【英】scale merit
規模が大きいことに由来する優位性。特に経営学において、単位あたりの費用が経営規模の拡大につれて低下すること。

ステークホルダー【英】Stakeholder
利害関係者。一般には、直接、間接を問わず、その団体（もしくは個人）の事業活動等の影響が何らかの形で及ぶ人物や団体等を広範に含む。たとえば、企業であれば、主に顧客、取引先、投資家、債権者、従業員が直接的な利害関係をもっているが、ステークホルダーというときには、これに地域社会や自治体、国といったあらゆる利害関係者をも含んでいる。CSR（企業の社会的責任）などを考える際に不可欠な概念。

ストック【英】stock
ある一時点に存在する経済諸量の大きさを示す概念。対義語はフロー。

（関連）ストックオプション【和製英語】Employee Stock Option (ESO)
自社株購入権。自社株を行使価格（あらかじめ決められた価格）で一定期間内に購入できる権利のこと。1997年商法改正により日本でも報酬制度として活用する企業が増えた。また、自社の取締役と従業員が対象であったが、2002年より社員に限定せず、だれ

に対しても新株予約権として権利が付与できるようになった。市場での株価が上昇すれば、行使価格との差額が差益となる。会社から追加的な資金の支出を要しないこと、また、株価上昇のインセンティブを社員に与える効果を持つと考えられることから、社員等に報酬として付与する会社が増えてきている。

スピンアウト 【英】 spin-out

会社を辞めて、独立して自分の会社をつくること。ベンチャービジネスに多い。

スピンオフ 【英】 spin-off

事業の一部を分離し、独立させる意味。また、従業員が個人または集団で独立すること。

スワップ取引 【英＋和】 swap deposit

将来の債務の支払いを両当事者が互いに変換することを約束した取引。ドル・円など異なる通貨の支払いを交換する通貨スワップと、円の長期固定金利と短期変動金利など同一通貨で異なる種類の金利を交換する金利スワップに大別される。

せ 経済

ゼロサム社会 【英＋和】 zero sum

誰かが得をすると誰かが損をして、総和がゼロになるような社会。

そ 経済

ソーホー 【英】 SOHO(Small Office, Home Office)

主にパソコンやインターネットを利用して、小さい事務所（Small Office）や、自宅兼用の事務所（Home Office）で仕事をしている会社や、そこではたらく人たちのこと。

ソックス法 【英】 SOX(Sarbanes-Oxley Act)

企業改革法。アメリカにおいて、エンロン事件をはじめとした企業の不祥事が相次いだために成立したSOX法の日本版。アメリカのSOX法は正式には「Public Company Accounting Reform and Investor

Protection Act of 2002：上場企業会計改革および投資家保護法」といい、法案を提出したポール・サーベンス上院議員、マイケル・G・オクスリー下院議員にちなんで「サーベンス・オクスリー法」（SOX法）と呼ばれる。これにならい日本版SOX法が成立した。上場企業に対して財務報告に関する内部統制システムの確立などを要求する。

ソルベンシーマージン【英】solvency margin
支払い余力。

た　経済

ダイレクトバンキング【英】direct banking
銀行の店舗に行かずに、インターネット上から振込みなどの銀行手続きを行なう仕組み。

タックス・フリー【英】tax free
免税の、非課税の。

タックスヘイブン【英】tax haven
租税回避地。

ダブリュー・ティー・オー【英】WTO(World Trade Organization)
世界貿易機関。ガット（GATT）が発展的に解消し、代わって1995年に発足した。貿易に関する国際ルールを定め、新たな貿易課題について検討することを目的とする。2000年現在で、144ヵ国・地域が加盟している。⇒GATT96頁参照。

ダンピング【英】dumping
①不当廉売。②ある企業がある商品を、国外では自国内の価格より低い価格で販売することをいう。ダンピングにより、国内で損害を受けた企業などは、安売り分を通常の関税に上乗せする反ダンピング関税の課税の申請をすることができる。反ダンピング関税は、世界貿易機関（WTO）のルールに基づいており、国内では関税定率法を根拠としている。⇒WTO108頁参照。

ち 経済

チーフ・エグゼクティブ・オフィサー(CEO)【英】 Chief Executive Officer(CEO)

最高経営担当役員、最高経営責任者。⇒CEO 103頁参照。

て 経済

ティーオービー【英】 TOB (Take Over Bid)

TOBは英語の「Take Over Bid」の頭文字を取った略語で、株式公開買い付けと訳される。企業が自社株を購入したり、企業買収の手段としてよく使われる。ある企業の株式を大量に取得したい場合、公告により一定の期間に一定の価格で不特定多数の株主から一挙に株式を取得することを表明し、買い取ることをいう。その企業経営陣の同意を得ないで行うのを「敵対的TOB」と呼ぶ。

ティー・キュー・エム【英】 TQM(Total Quality Management)

総合的品質経営のこと。製品の品質の向上に関して、全社的に取り組む試みであるTQCを、製品の品質管理のみならず、経営全体の質的向上にまで応用した経営管理手法のこと。または、その背景にある思想のことを指す。⇒TQC 109頁参照。

ティー・キュー・シー【英】 TQC(Total Quality Control)

トータル・クオリティ・コントロール。経営や業務全体の質を向上させる管理手法。

✻ディスクロージャー【英】 disclosure

情報開示。

デイ・トレーダー【英】 day trader

パソコンなどを通じて、一日中株取引を行なう個人投資家。

テイラードマーケティング【英】 tailored marketing

マーケット全体を対象とするマスマーケティングに対

して、顧客個々人を対象とするマーケティング。ダイレクトマーケティング、ワントゥワンマーケティングとも呼ばれる。

データセンター 【英】data-center
顧客企業からコンピュータシステムをアウトソースで請け負う場所。

テクノロジートランスファー 【英】technology transfer
技術移転。他の分野・国家・企業などで開発された技術を導入して有効に利用すること。

デザインレビュー 【英】design review
開発する製品の目標品質（機能、コスト、市場性、品質、信頼性、外観、梱包、納期など）を客観的に評価、審議すること。

デシジョンメーキング 【英】Decision Making
意思決定のこと。経営戦略の決断をビジネスディジョンなどという。

デノミネーション（デノミ） 【和製英語】denomination
通貨の呼称単位の変更。デノミと略すこともある。英語ではredenomination。

デビットカード 【英】debit card
現金を用いずに買い物ができるキャッシュカード。代金は銀行口座から直接引き落とされる。

デファクトスタンダード 【英】de facto standard
公的機関で定めた基準ではなく、事実上の標準化。

デフォルト 【英】default
債務不履行。⇒別分野150頁参照。

デフレーション 【英】deflation
有効需要が供給に対して不足するために生じる物価水準の低下などの経済現象。デフレともいう。⇒インフレーション90頁参照。

デフレスパイラル 【英】deflationary spiral
景気低迷と物価下落が同時に起きること。

デリバティブ 【英】derivative

金融派生商品。

※ 現代行政用語

ディスクロージャー 【英】disclosure

情報開示。株式や債券などを発行している企業が、自らの財務状態、経営方針などに関する情報を、金融機関や取引先といった利害関係者に対し、適切に公開すること。企業情報開示ともいう。経済・金融環境の変化に伴い、金融機関などから高い信用を得るためには、経営方針や財務内容などの情報をより一層タイムリーに開示していくことが必要となりつつある。また、企業自身にとっても、これらの情報を適切に分析し、経営計画にフィードバックしていく仕組みを整えることは、環境変化への迅速な対応につながるとされる。

と 経済

ドッジ・ライン 【英】Dodge's line

1949年来日したCHQの経済顧問のジョセフ・ドッジが日本政府に与えた指示で、経済安定のための超均衡予算。それまでの復興金融金庫を通じた巨大融資はこれによって不可能になったが、国内の補助金を停止することで財政は大幅に黒字化した。また、1ドル＝360円の為替レートが決定され、日本はこの制度の下で経済規模の拡大を進めてきた。

トラスト 【英】trust

①信託。②同一業種の企業が資本的に結合した独占形態。

トレードオフ 【英】trade-off

複数の要素が関連を持ち、一方の要素を改善すると、他方の要素が悪化するような状態を指す。たとえば、コスト削減のために安価な原料に変更した場合に生じる品質の低下（もしくは品質の維持向上によるコスト

経済 112

の上昇)に示されるように、通常、コストと品質はトレードオフの関係にある。

な 経済

ナショナルセンター【英】national center
産業別労働組合の全国中央組織。

ナスダック【英】NASDAQ(National Association of Securities Dealers Automated Quotations)
全米証券業協会(NASD)が開発した、店頭銘柄気配自動通報システムの略称。

ナレッジマネジメント【英】knowledge management
知識管理。組織内で個別に管理されている情報や知識を共有して、パフォーマンスの向上をめざす取組み。

に 経済

ニース【英】NIEs(Newly Industrializing Economies)
新興工業経済地域。経済協力開発機構(OECD)は、1970年代以降に工業品の輸出を増加させるため、発展途上国に注目し、韓国、台湾、香港、シンガポール、メキシコ、ブラジル、スペイン、ポルトガル、ギリシャ、ユーゴスラビアの10カ国を新興工業諸国(NICs)と定義した。その後1988年に開催されたトロント・サミットで、中国が台湾や香港を国(country)と呼ぶことに懸念を表明し、新興工業経済地域(NIEs)という言葉が用いられることになった。一般的には、NIEsというと上記の東アジア4カ国を指すのが普通である。⇒OECD 95頁参照、NIES(国立環境研究所)215頁参照。

ニューエコノミー【英】new economy
インフレなき成長が持続するという概念。アメリカ経済では景気循環が消滅し、インフレなき成長が持続するという主張から生まれた概念。IT化とグローバリ

ゼーションの進展がその理由とされた。アメリカでは1991年から2000年まで戦後最大の景気拡大が続いた。しかし、その後はネットバブルが崩壊し、驚異的な株高の背景に粉飾決算やストックオプション問題があったことが判明した。米エンロン社と米ワールドコム社の破綻がその象徴であった。ニューエコノミー論は幻想だったとの認識が広まりつつある。

の 経済

ノンバンク 【英】non-bank
預金業務や為替業務を行なわないで、融資業務を行なう金融会社のこと。消費者金融会社のほか、信販会社、クレジットカード会社も含まれる。銀行とノンバンクとは、融資のための資金調達方法や融資の方法が違う。銀行は預金業務によって得たお金を資金にして、企業や個人に融資を行なうことを基本としている。それに対し、ノンバンクは銀行等からの借り入れを融資の資金としており、個人向けには無担保で融資を行なうことが業務の中心となっている。

は 経済

バーゲニング 【英】bargaining
交渉、取引。

ハード・ランディング 【英】hard landing
経済体制の転換の際、不景気などの悪影響があっても、改革を達成しようとする経済政策。⇒ソフト・ランディング 52頁参照。

✲バランスシート 【英】balance sheet
賃借対照表。

パリティ 【英】parity
等しいこと、等価、等量。米価などの価格保持。

バリューエンジニアリング 【英】value engineering
最低の総コストで必要な機能を確実に達成するため、組織的に製品またはサービスの機能の研究を行なう方法。

経済　114

バリューチェーン【英】Value Chain

価値連鎖。業務を戦略的にいくつかに分解し、その各段階において一貫した価値を維持すること。マーケティング用語で、製造から消費段階まで付加価値を生み出すまでのプロセス。

ポス（POS）システム【英】POS system(Point Of Sales system)

販売時点管理。商店などで商品の販売情報を記録し、集計結果を在庫管理やマーケティング材料として用いるシステム。チェーン店やスーパーマーケット、ファーストフード店などに導入されている。

＊現代行政用語

バランスシート【英】balance sheet

賃借対照表。元々は民間企業の財務状況を把握するためのもの。近年、行政の財政を客観的に把握し、健全な行政運営の確保のために、自治体などもバランスシートを作成・公開すべきだという考え方が広まっている。こうした流れを受け、2000年には、総務省が「地方公共団体の総合的な財政分析に関する調査研究会報告書」を発表し、自治体のバランスシートの作成基準などを示した。2007年閣議決定によりバランスシートの作成と公表が決定され、2011年までにすべての公共団体の連結ベースでのバランスシートの作成・公表が決まっている。

ひ　経済

ビー・ツー・シー【英】B2C(Buisiness to Consumer)

電子商取引のひとつの形態を示す言葉。BはBuisinessの略、CはConsumerの略である。消費者向けの小売を意味する。インターネット上のオンライン店舗などによる様々なサービスや物品の販売を示す。

ビー・ツー・ビー【英】B2B(Buisiness to Buisiness)

電子商取引のひとつの形態を示す言葉。BはBuisiness

経済

の略で、企業間の取引を意味する。B to B には、特定企業間での固定された取引の場合と、不特定多数の企業が行なう場合がある。

ビジネスインキュベーター 【英】Business Incubator

インキュベーターは「孵化器」「保育器」を意味する言葉。創業間もないベンチャー企業に人材、経営コンサルティングなどを提供して、企業を育成する組織、機関を指す。

ビジネスプロセス・リエンジニアリング 【英】Buisiness Process Reengineering(BRP)

管理・間接部門の業務効率化またはリストラ策を意味する。BRPとも略す。

ビス規制（BIS規制）【英】BIS(Bank of International Settlement/Basel Agreement)

各国の中央銀行が出資する国際機関である国際決済銀行 (BIS:Bank of International Settlement) が定めた自己資本比率規制・国際統一基準。BISの銀行規制監督委員会において一定の資格を備えた銀行以外の国際金融市場への参入を制限する目的で設定された。

❉ビッグバン 【英】Big Bang

そもそも、宇宙誕生時の大爆発のことであるが、転じて金融証券市場の抜本的な改革などを指す言葉として用いられている。

(関連) 金融ビッグバン 【和＋英】Big Bang

政府が2001年までをめどとした、金融制度の大改革のこと。金融業界が「銀行」「信託銀行」「証券会社」「生命保険会社」「損害保険会社」など、役割ごとに分けられていた垣根を取り払い、海外の金融機関や、国内外の非金融業界への参入も認められるなど様々な改革が実行された。

ビットバレー 【和製英語】Bit Valley

渋谷区から周辺の目黒・青山・原宿までを含めたインターネットベンチャー系の集積地を指す。渋谷の「渋」を意味する英語 bitter とコンピューター用語である bit を掛け、谷を意味する英語 valey と組み合わせた造語。

ビルト・イン・スタビライザー 【英】built-in stabilizer

景気の自動安定化機能。社会保障制度や税制等を通じ

経済 116

て、制度改訂等をともなわず自動的に景気変動を緩和する仕組みのこと。

政策に限らず、様々な分野における大幅改革の俗称として「ビックバン」が用いられる傾向がある。

❊ 現代行政用語

ビッグバン【英】Big Bang
そもそも、宇宙誕生時の大爆発のことであるが、転じて金融証券市場の抜本的な改革などを指す言葉として用いられている。金融政策用語としてのビックバンは、1986年10月に、英国のサッチャー首相によって、英国証券取引所で行なわれた証券制度改革のことをさす。国際金融センターとしてのシティの地位を確立することを目的に行なわれたこの改革は、既存の証券制度に大幅な変革を迫り、宇宙創世のときの大爆発にたとえて、ビックバンと呼ばれた。一方、日本の金融ビックバンは、1996年11月に第2次橋本内閣が提唱した、東京市場をグローバルな国際市場にするための金融制度改革のことをさす。英国のビックバンと区別する意味で、日本版ビックバンとも呼ばれている。近年は、こうした金融

ふ　経済

ファンダメンタルズ【英】fundamentals
国や地域の経済状況や通貨の価値を判断する基礎的な条件。景気動向、経済成長率、失業率、インフレ率、国際収支など。

ファンドマネージャー【英】fund manager
資金管理者。株式、再検討の有価証券を運用する専門家。

フィージビリティースタディ【英】feasibility study
事業化可能性調査。

フィランソロピー【英】philanthropy
人類愛や博愛を語源とする、社会貢献という意味の英

語。企業等による社会貢献を指す言葉として用いられる。

フェアトレード【英】fair-trade
「公正な貿易」の意味。発展途上国の輸出産品が買い叩かれることを防止し、生産者の自立した生活を支援するための運動。

フォーディズム（フォード主義）【英】Fordism
大量生産・大量消費の方式を指す言葉。アメリカの自動車会社、フォードの自動車生産方法に由来する。

プライシング【英】pricing
①価格をつけること。②発行条件の決定。

✻プライバシーマーク制度【英】Privacy Mark System
個人情報保護措置を講じている事業者等への認定制度。

プライムレート【英】prime rate
貸付金利、最優遇貸出金利。

フランチャイズ【英】franchise
①特権、参政権、市民権。②主力選手、人気選手。③事業者（フランチャイザー）が他の事業者（フランチャイジー）との間に契約を結び、自己の商標や経営手法を用いて事業を行なう権利を与え、フランチャイジーはその見返りとして一定の対価（ロイヤリティー）を支払う関係。

フリートレードゾーン【英】free-trade zone
自由貿易地域、自由貿易区。関税やその他の制限的通商規則が適用されない地域。

ブリッジバンク【英】bridge bank
継承銀行。銀行が破綻した際、預金の払い戻しや融資などのサービスを引き継いで提供する金融機関。最終的な受け皿が決まるまでのつなぎの役割を果たす。

フリンジ・ベネフィット【英】fringe benefit
賃金以外に事業主から従業員に与えられる経済的便益のこと。社会保険料、退職金、社宅など。

経済 118

プロジェクトファイナンス 【英】project finance

プロジェクトの資金調達を行なう際、事業者が自身で借り入れを行なわず、プロジェクトを遂行するPFI事業会社（特別目的会社：SPC＝Special Purpose Company）を設立し、この会社を事業者として独立して借入を行なう資金調達の仕組み。⇒SPC 93頁参照。

プロダクト・ライアビリティー 【英】Product Liability

製造物責任、生産物責任。

フロントオフィス 【英】Front office

フロントオフィスとは住民や企業に関わるいわゆる窓口業務を担う部門のことで、バックオフィスとは行政組織内部の業務を担う部門のこと。

※ 現代行政用語

プライバシーマーク制度 【和製英語＋和】privacy mark

個人情報を扱うにあたって、日本工業規格「JIS Q 15001」個人情報保護マネジメントシステム—要求事項」に適合していると認められた事業者が、その証明としてのマークを使用できる制度。1998年財団法人日本情報処理開発協会（JIPDEC）が設置し運営している。1990年代以降、世界各国でも個人情報保護に関する対策や法案が講じられてきており、国内では2003年に成立した個人情報保護法をうけて注目が集まっている。

へ 経済

ペイオフ 【英】payoff

ペイオフとは、金融機関が万一破綻したときに預金者を保護するための仕組みのこと。金融機関が加入している預金保険機構が、預金者に一定額の保険金を支払う。個人や法人など、ひとつの金融機関につき、一預金者一千万円までの預金とその利息が保護される。

ほ 経済

（関連）ペイオフコスト 【英】payoff cost

ペイオフが実施される場合に、預金保険機構が一千万円までの預金元本とその利息を全額保護することに伴って、必要となる保険金支払いの総費用のこと。

ヘッジファンド 【英】hedge fund

株取引において、損失を回避するための手法である「ヘッジ」を、利益獲得の手段として用いる仕組みのこと。例えば、価格下落が見込まれる株式を一時的に借り受けて売り、実際に価格が下がった後に買い戻して返すことで差額を得る、といった手法が用いられる。成功すれば莫大な利益が得られる反面、失敗した時の損失も大きい、ハイリスク・ハイリターンの投機手法。

✿ホイッスルブローワー 【英】whistle blowers

内部告発者。

ホワイトナイト 【英】white knight

敵対的買収の対抗策のひとつ。敵対的買収を仕掛けられたとき、買収者に対抗して、買収対象会社を友好的に買収または合併する会社のこと。

✿現代行政用語

ホイッスルブロー（ブローワー） 【英】whistle blow/blowers

内部告発者。「ホイッスル（警笛）をブロー（吹く）」の意で、企業や行政において、内部の腐敗・不正・問題点などを内部に属するものが告発すること。アメリカでは、ホイッスル・ブローは社会の安全を維持するためのシステムとして広く認知され、ホイッスル・ブローを保護するための法律や機関が既に存在している。すでにいくつかの自治体では制度の導入が計られてきた。近年、日本においても企業などの不正や事故隠しが社会問題化したため、ホイッスル・ブローを制度的に保護するため、２００６年

ま　経済

4月に公益通報者保護法が施行された。

マーケットメカニズム【英】market mechanism
市場原理。

マネーサプライ【英】money supply
通貨供給量。

マネー・マーケット・ファンド（エム・エム・エフ）【英】money market mutual fund(MMF)
短期金融資産投資信託。

マネタリーベース【英】monetary base
金・貨幣流通量に金融機関の日銀預け金をあわせたもの。

※マネタリズム【英】monetarism
貨幣の重要性に着目した経済学の理論。

マルチリージョナルバンク【英】multi-regional bank
地域別・業態別金融機関の連合による金融機関、グループ。

※現代行政用語

マネタリズム【英】monetarism
貨幣の重要性に着目した経済学の理論。1960年代から70年代にかけて、当時支配的であったケインズ主義に対抗して提起された経済学派。経済に対する貨幣供給量の影響力を重視し、自由裁量的な総需要管理政策ではなく、制限的な貨幣供給政策を主張する。アメリカの経済学者フリードマンらがその代表的な論者である。⇒ケイジアン99頁参照。

め 経済

✻メインバンク【英】Main bank

企業が取引きを行う金融機関の中で、最も多額の融資を受け、人的・資本的に最も密接な関係にある金融機関。

✻メガバンク【英】megabank

巨大銀行。巨大な資産や収益規模を持つ銀行（グループ）のことで、日本では、三菱東京UFJ銀行、三井住友銀行、みずほ銀行を3大メガバンクという。

✻現代行政用語

メインバンク【英】Main bank

企業が取引きを行う金融機関の中で、最も多額の融資を受け、人的・資本的に最も密接な関係にある金融機関。戦後の日本では、銀行が、株式の持合を通じて企業の主要株主となり、企業に役員を派遣して経営・管理に介入する事例があった。この制度によって、企業は長期にわたって安定的な融資が受けられたため、バブル期までは日本企業の発展を支えたとして高く評価されてきた。しかしバブル崩壊後、多くの銀行や企業が経営危機に陥り、株式の持合の解消など、メイン・バンク制の崩壊が進んでいる。

メガバンク【英】megabank

主要な銀行同士の合併などによって誕生した巨大銀行のこと。2007（平成19）年1月の時点で、日本には、「みずほフィナンシャルグループ」、「三井住友フィナンシャルグループ」、「三菱UFJフィナンシャルグループ」の3つのメガバンクが存在している。2007年郵政民営化によりゆうちょ銀行が誕生し、世界最大の銀行となった。（2007年現在

も　経済

モーゲージ【英】mortgage

担保、抵当、不動産に関する抵当権。

✻モラルハザード【英】moral hazard

本来は保険関係用語。倫理観の欠如。

✻現代行政用語

モラルハザード【英】moral hazard

倫理観の欠如の意。政府が危機を回避するためにさまざまな手段や政策を整備することでかえって経営者や管理責任者の責任感と緊張感が失われ、危険や事故の発生確率が高まることを指す。金融分野においては、特別融資や預金保険といったセーフティ・ネットがあるため、金融機関の経営者、株主や預金者等が、経営や資産運用等における自己規律を失うことがある。

ゆ　経済

ユーロ【英】Euro

ドイツ、フランスなど欧州15カ国で流通している単一通貨。2002年1月1日に現金流通をいっせいに開始した。人口で米国を上回る約3億300万円、域内総生産（GDP）でも世界の16％を占める巨大な単一通貨経済圏が出現した。（2008年1月現在）

ら　経済

ライフサイクルマネジメント【英】life cycle management

製品や組織を取り巻く環境を、ライフサイクルの観点から継続的に改善するために、環境、経済、技術そして社会的側面に焦点をあてた、概念、手法、手続きを流動的に統合させた枠組み。

り　経済

リコール【英】recall system
欠陥商品、不良品の回収。欠陥車のリコール制度は、自動車製作社が国土交通省に届け出て自動車を回収し、無料で修理する。

※リストラクチャリング（リストラ）【英】restructuring
事業、業務の再構築。解雇。

リセッション【英】recession
景気の一時的な後退。不況までには至らない程度。

リテール【英】retail
一般消費者向けの小売のこと。小売業。金融業では小口融資業務のことをさす。

リフレーション【英】leflation
通貨再膨張。経済がデフレ不況に陥ることを回避するための景気浮揚策のこと。需要を刺激し物価の下落を抑制するなど、経済を活性化させる。

リベート【英】rebate
手数料、払い戻し。英語には、日本語で使われるような否定的な意味合いはなく販売促進を目的にメーカーが消費者に提供する。

リボルビング【英】revolving
回転するという意味。拳銃をさすこともある。クレジットカードのリボルビング払いは、毎月一定の金額を支払う決済方法。

※現代行政用語
リストラクチャリング（リストラ）【英】restructuring
事務・事業の再構築。しかし、経営が行き詰まりを見せた企業が行う従業員の「整理解雇」を意味する言葉として用いられることが多い。自治体の場合は、部局などの統廃合や財政再建を指す。

れ 経済

レイオフ【英】lay off
会社の業績悪化などが原因で、一時的に解雇を行うこと。従業員個人の勤務態度や就業規則違反による解雇とは異なる。

レギュラシオン理論【仏】théorie de la régulation
1960年代後半からはじまった世界的な不況を背景としてロベール・ボワイエ、ミシェル・アグリエッタらが主唱した経済学理論。「レギュラシオン」は「調整」を意味するフランス語で、資本主義が矛盾や葛藤をはらみながらそれを適切に調整することで解消・安定して再生産されていく状態をさしている。したがって、市場経済の均衡を説く新古典派とは異なり、制度や慣行などによって調整が必要であると考える。ルイ・アルチュセールの構造主義的マルクス主義を批判的に継承し、調整された行動様式としてピエール・ブルディーのハビトゥス概念を吸収しながら理論構築をしている。

レッセフェール【仏】laissez-faire
「なすに任せよ。行くに任せよ。」という意味。自由放任主義。自由主義経済学の標語として用いられる。

レッドライニング【英】red lining
アメリカの60年代から70年代にかけて、金融機関が低所得者やマイノリティが多い地域を地図上に赤線で囲み、枠内の住民や企業へ貸出しを行わないなどの差別をしたとされる問題のこと。

レバレッジ効果【英＋和】leverage effect
てこの作用の意味。低い自己資本率で巨額資金を動かし利益を生むこと。

レント【英】rent
狭義には土地の報酬である地代を指す。政治学では、政府がある産業に対し保護や規制を行うことによって、その産業が得る既得利益のことをさす。

レントシーキング【英】rent seeking
企業や利益団体が、自分たちに有利な規制政策や保護

政策を引き出すために、政治家や行政機構に働きかけをおこなうこと。これに対して企業そのものの競争力を高めて収益をあげようとすることをプロフィット・シーキングという。

ろ　経済

ロット【英】lot

品物を製造するときの最小製造数単位で、ロット番号が同じものは同じラインでの製造物とわかる。一般には、一口、一組、一山など、単位として一定量のまとまりのことをいう。

わ　経済

ワークシェアリング【英】work-sharing

仕事の分かち合い。雇用の維持、失業の抑制、雇用創出を目的とする。

IT

あ　IT

❋ **アイ・エス・エム・エス**【英語名】ISMS (Information Security Management System)

情報セキュリティマネジメントシステム。組織が所有する情報を適切に管理し、機密を保持するための枠組み。

アイ・エス・ディー・エヌ【英】ISDN (Integrated Services Digital Network)

サービス総合デジタル網の略称。通常の電話回線によるインターネットへのアクセスに比べて、高速通信が可能である。現在は、より高速度の、ADSLや光通信サービスネットワークが普及しつつある。

アイコン【英】icon

パソコンのディスプレイ上に表示された図柄。その図柄をマウスにてクリックすることにより、ソフト・ウエアを用意に操作することができる。

アイ・シー（IC）【英】IC(integrated circuit)

集積回路のこと。具体的には、部品を小型化することによって電子回路を小型化し、高密度に集積して配線した回路のこと。

❋ **アイ・シー・タグ**【英】IC tag

きわめて小さなIC（集積回路）チップとアンテナを組み合わせた荷札（タグ）のこと。

（関連）非接触型ICカード【和＋英】IC card

微弱な電波によって収納されたデータの読み書きが可能な、ICとアンテナを内蔵したカード。基本的な技術はICタグと近いが、人間が利用することを想定しているため、暗号化などのセキュリティの強化がされていることが多い。読み取り装置に挿入して利用する接触型ICカードが、主に住基カードやキャッシュカード、クレジットカードなどの金融・行政機関で利用されているのに対して、非接触型ICカードは鉄道などの公共交通機関や低額の電子マネーで利用されることが多い。

IT 128

❋アイ・シー・ティー 【英】 ICT(Information and Communication Technology)
情報通信に関連する技術一般の総称で従来用いられてきた「IT」とほぼ同様の意味。ITより、ネットワーク通信による情報・知識の共有が強調される表現で、総務省はこれまでの「IT政策大綱」を、2004年度より「ICT政策大綱」に名称変更した。

アイ・ティー 【英】 IT (information technology)
情報技術。情報を保存し、管理、運用、伝達するための、組織や方法、事業環境に関する知識や技術。

ITコーディネータ 【和製英語】 IT coordinator
1999年6月、通商産業省（現経済産業省）産業構造審議会情報産業部会 情報化人材対策小委員会の中間報告で提言された「戦略的情報化投資による経済再生を支える人材育成」で、経営とITの両面に精通し、企業経営に最適なIT投資を支援・推進することができるプロフェッショナル。NPO法人「ITコーディネータ協会」による認定資格。

アウトルックエクスプレス 【英】 outlook express
米マイクロソフト社の電子メール用ソフトウェア。

アクセス 【英】 access
インターネット上のサイトに接続すること。⇒サイト143頁参照。

（関連）アクセス権 【英＋和】 right of access
コンピュータのネットワークにおいて、ファイルやシステム等を利用する権限。⇒別分野13頁参照、164頁参照、245頁参照。

（関連）アクセスタイム 【英】 access time
コンピューターのハードディスクが、指令を受け取ってから作業を開始するまでの時間。

（関連）アクセスポイント 【英】 access point
プロバイダが、利用者からインターネットの接続を受けつけるための施設。⇒プロバイダ156頁参照。

IT 130

アクセシビリティ【英】accessibility
目的とする情報などへの「近づきやすさ」、情報の「手に入れやすさ」が原義。ここから、情報機器やホームページの「扱いやすさ」「利用しやすさ」などにも用いられる。

アクティブ【英】active
活動的なこと。ITにおいては、コンピュータや周辺機器、ソフトウェアなどが活動しており、操作可能な状態にあることを言う。

アクティブ化/アクティベート/アクティベーション【英＋和／英／英】active, activate, activation
コンピュータにソフトウェアをインストール後、正規のライセンス（使用権）を受けた使用者であることを登録して、ソフトウェアやサービスを有効化する認証手続きのこと。

アップグレード【英】upgrade
性能、機能などを高めること。

アップツーデート【英】up-to-date
最新式の。現代的な。

アップデート【英】update
情報などを最新のものにすること。

アドホック【英】ad hoc
特定の。その場限りでの。場当たり的な。

アドミニストレータ【英】administrator
コンピューターの管理者。コンピューターやネットワークを管理・運用する職種。専門性の高い業務であることから、独立行政法人情報処理推進機構（IPA：Information-Technology promotion agency）の情報処理技術者試験センターは国家資格を付与している。たとえば、情報セキュリティ管理の責任者については「情報セキュリティアドミニストレータ（SU）」が、また、利用者側の立場で企業内の情報化を推進する者については「初級システムアドミニストレータ（AD）」や、その上位資格の「上級システムアドミニストレータ（SD）」が国家資格として用意されている。⇩

IT

アドレス【英】address

住所。電子メールの宛先として利用される。

別分野130頁参照。

アフィリエイトプログラム【英】Affiliate Program

インターネットを使った成果報酬型の広告。個人のWebサイトやメールマガジンなどから企業の商品販売サイトにリンクを張り、サイトの閲覧者がリンクを経由して商品を購入すると、リンクしたサイトの運営者に一定割合の報酬が支払われる仕組み。商品が売れた時点で広告費が発生するため、バナー広告などに比べて広告の費用対効果が高い。

アプリケーション【英】application

①適用、応用の意味。②コンピューターを使用して様々な作業を行うためのプログラムであるアプリケーション・プログラムの略称。

（関連）アプリケーションパッケージ【英】application package

1つのアプリケーションに関連するプログラムや設定

ファイル、ドキュメントなどをひとまとめにしたもの。

アマゾン・ドット・コム【英】Amazon.com

アメリカに本部があるインターネット上の書籍店。

アンインストール【英】uninstall

コンピューターへ記録したソフトウェアを削除すること。

アングラサイト【和製英語】undergroundsite

アンダーグラウンドサイトの略。インターネット上で麻薬、ドラッグ、違法な描写や違法コピーなど、犯罪に係るような事物を取り扱うサイトのこと。

（関連）アングラ【和製英語】underground

地下を意味する英語、Undergroundから転じた和製英語。①前衛的、実験的な芸術活動。前衛的な演劇が、地下にある劇場で多く公演されたことに由来する。②実態が捕らえにくい活動。違法な活動。

アンダーバー【和製英語】under bar

コンピュータシステムやネットワークなどで、複数の

単語からなる用語を表現する際に、スペース（空白）の替わりに単語と単語をつなぐのに用いる下線「_」を指す和製英語。英語では「アンダー・スコア（underscore）」。

※ 現代行政用語

アイ・エス・エム・エス【英語名】ISMS (Information Security Management System)

情報セキュリティマネジメントシステム（ISMS）とは、組織レベルでの情報セキュリティ（情報の機密性、完全性、可用性）を維持向上させるシステムのこと。外部からのホームページの改ざんや内部関係者による情報漏えいなど情報セキュリティ問題への対策として、組織の管理体制を構築し運用する枠組み。ISMSは国際標準化機構（ISO）と国際電気標準会議（IEC）の合同専門委員会が制定する国際規格であり、わが国ではJIS規格として国内規格化され発行されている。取得を希望する組織は、規格化され発行されている。取得を希望する組織は、認証機関に申請し、審査を受けることで認証登録が行われる。なお、認証機関の認定は、財団法人日本情報処理開発協会（JIPDEC：Japan Information Processing Development Corporation）が行っているが、個別の組織に対する認証登録は行っていない。また、ITサービスの運用、管理システムについては、ITサービスマネジメントシステム（ITSMS）適合性評価制度がある。ISO27000シリーズとして国際規格化が進んでいる。

※ 現代行政用語

アイ・シー・タグ【英】IC tag

ICチップとアンテナを内蔵し、無線通信による非接触読み書きが可能な小型荷札（タグ）の呼称。タグ自体が直視できなくてもデータの読み取りが可能で、格納できるデータ量が大きく、内容も書き換えられる。バーコードなどに替わるより効率的な物流システムを実現する技術として、アパレル業界や大型小売店を中心に導入が進んでいる。自治体におい

IT

✽ 現代行政用語

アイ・シー・ティー 【英】 Communication Technology) ICT(Information and

情報通信技術のこと。日本においては、従来、単に「IT」とされてきたが、近年ではICTの使用頻度が増加してきている。現状では、ITとICTは、ほぼ同じ意味で使われていることが多いが、communicationを意味するCの有無から分かるように、ICTには、情報通信技術を、ヒトとヒトとがコミュニケーションをとるための有効な道具として活用していこうという考え方が込められている。

てもICタグは、障害者等の自立的移動支援のための歩行者ITS（神戸市等）、電波ポスターやIC周遊券による観光振興（京都府、松山市等）、医療系廃棄物の不法投棄防止（福岡県等）、図書館での蔵書管理の効率化（笠間市等多数）などに活用されている。ほかにも図書館での文献管理や子どもの登下校情報配信などに導入されており、駅や観光ポイントでの案内、視覚障害者の誘導支援などにも導入される見込み。また、ICタグの普及で懸念される消費者のプライバシー保護の観点から、2004年に総務省は「電子タグに関するプライバシー保護ガイドライン」を策定している。

い

IT

イー・アイ・エム 【英】 EIM(Employee Internet Management)

従業員インターネット管理。生産性低下や情報流出などを防ぐため、従業員によるホームページの閲覧や電子メールの利用などを監視・記録・制限するシステム。

イーメール 【英】 E-mail

電子メール。コンピュータネットワークを通じて文字メッセージを交換するシステム。画像やプログラムなども送受信できる。

IT　134

インストール【英】install

コンピュータに周辺機器、OSやアプリケーション・ソフトを組み込むこと。機械などを設置すること。

インターコネクト【英】interconnect

コンピュータの相互接続。

＊インターネット【英】internet

世界中のさまざまなコンピュータが相互に接続された分散型のネットワーク。

インターネットエクスプローラ【英】Internet Explorer

米マイクロソフト社のブラウザ（インターネットを閲覧するためのプログラム）。もっとも一般的なブラウザとして、世界各国で使用されている。

インターネットバンキング【英】internet banking

インターネット上に存在する銀行から、振込みや残高照会などの銀行取引を行うこと。⇒ネット・バンキング152頁参照。

インターネット・フレンジー【英】internet frenzy

インターネットの利用が習慣化し、依存性が高くなってしまった人のこと。インターネット狂。

インターネット・プロトコル（アイ・ピー）【英】Internet Protocol(IP)

インターネットにおいて、コンピュータ同士の通信を行なう手順のこと。コンピュータの住所（IPアドレス）や、データの分割方式（IPパケット）などを定義したもので、インターネット通信の根幹をなす技術。これまで使われてきたIPv4（インターネット・プロトコル・バージョン4）ではIPアドレスの上限が約43億個だったが、インターネットの拡大にともないネットワークに繋がる家電製品などの機器が増加しIPアドレスの不足が予測されたため、IPアドレスの上限を約340潤個（潤＝かん＝10の36乗）まで拡張したIPv6（インターネット・プロトコル・バージョン6）が開発され、世界的に普及が推進されている。

インターフェース【英】interface

異なるものの間で接続や接触を仲介するもの。ITで

（IT）

インプット 【英】input
入力、投入。特に、コンピュータに情報をデータとして与えること。

インポート 【英】import
①輸入。②一つのコンピュータ・システムから別のシステムに情報を取り込むこと。

インライン・システム 【英】in-line system
部品や装置を一列に並べ、作業工程を一体化し効率化を実現するシステム。

インターネット 【英】internet
世界中のさまざまなコンピュータが相互に接続された分散型のネットワーク。世界的規模でデータや情報の交換を行える。冷戦時代に、アメリカの国防総

※ **現代行政用語**

は「ハードウェア・インターフェース」「ソフトウェア・インターフェース」「ユーザー・インターフェース」に大別され、「I／F」と略される。⇨関連項目にヒューマンインターフェースなど。⇨ヒューマンインターフェース154頁参照。

インタラプト 【英】interrupt
進行中のプログラムを一時中断して別のプログラムを実行すること。

インタラクティブ 【英】interactive
相互作用的の意味。近年はパソコン通信やインターネットのようなネットワークの普及に伴って「相互方向的」とか「対話的」を意味する。

イントラネット 【英】intranet
インターネット技術を応用した企業内ネットワーク。

インフォメーション・テクノロジー 【英】information technology
情報技術・情報通信分野を広く捕らえて用いる語。コンピュータやインターネットを支える技術などをいう。

う　IT

省がつくった研究用ネットワーク（ARPANET）が起源とされる。その後、学術研究用ネットワーク（NSFnet）が構築され、インターネットの原型となった。1990年代になり商用目的でインターネットが使用可能となった。1990年代後半から、ネットワークの拡大が飛躍的に進み、日本では、1984年に、慶応大学、東京大学、東京工業大学が実験ネットワークである「JUNET」を構築したのが始まり。

ウィキ 【英】wiki

ウェブブラウザを利用してWebサーバ上のハイパーテキスト文書を書き換えるシステムの一種である。このシステムに使われるソフトウェア自体や、このシステムを利用して作成された文書群自体を指してウィキと呼ぶこともある。自治体においても観光情報やSNSなどで市民協働の手法として利用されている。

ウィキペディア 【英】Wikipedia

ジンボ・ウェールズが開設し、非営利団体のウィキメディア財団（Wikimedia Foundation）が主催しているインターネット上の百科事典。ウィキペディアには広告や有料サービスなどが一切無く、運営に必要な資金は寄付によってまかない、執筆や編集は世界中の無償のボランティアの手によって行なわれている。ウィキペディアの掲載内容はGFDL（GNU Free Documentation License：フリー文書利用許諾契約書、GNUは「グニュー」ないし「グヌー」と発音）というライセンスのもとに公開されており、誰でも無償で利用（複製・改変・頒布・販売など）することができる。ただし、ウィキペディアのコンテンツを利用した場合、その二次著作物もGFDLにしたがって無償で公開する義務が発生する。

〔関連〕

ウイルス 【英】virus

コンピュータ・ウィルスの略。⇨コンピュータ・ウィルス142頁参照。

IT

ウィンドウズ【英】 Windows
米マイクロソフト社が開発した、パソコン用OS(オペレーティング・システム)。現在もっとも普及しているOS。95、98、98SE(セカンド)、2000、Me、XP、Vistaなどのバージョンがある。

ウェブ2.0【英】 Web 2.0
2005年にコンピュータ技術書籍の出版社を経営するティム・オライリー氏が、近年のインターネットの状況を指すものとして提唱した言葉。「2.0」とはソフトウェアのバージョン番号のようなもので、旧来のウェブがバージョン1.0だとしたら、現在のウェブはバージョン2.0と呼べるほど発展したという程度の意味。

ウェブサイト【英】 web site
ホームページなどのコンテンツが置かれているインターネット上の場所を指す。

ウェブジン【英】 webzine(web+magazine)
インターネットのホームページ上に作られた雑誌。ウェブマガジン。

ウェブ・マスター【英】 web master
ホームページの運営を担当するもの。

え　IT

エー・エス・ピー【英】 ASP(Application Service Provider)
インターネット等のネットワークを通じて、コンピュータを利用してさまざまな作業を行うためのプログラムであるアプリケーションソフトウェアや付随するサービスを顧客に提供する事業者。もしくはそういったビジネスモデルそのもののこと。ユーザ側においては端末による制約が比較的少なく、またソフトウェアのインストールや設定などの煩わしい作業が必要なくなる。一方事業者側においてもアプリケーション技術の漏洩防止や、利用履歴などの情報分析が容易に出来るなど、双方にメリットがある。

エー・ディー・エス・エル【英】 ADSL(Asymmetric Digital Subscriber Line)
非対称デジタル加入者回線。通常の電話回線(銅線)

IT 138

を利用してインターネットの高速通信を可能とする技術。

エキスパート・システム【英】 expert system
専門家システム。専門家がもつ高度の知識を集積して、推論、分析、予測、などが行える人工知能。

エクストラネット【英】 extranet
社外の取引先だけがアクセス可能にするため企業間でイントラネットを相互に接続したネットワーク。⇒イントラネット135頁参照。

エクスポート【英】 export
他のコンピュータ・システムに情報を送りだすこと。

エクセル【英】 Excel
マイクロソフト社が開発したWindows対応の表計算ソフト。

エス・イー【英】 SE(system engineer)
コンピュータシステムの開発担当者。システムエンジニア。

（関連）**エス・イー【英】** SE(sales engineer)
セールス・エンジニア。システム・エンジニアが主に企業の情報システムを設計する職であるのに対し、セールス・エンジニアは営業において技術的視点で顧客に接する職種。営業と技術職の仲介役。

✽**エス・エヌ・エス【英】** SNS(social network service/social networking service/social networking site)
ソーシャルネットワークサービス。一般には、日記や掲示板などの機能を用い、インターネット上でコミュニケーションをしたり、情報共有をしたりすることが可能なサイトのことをさす。自治体でもHPをこの手法で構成しているところもある。

エヌ・ジー・エヌ【英】 NGN (Next Generation Network)
音声通話やデータ通信のみならず、高画質映像配信やユビキタスネットワークまでも視野に入れた次世代通信網。またはその通信規格のこと。従来からある電話回線をインターネット・プロトコル技術によって再構築し、固定電話や携帯電話、インターネットなどすべての通信網をひとつに融合することを目指している。

⇩インターネット・プロトコル 134頁参照。

エフ・エー・キュー【英】FAQ(Frequently Asked Question)
頻繁に出される質問と、それに対する回答をまとめた問答集。

エミュレーション【英】emulation
エミュレータを使って他のシステム向けのアプリケーションソフトを実行すること。

(関連) エミュレータ【英】emulator
あるシステム上で別のシステム向けのアプリケーションを動作させるソフトウェア。そのシステム向けのアプリケーションを動作させるソフトウェア。マッキントッシュ上でウィンドウズのアプリケーションソフトを動作させるものなどがこれにあたる。また、近年では、ゲーム機器メーカーの知的所有権者の許諾を得ることなく、かつてのアーケード版ゲーム機(業務用ゲーム機)やファミコン等の家庭用ゲーム機のシステム、ソフトをパソコンで再現するエミュレータがインターネット上で配信されるなど、違法なエミュレータの存在があり、著作権侵害が問題となっている。

✻現代行政用語

エス・エヌ・エス【英】SNS(social network service/social networking service/social networking site)
一般には、日記や掲示板などの機能を用い、インターネット上でコミュニケーションをしたり、情報共有をしたりすることが可能なサイトのことをさす。個人情報の開示範囲を段階的に設定できることから利用者に安心感を与え、さまざまな機能を有していることから利便性も高いという特徴がある。民間SNSが隆盛している一方で、行政においても地域SNSと呼ばれるSNSの活用が模索されるようになっている。地域SNSでは、日記などの機能に加え、行政に関する情報や地域のイベントに関する情報が提供されており、一定の地域に特化したインターネット上の交流・情報提供サービスを行っている。また、災害発生時には、災害情報などを入手することができるようにし、危機管理機能を持たせているものもある。地域SNSの代表例としては、東京都千代田区や熊本県八代市のものがある。

お

IT

オーエス【英】OS(operating system)

オペレーティングシステム。コンピュータを作動させるのに必要なプログラム群。ウィンドウズ、マッキントッシュ、リナックス、トロンなど。

オープンシステム【英】open system

国際標準や業界標準となっている仕様を採用している異なったコンピュータメーカーのソフトウェアやハードウェアを組み合わせることによって構築されたコンピュータシステムのこと。これに対し、たとえば自治体に導入されてきた従来のコンピュータシステムは、特定のコンピュータメーカーの製品のみで構築されていることが多かった。メリットとしては、価格や性能を比較し、最良のものを組み合わせることができることがある。他方、デメリットとしては、不具合が生じた際に、その原因を特定するのが難しいことなどをあげることができる。⇒レガシーシステム159頁参照。

オープンソース【英】Open Source

インターネットなどによって、ソフトウェアの設計図であるソースコードを無償で公開し、誰もがソフトウェアの改良や再配布などを行うことができるようにすること。

（関連）オー・エス・エス【英】OSS(open source software)

オープンソースソフトウェアの略。近年、自治体での導入事例を増やすように奨励され、北海道、福岡県などで導入されている。

オブジェクト【英】object

①対象、客観。②コンピュータの操作対象となるファイルデータ。

オンライン【英】online

コンピュータ・システムで、端末の入力装置などが通信回線を通じて中央の処理装置と直接つながっている状態。

オンラインショップ 【英】online shop
商用データベースサービスの電子掲示板や電子メールなどの機能を使った通信販売。

か IT

カーソル 【英】cursor
コンピュータの画面で、次に文字などを入力できる位置を示すマーク。

ギガ 【英】giga
10億倍あるいは10億を意味する接頭語。

キャパシティ管理 【英＋和】capacity
効率よくコンピューターを活用するために、「業務量」、「サービスレベル」、「リソース使用状況」を計測し把握すること。

き IT

く IT

グーグル 【英】Google
ロボット型検索エンジンを提供しているオンラインサービス、ならびに同サービスを運営する企業の名称。

クリック 【英】click
コンピュータ用語で、マウスのボタンを押して離すこと。この動作でオブジェクトに対して何らかの作業が行なわれる。

(関連) クリック募金
ウェブページ上の特定の箇所をクリックすることで、環境問題や人道支援に取り組む団体に規定の金額が送金される募金形式。岐阜県や札幌市などが導入している。

け IT

ゲートウェイ 【英】gateway
①通路、出入り口。②コンピュータ用語では、コンピュータネットワークをつなぐ装置。

こ IT

コピペ（コピー・アンド・ペースト）【英】copy and paste
パソコン用語で、画面上の文章などのデータをコピーし、他の場所にそのまま写すこと。

コマンド【英】command
指示、命令。

✽**コミュニティ・サイト**【英】community site
関心や興味を共有する人々が、情報交換などのコミュニケーションを行うサイト。

コンテンツ【英】contents
元来は、内容や目次のことを意味した言葉であるが、そこから転じて、ウェブ上のサイトが提供する内容、文字・画像・音楽・動画・ゲームなどといった情報全般、あるいはその情報の内容のことを指すようになった。メディアやコンピュータ・ネットワーク上でやり取りされる情報を示すのに使われることが多い。

コンピュータウイルス【英】computer virus
他のコンピュータのプログラムの中に潜り込んで、データを破壊したり消去したりするプログラム。

コンピュータリテラシー【英】computer literacy
コンピュータに関する知識と情報を取捨選択する操作能力。

コンピュータクラスター【英】computer cluster
クラスターとは葡萄の房という意味で、一つの処理を複数のコンピューターを使って処理させる方法で、比較的安価なPCなどを複数台、つなげることにより専用のスーパーコンピューター並みの性能を出すことが

✻ 現代行政用語

コミュニティサイト [英] community site

関心や興味を共有する人々が、情報交換などを行うサイト。情報を住民などが投稿して掲載する地域情報コミュニティサイトが増えている。

さ　IT

サーチエンジン [英] search engine

インターネットで公開されているウェブサイトのことで、キーワードなどを使う。一般に無料。
(関連) エンジン [英] engine 機関。

サーバ [英] server

コンピュータ・ネットワークで根幹となる機能を担うコンピュータで、クライアント・コンピュータからの特定の機能の実行命令を受けて実行し、結果を提供する。

サイト [英] site

インターネットで特定の情報を蓄積しているコンピュータを指すが、最近ではウェブサイトを指して用いられることが多い。各ウェブサイトにはアドレス（ホーム・ページアドレス）が付与されており、利用者は直接アクセスすることが可能となっている。
(関連) サイトマップ [英] site map

ウェブサイトを構成するページすべてをリストや図にして、サイトの構造をわかりやすく示したもの。

サイバー [英] cyber

①電子頭脳。②コンピュータの。インターネットの。③サイバネスティクスの略語。⇒サイバネスティクス194頁参照

サイバーシティ【英】cyber-city
電脳都市。

サイバースペース【英】cyberspace
コンピュータ・ネットワーク上に作り出される仮想的な世界。

サイバーセキュリティ【英】cyber security
コンピュータ内の情報の外部漏洩や破壊を防ぐこと。

サイバーテロリズム【英】cyber-terrorism
インターネットなどを通じて不正侵入し、システムの破壊などを行なう。

サイバー・ポリス【英】cyber-police
コンピュータ技術や情報通信技術を悪用したサイバー犯罪やサイバーテロリズムを所轄する警察。警察庁の取組みは「サイバーフォース」と呼ばれている。⇒サイバーテロリズム144頁参照。

し IT

ジー・アイ・エス【英】GIS(Geographic Information Systems)
電子化された地図データと位置情報に関連するデータをコンピュータ上で一括して管理するシステムのこと。地域情報や統計データなどを地図情報と関連させて管理することで、それを視覚的に表示することができるという利点をもつ。また、情報の検索・編集・分析も容易である。⇒統合型GIS57頁参照。

シー・エム・エス【英】Content Management System
Webサイトを構成するHTMLや画像などのコンテンツを一元的に管理するシステム。テキストやグラフィックなどのさまざまなデジタル・コンテンツを収集、登録して統合的に管理する。

シー・ピー・ユー【英】CPU(Central Processing Unit)
中央処理装置。各装置の制御やデータの計算、加工を行なう。

シームレス【英】seamless

元来、シームレス（seamless）とは、「継ぎ目のない」ということを意味し、ここから転じて、インターネットの利用者が、いくつかのサービスを違和感を感じることなく、統合して利用することが可能なこと。

ジェイペグ【英】JPEG(Joint Photographic Experts Group)

画像ファイル方式の一つ。圧縮率を自由に選べるため、自然画像に適する。またはそれをつくった組織の略称。

システム・アナリシス【英】system analysis

システム分析。

システム・エンジニア【英】system engineer(SE)

コンピュータのシステムの開発・設計を担当する技術者。

（関連）システム・エンジニアリング【英】system engineering

システム工学、組織工学。

システム・ダウン【英】system down

コンピュータが作動しなくなること。

ジフ【英】GIF(Graphics Interchange Format)

ネット上で画像をやり取りするためのファイル形式の一つ。日本では「ジフ」と読むのが一般的とされているが「ギフ」と発音されることもある。

ジャバ【英】JAVA

サンマイクロシステムズ社が開発したプログラミング言語。しばしばJavaScriptと混同されるが、双方に互換性はない。

ジャバスクリプト【英】JavaScript

ネットスケープコミュニケーションズが開発したスクリプト言語（プログラミング言語よりも単純で、簡単な作業向けの言語）。主にWebブラウザ上で動作する。

シュリンクラップ契約【英＋和】Shrink-wrap contract

著作権に係る用語で、使用許諾契約の内容を表面に印

す

刷したパッケージを、透明フィルムによって包装しておき、ユーザーがこの透明フィルムを破りた時点で使用許諾契約を成立させようとするもの。インターネットなどでダウンロード供給されるソフトウェアでは、画面上に使用許諾の内容を表示し、同意ボタンをクリックさせる形態も多く、これは、オンクリック契約、クリックラップ契約などと呼ばれる。

シリコンバレー 【英】Silicone Valley

コンピュータ関連産業が発展したカリフォルニア州サンフランシスコ湾南岸のサンノゼ周辺一帯の通称。

スキミング 【英】skimming

データを盗み取る行為。

スパム・メール 【英】spam mail

迷惑メールの一種で、受信者の意思に無関係に無差別大量に送付されるメール。ダイレクトメールだけではなく、有害サイトへの誘導や詐欺を目的としたものが多い。語源となった缶詰のSPAMに対して、小文字でspamと表記されることが多い。プロバイダやセキュリティソフトによるフィルタリング機能によりある程度は回避することが可能となっている。

❋スマートカード 【英】smart card

IC（集積回路）を組み込んだカード。

❋現代行政用語

スマートカード 【英】smart card

IC（集積回路）を組み込んだカード。従来の磁気カードなどに比べ、情報容量が格段に多い。クレジットカードなどでの利用が進んでいる。総務省では、行政サービスシステムの全国的な統一化のためスマートカードによる住民基本台帳番号カードの導入を検討しており、全国17市町村がモデル事業地域の指定を受けている。転入転出事務の効率化、住民票の写しの全国的交付などを目的とする。また、社会保険庁は1995年から熊本県八代市で医療保険カード

実験を行っており、1998年からは八代市以外の全国の医療機関においても医療保険カードのみでの受診が可能になっている。⇒IC 128頁参照。

せ IT

セキュリティホール【英】security hole
安全対策の盲点。プログラムの脆弱な部分を指し、不正侵入の入り口となる。

（情報）**セキュリティポリシー**【英】security policy
企業や団体の情報管理に関する規範。
⇒ISMS 128頁参照。

（情報）**セキュリティマネージメントシステム**【英】Information Security Management System

❋ **現代行政用語**

（情報）**セキュリティポリシー**【英】security policy
どのような情報資産を、どのような脅威から、どのようにして守るのかということに関して、その基本的な考え方やそれを実行するための組織体制などをまとめた規程や指針のこと。単に、セキュリティ・ポリシーと言うこともある。自治体では、行政活動で情報システムを利用した業務は、現在、個々の端末から全世界的なネットワークと接続できる環境となり、行政の情報システムへの内外からのアクセスが極めて容易になった。情報資産の漏洩等の防止・情報セキュリティの確保のために、これらの情報に関して利用者個人の裁量でその扱いが判断されることのないよう、組織として意思統一され明文化された文書が必要とされている。

そ IT

ソーシャルエンジニアリング 【英】social engineering
システムのセキュリティを出し抜いて利用できるようにする秘密情報を、管理者らが巧みに聞き出し入手する犯罪。

ソフィティック 【英語名】SOFTIC(Software Information Center)
財団法人ソフトウェア情報センター。経済産業省、文部科学省所管の財団法人。ソフトウェア等の権利保護に関して、各種委員会を設置して調査研究を行っている。コンピュータープログラムの著作権登録を受けている。

た IT

ターミナルアダプタ 【英】Terminal Adapter
通常の電話機などをISDNに接続する為の仲介役となる装置。

タイムスタンプ 【英】timestamp
電子文書の作成時刻を証明するための技術のこと。電子文書の作成時刻だけではなく、作成された電子文書の証明された作成時刻以降に、それが誰によっても改ざんされていないことを証明するという目的もある。

ダウンロード 【英】download
ソフトウェアを提供サイトから自分のパソコンに取り込むこと。

タグ 【英】tag
荷札のこと。転じてインターネットでは、あるデータやファイルに付けられたメタデータ（そのデータがどんなものかをあらわすデータ）を指す。例えば、画像ファイルは人の目で直接見なければ内容がわからないことが多いため、コンピュータによる分類や自動管理が困難だが、画像の内容や作成者などのメタデータを「タグ」として付けておくことで、管理がしやすくなる。

て IT

タスク【英】 task

やらなければならない仕事や課せられた任務のこと。タスクとは、コンピュータが処理する仕事の単位のこと。タスク切り替えのことをタスクスイッチと呼び、複数のアプリケーションが同時に動作することをマルチタスクと呼ぶ。

ダブルクリック【英】 double-click

マウスのボタンを素早く二回押すこと。

データバンク【英】 data bank

コンピュータで処理した多くの情報を集中的に蓄積・保管し、提供する機関。

データファイル【英】 data file

整理・蓄積された一群の情報。

＊データベース【英】 database

関連するデータを整理・統合し検索しやすくしたもの。

テクノインフラ【英】 techno infrastructure

情報や知識を蓄積・共有・活用・創出できる技術情報基盤。

テクノストレス【英】 Technostress

コンピュータを扱うことによって生じる心身の失調症状を総称したもの。テレビやDVD、ゲーム、パソコンなどが原因で体調が悪くなる状態。厚生労働省では、2002年4月にVDT作業に関する新ガイドラインを発表した。対象となる作業は、事務所において行われるVDT作業（ディスプレイ、キーボード等により構成されるVDT(Visual Display Terminals)機器を使用して、データの入力・検索・照合等、文章・画像等の作成・編集・修正等、プログラミング、監視等を行う作業）とし、労働衛生管理の基準として、一連続作業時間は1時間を超えないで一日4時間、連続作業と連続作業の間に10～15分の作業休止時間を設けることなどが定められている。

✲デジタルアーカイブ【英】digital archives

文書などを電子化して記録・保管する方法。

デジタルコンテンツ【英】digital contents

デジタル化されたコンテンツ。⇒コンテンツ142頁参照。

デジタルマップ【英】digital map

地図表現に必要な情報を数値化・符号化してコンピュータで処理できる地図。自治体においてもハザードマップや防犯マップなど利用例がある。

デスクトップ【英】desktop

①卓上式のデスクトップ・パソコンの略。②パソコンの電源を入れて、最初に表示される画面のこと。パソコンのほとんどの作業はこのデスクトップで行なう。

デッドロック【英】deadlock

コンピュータで同時に実行されるプロセス（タスク）が、それぞれに必要な資源にロックをかけ、お互いにそれぞれが終わらないとロックを解除しない状態で、両方の作業がストップしてしまう状況。

デフォルト【英】default

初期設定値。⇒別分野110頁参照。

✲現代行政用語

データベース【英】data base

相互に関連している情報を収集して蓄積し、それを分類したうえで整理したもの。従来からある辞書、電話帳、住所録のようなものや住民基本台帳、電子カルテのようにコンピュータを利用して蓄積・整理したもの、あるいはウィキペディアや検索エンジンなどもその範疇である。⇒電子カルテ172頁参照、ウィキペディア136頁参照。

※現代行政用語

デジタルアーカイブ 【英】digital archive

元来は、単に文書などをデジタル化して記録・保管することを意味したが、近年では、博物館や公文書館などの収蔵品や蔵書などの文化資源をデジタル化したうえで、保存・蓄積・修復・公開し、ネットワークを介して利用できるようにした仕組み、またはそのための施設のことを指すようになった。デジタルアーカイブは、その対象となる文化資源が有形であるか、無形であるかは問わないため、過疎化や高齢化などを背景として消滅しつつある地域の文化を保存・継承していくことができるとして注目されている。

ドッグイヤー 【英】dog year

情報技術分野における革新のスピードが速いことを、犬が人間の7倍の速度で成長することにたとえた言葉。すでにマウスイヤーという1年が18倍の速さにたとえられる言葉が出てきている。

ドメイン 【英】domain

①領域、定義域。②ネットワークやインターネット上で複数のコンピュータをグループ分けして管理するのに使う考え方。特に、サーバ管理者が利用者を管理する仕組み。

ネットオークション 【英】net auction

電子商取引(イーコマース)のひとつでインターネット上で行われる競売、せり。出品された商品に自分の指定した金額で入札できる。普通の競売とは違い、24時間、一般の消費者同士が直接取引を行うのが特徴(C to C)で、出品者はオークション会社のWebサイトに商品の写真や特徴、希望価格などを掲載する。これに対し最も高値を提示した入札者が落札する。自治体でも差し押さえ物件などの競売の手法として活用例

がある。⇒イーコマース90頁参照。

オークション【英】auction
競売。

(関連) ネット・サーフィン【英】net surfing
インターネットで、興味の赴くままに情報を探していくこと。例えば、情報を調べるためにあるサイトにアクセスすると、関連情報が掲載されている別のサイトにリンクが貼られている場合がある。それを利用して、次々と関連するサイトを閲覧することができる。このように、利用者がインターネット上の情報の海をあたかも「サーフィン（波乗り）」するように巡回することをネット・サーフィンという。

ネットスケープ・ナビゲーター【英】Netscape Navigator
米ネットスケープ社が開発したブラウザ。⇒ブラウザ155頁参照。

ネットバンキング【英】net banking
インターネット上から、振込などの銀行手続きを行なう仕組み。大手銀行を中心に現在サービスの実施が拡大している。利用者は、銀行に直接出向かなくても、諸手続きを行なうことができるなど、多くの利点がある反面、個人情報の流用や不正利用など、安全性の問題点も指摘されている。⇒インターネット・バンキング134頁参照。

バーチャル・リアリティー【英】virtual reality
コンピュータ上で作り出された仮想空間を、現実であるかのように知覚させる技術。

バイオメトリクス認証【英+和】biometrics authentication
生体認証。個々人の生物学的・身体的な差異や行動パターンの違いによって本人を認証する方法のこと。前者の生物学的・身体的な特徴を利用するものには、指紋、掌形、網膜、虹彩、顔、血管、耳形、DNA（スニップ）などがある。後者の行動的特徴を利用するものには、筆跡、キーストローク（タイピングの癖）、音声（声紋は生物学的特徴でもある）などがある。⇒スニップ179頁参照。

は
IT

ハッカー 【英】hacker

しばしば「他人のコンピュータに不法に侵入する者」の意味で使われることがあるが、本来はコンピュータやネットワークの技術と知識を応用してさまざまな問題を解決する人々への尊称である。コンピュータへの不正侵入やシステムの破壊行為はクラックないしクラッキングと呼ばれる。⇩クラッカー153頁参照。

（関連）クラッカー 【英】cracker

インターネット上に存在するサーバーに侵入し、サーバー内のデータを改ざん、消去、盗んだり、サーバー自体を使用不能にするなど悪意を持って、さまざまな破壊活動をする人。

バックアップ 【英】backup

コンピュータの操作や機能で、データの写しを取って保存すること。コンピュータに保存されたデータやプログラムを、破損やコンピュータウイルス感染などの事態に備え、別の記憶媒体に保存すること。保存されたデータのこともバックアップと呼ぶ。

ひ IT

ハブ 【英】hub

①パソコンなどの端末を結ぶとき、各端末の相互通信を仲介する装置。②パソコンのネットワークの中継地、その装置。⇩別分野240頁参照。

パワーポイント 【英】power point

米マイクロソフト社のプレゼンテーション用ソフトウェア。

❖ピー・ツー・ピー 【英】P2P(Peer to Peer)

パソコンのような端末同士がサーバーを介さずに直接データをやり取りする通信方式。

ピー・ピー・ピー 【英】PPP(Point to Point Protocol)

2点間接続のデータ通信に利用されるプロトコル（規約）のこと。自宅などから電話線を用いてインターネットプロバイダにダイアルアップ接続を通して、アクセスする場合にはこのPPPが必要になる。

ヒューマンインターフェース【英】human interface

コンピュータ等の機械と人間が接する場所を指す。道具を使いやすくするための技術などに関して用いられる。

❋ 現代行政用語

ピー・ツー・ピー【英】P2P(Peer to Peer)

パソコンのような端末同士がサーバーを介さずに直接データをやり取りする通信方式。特定のサーバーを端末（クライアント）が利用するのではなく、個々の端末が連携して処理を行う点に特徴がある。たとえば、一部のIP電話において無料通話が可能なのも、P2P型IP電話では、基地局を介さないためである。また、Winny（ウィニー）などのファイル共有ソフトもP2Pによるデータの転送を行っているため、ネットワークの一部にシステム障害が起きても、その影響を受けにくい特性を持っているが、その反面、ファイル共有ソフトを利用している

パソコンが暴露ウィルスに感染すると、流出した情報を回収するのは非常に困難になる。インターネット電話のSkype（スカイプ）や日本で開発され普及したファイル交換ソフトWinnyもその方式を採用している。Winnyは開発者が著作権違反ほう助の疑われ起訴され、またウィルス感染により自衛隊の機密文書や警察の捜査資料、企業の個人情報などが流出する事件が多発した。そのため、警察庁などの行政機関には、公私の別を問わず、ファイル共有ソフトの使用を全面的に禁止するところも出てきている。

ふ IT

ファイアウォール【英】firewall

ネットワークへの不正なアクセスを防ぐための障壁。アクセスの許可されたデータのみを通過させ、外部の不正な侵入から自らのネットワークを守るシステム

⇒別分野70頁参照。

フィッシング (詐欺) 【英】Phishing

インターネット上の詐欺の手法。実在の銀行、クレジットカード会社やショッピングサイトなどを装ったメールを送付してリンクを貼り、その銀行・ショッピングサイトにそっくりな「偽のサイト」に呼び込み、クレジットカード番号やパスワードなどを入力させて個人情報を入手することを目的としている。「釣り」を意味する fishing に、手法が洗練されている (sophisticated) ことをかけて、phishing とつづるようになったといわれている。

フィルタリング 【英】filtering

必要なものと不必要なものを選別すること。最近では、鳥取県や東京都のように、子供たちがインターネットを通じてわいせつなデータやドラッグなどの有害情報に容易に近づけないようにすることを目的に、青少年健全育成条例等を改正し、ネットカフェ等の事業者や保護者にフィルタリングを義務付ける都道府県が出てきている。

フィンガー・プリント 【英】finger print

指紋のこと。転じて、電子文書や電子メールの内容が改竄されていないことを証明する「電子的な指紋」を指す。実体は、文書の内容をハッシュ関数と呼ばれる計算式にかけて得られたハッシュ値。ハッシュ値自体はランダムな文字列であり、ハッシュ値から元のメッセージを復元することや、同じハッシュ値を持つ異なる文書を作成することは困難とされる。この性質を利用して改竄の有無を確認する。住民基本台帳制度をはじめとする公的個人認証サービスにおける自己電子証明書等に用いられる。代表例に住民基本台帳カードがある。ICカード内に電子証明書とフィンガープリントの情報を収めることでカードの複製偽造を防止するとともに、インターネットを通じた公的サービスの円滑な利用を促進する。

ブラウザ 【英】browser

インターネット上でホームページを閲覧するためのソフト。インターネットエクスプローラやネットスケープナビゲーターなど。

プラット・フォーム 【英】platform

土台という意味。IT用語では、アプリケーションソフトを動作させる際の基盤となる基本的な機能の種類や環境、設定などのこと。マルチプラットフォームは同じソフトが、複数のハードで動くこと。

フレームワーク 【英】framework

①枠組み、下部構造、構造、組織という意。②ソフトウェアではアプリケーション開発の土台となる、汎用的なソフトウェア。

ブロードバンド・ネットワーク 【英】broadband network

大容量のコンテンツを高速で送受信できるインターネット接続環境。ADSL回線、専用回線、光ファイバーケーブルなどがこれに当たる。

ブログ 【英】Blog

Weblog の略称。簡単に作成でき、公開することが可能な個人のページのこと。従来のホームページよりも作成が容易なことから、その利用者は多い。作成されるページの内容としては、個人の日記をはじめとして多種多様である。

プロバイダ 【英】ISP(Internet Service Provider)

インターネットへの接続サービスを提供する事業者。正確にはインターネット・サービス・プロバイダ。

ほ IT

ポータルサイト 【英】portal site

インターネットの利用者が、一番初めに訪れるサイトのこと。「ポータル」とは、「玄関」を意味する。代表的な民間のポータルサイトとしては、Yahoo や Google などがある。

ホストコンピューター 【英】host computer

コンピュータ・ネットワークの中で、中心的な役割を果たす高性能コンピュータ。

ボットネット 【英】botnet

悪質なプログラム (malware) の一種。ユーザーに気付かれないようにマシン上で動作し、外部から思い通

ま

ざまな情報を統合して扱うことのできる媒体、手段。利用者の双方向性も重視される。1980年代から90年代にかけて登場した言葉。

マイクロソフトオフィス 【英】 Microsoft Office

Microsoft社のビジネス用アプリケーションソフトを1つにまとめたパッケージ製品。

マッキントッシュ 【英】 Macintosh

Apple社が1984年から販売しているパソコンのシリーズ名。

マルチメディア 【英】 multimedia

コンピュータ上で、文字・画像・動画・音声などさま

め

メインフレーム 【英】 mainframe

主として企業や公的機関の内部基幹業務のシステムなどに利用される、用途などを選ばない大型汎用コンピュータのこと。

メールマガジン（メルマガ）【英】 mailmagazine

メルマガともいう。各種情報を定期的に電子メールの形で配信するサービス。自治体でも取り組んでいるところがある。

も

モジュール化 【英＋和】 module

1つの仕事を遂行するための複雑なシステムをいくつ

りにそのマシンを操れるようにするプログラム。複数のボットで構成されたネットワークを「ボットネット」と呼ぶ。このネットを踏み台に迷惑メールを配布したりする。2006年秋に世界でのスパムが急増するという現象が起こったが、ボットネットワークの仕業とみられている。企業セキュリティだけでなくインターネットの新たな脅威として総務省や警視庁などで対策が行われている。

かの小さな単位に分け、後でつなげる方式。

や　IT

ヤフー 【英】Yahoo!

ヤフー株式会社。もしくは、同社の提供するサービスの総称。日本最大のポータルサイト「Yahoo! Japan」の経営主体。

ゆ　IT

ユー・エス・ビー 【英】Universal Serial Bus

ユニバーサル・シリアル・バスの略。共通のコネクタで、さまざまな周辺機器を接続することができる端子。パソコンの情報をやりとりする機能。

ユビキタス 【英】ubiquitous

時空自在。どこにでもあたりまえにあるという意味。身の回りのさまざまな電化製品を通じて情報ネットワークとどこからでもアクセスできる環境。

（関連）ユー・ジャパン 【和製英語】u-Japan (ubiquitous Japan)

ユビキタスネットワーク社会が実現された日本という構想のこと。総務省は「e-Japan戦略」で整備された通信インフラを利用・進展させ、2010年までに日本をユビキタスネット社会へと発展させていくことを目標とする「u-Japan構想」を2004年5月に提示した。

ら　IT

ラン 【英】LAN(Local Area Network)

ビルや事業所など、同じ建物内にあるコンピュータやプリンタなどの機器を相互に接続することで、データなどをやりとりするネットワークのこと。

り IT

リナックス 【英】Linux

コンピュータの基本ソフト。ソフトウェアの設計図にあたるソフトコードを公開しており、改変・再配布ができる。学術機関や企業の基幹業務用のサーバとしても多く採用されているUNIXと互換性がある。

リンク 【英】link

連結することやつながりを指す英語で、インターネットの用語では、リンクをたどれば設定されたファイルやページに行くことができる。

れ IT

レガシーシステム 【英】legacy system

英語で「レガシー＝遺産」を意味することから、ある システムの中に残された、旧式のシステムのことを指す。一般に企業や行政、自治体などのコンピュータシステム自体の老朽化や技術革新にともなって数年ごとに更新する必要があるが、しかし、さまざまな事情によりすべての設備の更新ができずに、一部の既存システムが残されることがあるが、多くの場合、旧システムは新システムとの互換性が乏しく性能が劣っているため、旧システムが業務全体の効率を低下させることがある。

ろ IT

ローカルネットワーク 【英】local network

複数のパソコンが相互に干渉できる状態で、特定の会社内や団体だけが使用するネットワーク。

ログ 【英】log

原義は航海日誌のこと。転じて、コンピュータの操作やネットワークの通信内容などを記録したもの。

ログアウト 【英】logout

ログインの反対語。コンピューターのサービスから接続を解除すること。

ログイン【英】login

パソコン通信サービス、FTPサーバーなどに接続すること。有料サービスでは、接続時にログイン名とパスワードの入力が必要となる。

ロングテール【英】long tail

マーケティング用語で、品物の売れ方を表す。オンライン・ショップでは店舗販売と比べて在庫コストが安くて済むために売れ筋商品ではなくても取り揃えられる。この利点を説明する用語で、商品の販売数を縦軸にとり横軸に販売数の多い順位で商品を並べると、品数が多い分だけ横軸が長くなり、トータルするとこの売り上げ高は無視できないものとなる。このグラフの形を長い尻尾に見立ててロングテールと呼ぶ。

わ　IT

ワード【英】word

米マイクロソフト社の文章作成用ソフトウェア。

ワイファイ【英】Wi-Fi (Wireless Fidelity)

Wi-Fi Alliance によって無線LAN機器間の相互接続性を認証されたことを示す名称、ブランド名。

ワクチン【独】Vakzin

コンピュータのウイルス感染予防・復旧のために使うアンチウイルス・ソフトウェアをワクチンという。⇒別分野190頁参照。

ワン【英】WAN(Wide Area Network)

広域通信網。専用回線や公衆回線を用いて、遠隔地間のコンピュータやLAN同士を接続する。⇒LGWAN25頁参照。

ワンクリック詐欺【和製英語】(a one click and charge claim)

有害サイトやスパムメールに記載されている特定のアドレスをクリックすると、一方的に契約済みの画面が表示され、多額の料金支払を請求されるネット詐欺の一種。多くが銀行の架空口座を振込先に指定されているなど社会的問題となっている。⇒クリック141頁参照、

スパムメール 146頁参照。

ワンセグ 【和製英語】1 segment broadcasting
国内における地上デジタル放送による携帯機器向け放送サービスの名称。正式名称は「携帯電話・移動体端末向けの1セグメント部分受信サービス」。2006年4月1日に本放送を開始した。番組内容は、家庭向けの地上デジタル放送と同じだが「ワンセグ」独自のデータ放送サービスの利用が可能。また、携帯電話の通信機能を使った双方向サービス通信経由の詳細な情報も利用できる。

福祉・医療

あ 福祉・医療

アイ・シー・ユー【英】ICU (Intensive Care Unit)
病院の集中治療室。重篤な患者、術後の患者が収容され、全身管理を24時間体制で行う。CCUと呼ばれる循環器疾患に特化した治療室、NICUという新生児専門の治療室など、細分化されている病院も増えている。

アイバンク【英】eye bank
献眼登録をした人が死亡した際、その人の眼球を、角膜移植待機患者にあっせんする公的機関。

アイ・ピー・エス（iPS）細胞【英＋和】iPS(induced pluripotent stem cell)
人工多能性幹細胞。誘導多能性幹細胞。ヒトの皮膚細胞に4種類の遺伝子を導入することでつくられた万能細胞。臓器の移植について拒絶反応のない細胞もしくは臓器を再生する技術につながると研究されている。⇒ES細胞166頁参照、クローン174頁参照。

アウトリーチ【英】outreach
福祉活動において、通常の活動範囲を超えて活動を行うこと。

アクセス権【英＋和】right of access
障害者が社会や商品やサービスにアクセスできる権利。⇒別分野13頁参照、129頁参照、245頁参照。

（関連）アクセス【英】access
利用や入手をする機会。場所へ入る権利。

アスベスト救済法【英＋和】asbestos
「石綿による健康被害の救済に関する法律」の略称。被害認定患者の申請受付が2006年3月から開始された。アスベストが原因の中皮腫や肺がんは、通常30～40年の潜伏期間を経て発症するため、発症したときには時効で労災補償の対象から除外されてしまうことが多い。こうした被害者やその家族を救済するために成立した制度。環境再生保全機構から申請が認められると、医療費、療養手当、葬祭料などの救済金が給付される。法律施行前に亡くなった被害者とその家族も

申請することができる。⇒アスベスト201頁参照

アトピー【英】atopy
抗原に対して感じやすく過敏症になりやすい傾向(いわゆるアレルギー体質)のこと。日本では慣例的に「アトピー」のみで「アレルギー性皮膚炎」(atopic dermatitis)の意味で使われている。

アナフィラキシー【独】anaphylaxie
一度、毒素や食物など抗原性をもつ物質に対して抗体が作られた体に、再度同じ物質が進入した際に引き起こされる急性アレルギー反応(即時型過敏/Ⅰ型アレルギー)のひとつ。アナフィラキシーショック。抗原が入ってから短時間で全身に起こる点に特徴があり、重度の場合は呼吸困難、めまい、意識障害、血圧の低下などに陥り命にかかわることがある。

アニマルセラピー【英】animal therapy
動物介在療法。動物と触れ合いながら身体障害者のリハビリ訓練を行ったり、精神障害や情緒障害等の治療を行ったりする。

(関連)アニマル・アシステッド・アクティビティ【英】Animal Assisted Activity
動物介護活動。病院などで、動物と触れ合うことを目的とした活動。

アブノーマル【英】abnormal
異常な。病的。変態的。

アレルギー【英】allergie
抗原抗体反応に基づく生体の過敏性の反応。日本人の3人に1人は何らかのアレルギー疾患という研究報告がある。抗原(アレルゲン)には、ホコリやカビ、花粉、食べ物、薬、動物、昆虫などがあげられる。2002年4月より食品衛生法による食品アレルギーの表示が義務化された。卵、乳、小麦、そば、落花生の5品目が「特定原材料」として指定され、原材料だけでなく、添加物や製造工程などで一部でも使われていれば製造者は表示する義務を負う。近年、学校給食が原因の食物アレルギーによる事故が多数報告され、食物アレルギー対応の給食をつくる自治体もある。

い　福祉・医療

イー・アール【英】 ER(Emergency Room)

救急救命室。24時間・365日・軽症から重症までの救急患者を受け入れ、一義的に救急専門医によって全ての科の診断および初期治療を行なった上で、必要があれば各専門科に紹介するシステム。医師だけでなく看護師も認定看護師制度による救急認定看護師資格が設けられている。

イー・エス(ES)細胞【英＋和】 ES(Embryonic Stem cell)

一般に胚性幹細胞と訳される。幹細胞は人体のあらゆる臓器や組織に分化する能力を持ちつづける一方、培養すれば未分化の状態で増殖しつづける性質を持つ。このうち受精卵が分化した初期段階の胚から採取されるのがES細胞。ES細胞は、受精後5〜6日目の胚盤胞の内部塊細胞から取り出して培養される。その万能性（分化多能性）と高い増殖性から病気や事故で失った細胞・組織・臓器をつくりだす再生医療への期待が高まっている。他方で、胚を壊すことに対する倫理的問題があるうえ移植の際には拒絶反応が避けられず、拒絶反応を回避するためにヒトクローン胚を使用する場合にも卵子の確保などに問題が生じる。そのため胚を用いない方法で「万能細胞」をつくる研究が進められている。⇩クローン174頁、iPS細胞164頁参照。

イー・ディー【英】 ED(electile disfunction)

男性器の勃起不全または勃起障害。

インクルージョン【英】 inclusion

①内包する。②障害児教育や障害者福祉の新しい考え方。学校、保護者、地域を含めた様々な職種の人々が広く連携して障害者の共同参画の協力体制をつくることが特徴。国連第48回総会決議「障害者機会均等実現に関する基準原則」（1993年）、ユネスコのサラマンカ宣言（1994年）などを通じて、インクルージョンの概念は教育や福祉の現場で広まりつつある。

インシデント【英】 incident

出来事。

（関連）インシデントレポート【英】incident report
潜在的事故報告書。危機管理の手法として、日常的に大事故に繋がりかねない事例が起きた場合、その報告書を作り、分析して未然に事故をなくすことを目的とする報告書。医療分野だけでなく飛行機など交通関係などでも報告されている。

インシュリン【英】insulin
膵臓のランゲルハンス島のB細胞から分泌されるホルモンで、血糖を減少させる効果があることから、糖尿病の治療に用いられる。

インターフェロン【英】interferon
ウイルス感染の阻止作用を持つ糖タンパク質。ウイルスなどが体内に侵入したとき、その増殖を抑えたり、発病を防ぐのに効果がある。

インテーク【英】intake
初回面接。受理面接。カウンセリングやケースワークの初期に、相談の内容や理由を確認し、その後の対応を相談する面接。

インフォームド・コンセント【英】informed consent
説明と同意、告知と同意。十分な説明に基づく同意。医療分野においては、患者に治療の内容や目的などを説明して同意した上で治療すること。

インフルエンザ【英】influenza
インフルエンザウイルス（A型、B型、C型）による急性感染症。たびたび変異し、世界的に大流行を引き起こしている。現在までに1918～19年スペイン風邪、57～58年アジア風邪、68～69年香港風邪、77～78年ソ連風邪などが流行した。

（関連）鳥インフルエンザ【和＋英】Avian influenza, bird flu
A型インフルエンザウイルスによる鳥類の感染症。感染した鳥類（主に家禽類）が重篤な症状を示すことは通常少ないが、中には強い病原性をもつものがあり、これを「高病原性鳥インフルエンザ」（Highly Pathogenic Avian Influenza：HPAI）と呼ぶ。1997年香港での感染以来、H5N1型鳥インフルエンザが鳥からヒトへ感染する例が増加している。対策

として鳥舎を密閉して渡り鳥による感染を防いだり、感染した場合は、鳥舎内全ての鳥を廃棄し消毒する。

う　福祉・医療

ウイルス【英】virus
タンパク質の殻の中にDNAかRNAのいずれかひとつをもつ微小な粒子。単独では代謝も自己増殖もできないが、他の生物の生きた細胞を宿主にすることで自己を複製させることができる（感染）。そのため生物と非生物の間に位置する存在ともいわれる。⇒別分野168頁参照

ウェルネス【英】wellness
健康であること。健康の向上を目指す生活指向。

ウェルビーイング【英】well being
満足している状態、不安のない様子を指す言葉。福祉サービスにおける質的向上を目指す議論において、用いられることがある。

え　福祉・医療

✲エイズ【英】AIDS(Acquired Immune Deficiency Syndrome)
後天性免疫不全症候群。ヒトエイズウィルスの感染によりTリンパ球が破壊され、免疫機能が低下する病気。
〔関連〕**エイチ・アイ・ブイ**【英】HIV(Human Immunodeficiency Virus)
ヒト免疫不全ウイルス。エイズを引き起こす原因。このウイルスに感染しても潜伏期間は半年から十数年あるといわれている。HIV感染の検査は全国の都道府県保健所で無料で行なっている。また、市民らに関する啓発活動も責務とされている。

エー・エル・オー・エス【英】ALOS(Average Length of stay)
病院の患者がどのくらいの期間平均して入院しているかを図る指標。平均在院日数。日本の医療保険制度では、入院日数が増えるにつれ診療報酬が逓減する仕組

エー・ディー／エイチ・ディー【英】AD／HD（Attention Deficit／Hyperactivity Disorder）

注意欠陥・多動性障害。子供の障害で、注意力や集中力に欠け様々な刺激に気を取られやすく、授業中に着席していられないなどの多動性や、順番を守れないなどの衝動性が確認される。成長とともに多動性などはなくなるが、遺伝的傾向が指摘されていることもあり、成人しても一部は続くことがある。日本では発達障害者支援法が2005年に施行され、援助や支援、権利保護が国や地方公共団体の責務とされている。人口に占める割合が高いが、専門家は少なく、支援体制が整っていないことなどによって制定された。

エビデンス【英】evidence

証拠。根拠。医学用語では、ある医療行為が疾病や症状に効果があることを示す臨床試験などの客観的な研究データを意味する。経験則や権威に依拠していた従来の医療を反省する視点から「根拠に基づいた医療」（Evidence-Based Medicine: EBM）が、1990年代以降徐々に浸透している。

エムアールアイ【英】MRI（Magnetic Resonance Imaging）

MRI装置。磁気共鳴映像法によって疾患状態をデジタル画像で映し出す、診断用の撮影方法、または装置。短時間で、患者に負担が少なく、多角的な映像が入手しやすい。主に脳、脊髄、子宮、前立腺、膀胱、骨・関節、軟部組織、大血管などには、非常に有効な撮影方法とされている。

エル・ディー【英】LD(Learning Disabilities／Learning Disorders)

学習障害。知的水準や運動能力に問題はない一方で、読む・書く・計算するなど特定分野の能力に問題があるため、学校生活への不適応が生じる。発達障害者支援法によって個別の教育指導計画を作成するなど、特別支援教育体制の構築が自治体に求められた。

(関連) エンジェル（エンゼル）【英】angel

移植を望む患者へ骨髄や臓器を提供する人。ドナー・エンジェル⇒別分野94頁参照。

※**エンゼルプラン／新エンゼルプラン／新新エンゼルプラン【和製英語】** angel plan

政府の子育て支援に関する計画。1994年から出発し、改訂されてきた。

※ 現代行政用語

エイズ【英】 AIDS(Acquired Immune Deficiency Syndrome)

後天性免疫不全症候群。ヒトエイズウィルスの感染によりTリンパ球が破壊され、免疫機能が低下する病気。無症候性感染の後、半年から十数年を経て発症。身体の抵抗力が弱まり、下痢、発熱、嘔吐などの諸症状が連続的、同時的に起こる。感染経路は性的接触、血液感染、母子感染に限定される。日本では治療用の血液製剤での感染が社会問題化した。治療は多剤併用療法HAARTが効果的とされているが、発症進行を抑えるもので完治は見込めない。1999年4月の「感染症の予防および感染症の患者に対する医療に関する法律」の施行に伴い感染症発生動向調査が行なわれ、3ヶ月ごとに動向発表が行なわれている。1998年4月より、HIV感染者は免疫機能障害の程度によって身体障害者福祉法における身体障害者として認定されることになり、法律に定められた福祉サービスを受けることができる。日本では先進7カ国の中で唯一HIV感染者及びAIDS患者が毎年増加傾向にあり、対策が急務となっている。

※ 現代行政用語

エンゼルプラン／新エンゼルプラン／新新エンゼルプラン【和製英語】 angel plan

子育てに対し、社会が行うさまざまな支援を総合的に実施し、推進していくことを目的とした具体的な実施計画のこと。1994(平成6)年に、はじめてのものとなるエンゼルプランが策定され、1999(平成11)年に新エンゼルプランが策定された。これは、先にまとめられていた少子化対策推進基本

方針の重点施策の具体的実施計画として策定されたものであった。最後に、もっとも新しいものが、いわゆる少子化社会対策会議によってまとめられた、新新エンゼルプラン（子ども・子育て応援プラン）である。エンゼルプラン・新エンゼルプランが、保育関係事業を中心に目標とすべき数値を設定していたのに対し、新新エンゼルプランは、若者の自立など、より幅広い分野において目標とすべき数値を設定している点に特徴がある。

お　福祉・医療

オーダーメイド医療【和製英語＋和】order-made medicine

患者個々人の遺伝子情報に合わせて治療を最適化する医療の総称。生活習慣病など、遺伝子的な要因が原因という考え方のもとで、薬の効果などの違いにも留意する治療を行うこと。テーラーメイド医療（tailor-made medicine）、パーソナライズド医療（personalized medicine）ともいう。2003年文部科学省は「オーダーメイド医療実現化プロジェクト」を立ち上げ、協力医療機関において30万人の患者から文書でインフォームドコンセントを得たのちゲノムDNAと血清を採取、東京大学医科学研究所内に設置されたバイオバンクジャパンで保管され、解析が進められている。⇒iPs細胞164頁参照、ゲノム創薬176頁参照。

オーティズム【英】autism

自閉症。社会性やコミュニケーション能力の発達障害、行動様式や興味対象の著しい局限性などを主な特徴とする。先天性の脳機能障害であり、教育や社会環境といった後天的な要因で生じることはない。自閉症のうち、知的障害がないものを「高機能自閉症」や「アスペルガー症候群」と呼び、知的障害がある一方で特定の分野において天才的な記憶力や表現力を発揮する症例を「サヴァン症候群」と呼ぶ。

オープンシステム【英】open system

医療分野で、開業医が病院と契約を結び、入院を必要とする患者をその病院に入れ、治療をする方式のこと。

オストメイト 【英】ostomate

病気などが原因で人工肛門や人工膀胱を持つ人。ハートビル法ではオストメイト対応のトイレの設置に関する規定もある。⇩ハートビル法184頁参照。

オペ/オペレーション 【英】operation

手術、作戦。

オペレーションセンター 【英】operation center

①介護保険の夜間対応型訪問介護を実施する拠点。夜間対応型訪問介護は、夜間サービスのみを提供し利用者の求めに応じて随時訪問を行うサービス体系。②連絡を受け指示を出す拠点。利用者の求めに応じて随時訪問を行う新たなサービス体系であり、在宅において24時間安心して生活できる体制を整備するもの。

か 福祉・医療

カウンセラー 【英】counselor

顧問、相談相手、相談員。特に臨床心理学的な相談員。

カルテ 【独】Karte

医師の診療録。患者の症状やそれについての診断や処方などが記載される。

(関連) 電子カルテ 【和＋独】EMR (Electronic Medical Records)、CPR (Computerized Patient Records)

これまで医師・歯科医師が作成していた「紙のカルテ」を電子的に記録したもののこと。あるいは、カルテを電子情報として記録・管理する仕組みのこと。長期にわたるカルテの大量保存、ネットワーク化による医師・看護師間あるいは病院間でのカルテの共有などが可能となる。

き 福祉・医療

キャッチアップ障害 【英＋和】Catch up

女性の不妊の原因のひとつで、卵子を卵管に取り込む卵管采が機能しない状態。

く　福祉・医療

ギャッチベッド【英】Gatch bed
床面が様々な角度に変えられる介護用のベッド。アメリカの外科医ウェイリス・ギャッチが1909年に導入。

クオリティー・オブ・ライフ【英】quality of life(QOL)
自分の生存状況に対する全般的主観的な幸福度。満足、生きがい、喜びなどの意識も含まれる。略称はQOL。

クラッシュシンドローム【英】crash syndrome
自然災害、事故等で大腿部などの筋肉が強い圧力を受けて潰されることにより細胞が壊死し、血液中に有害な物質が蓄積され、圧力がなくなったときにそれが全身に流出し、重篤な急性腎不全や不整脈、心停止などを引き起こす症候群。

グループカウンセリング【英】group counseling
同様の悩みなどを抱えている人が集い、相互に意見交換などをすることによって、互いの理解を促進し、悩みや問題を解消することを目的とした取組みのこと。悩みの解消を目的としたカウンセリングの手法のひとつ。医療・福祉などでも活用されるが、キャリアコンサルタント、被災者や犯罪被害者の自立支援にも使われている。

グループハウス【和製英語】group house
健康な高齢者が一つ屋根の下で協同で暮らす地域施設。

❈**グループホーム**【英】group home
自立を目指す少人数の障害者や認知症高齢者と世話する人が一緒に暮らせる福祉施設。

グループワーク【英】group work
共同作業。福祉では集団援助技術という。集団の構成メンバーの相互作用によって、望ましい結果を導き出す手法。グループ体験を通して利用者自らが問題解決し、社会的成長を達成できるよう援助者は側面からの援助を行う技術。

クローン【英】clone

同一の遺伝情報をもつ生物個体。語源は小枝の意味をもつギリシャ語。植物では古くから挿し木などによってクローンが作成されてきた。動物では羊のクローンに成功したドリーが有名である。ヒトのクローンの作成については日本では「ヒトに関するクローン技術の規制に関する法律」が2000年に公布され罰則をもって禁止されている。⇩ES細胞166頁参照、iPS細胞164頁参照。

❈現代行政用語

グループホーム【英】group home

身体障害者、知的障害者、精神障害者、認知症高齢者などが、家庭的な環境の中で、職員のサポートを受けながら、共同生活を送る「住まい」。障害者のグループホームでは、昼は就労し、家賃や食費を負担し、自立した生活を目指している。国はその運営について補助を出していたが、支援費制度に変わってから単価の切り下げなどを行なっている。認知症高齢者の場合は家庭により近い雰囲気と尊厳を守られることで、戸惑いの少ない生活を送ることを目的としている。(介護保険法第8条)各自治体でも設置に関して基準をつくり、サービス基準の維持を図り、設置についても補助をしている。

け 福祉・医療

ケア【英】care

世話、介護、保護。

ケアアセスメント【英】care assessment

介護保険制度において要介護の状態を具体的に把握するための事前調査。

ケアカンファレンス【和製英語】care conference

介護・福祉の場面においては「サービス担当者会議」を意味する。要介護者とその家族、各サービス事業者を招集しケアプラン作成について意見を交わし合う場。

福祉・医療 174

福祉・医療

福祉・医療

ケア・アセスメントを行い、適切なサービスを提供し、QOLの向上をはかるのが目的。ケア・マネジャー（介護支援専門員）が主催する。医療ではケア・マネジャー主治医や看護師など患者を取り巻くサービス提供者が治療方針に関する意見交換を行う。⇨QOL173頁参照、ケアマネジャー176頁参照。

ケアコーディネイト【和製英語】care coordinate
さまざまなケア・サービスを、介護を受ける本人のニーズに合わせて組み合わせること。

ケアサービス【和製英語】care service
高齢者や障害者に対する医療・介護などの保健医療サービス。

ケアサービス会議【和製英語】care service
介護を受ける側も含めた、その地域のケア関係者によって開催される会議。この会議を通じて、地域のケア・サービスの質の向上を図ることが目的。個々人のケアに携わる人たちによって行なわれる会議を指すこともある。

（地域）ケアシステム【和製英語】care system
在宅介護や生活支援を必要とする人々に対して、最も適した福祉・保健・医療サービスの組み合わせを提供する仕組み。市役所・町村役場などに設置された「ケアセンター」において専門職員（地域ケアコーディネーター）が中心となり総合的な調整を行う。

ケアハウス【和製英語】care house
自分で身の回りのことができる高齢者のための、低価格の老人ホームのひとつ。2002年度からは、要介護でも生涯暮らすことのできる新型ケアハウスが導入されることになった。

ケアプラン【和製英語】care plan
介護サービス計画のこと。2000年4月から始まった介護保険制度は、要介護認定を受けた65歳以上の高齢者に在宅介護サービスか施設サービスを提供する。介護の申請にあたり、ケア・マネジャーと本人や家族が話し合い、サービスの内容や本人負担額を決めた介護サービス計画を作成する必要がある。

ケアマネージメント【英】care management

介護支援専門員(ケアマネージャー)が、個々の要援護者の生活状態に合わせて、要援護者のニーズに合致する社会資源についてのきめ細かいケアプランを作成し、これに基づいて実際にサービス等の社会資源を提供していく仕組み。公的なサービスを調整し、被介護者や家族、サービス提供者同士をつなげていく作業。

ケアマネージャー【英】care manager

介護支援専門員。介護保険を利用する高齢者の相談に応じて、本人の代わりに介護サービス計画を作成する。

ケースカンファレンス【英】case conference

事例検討会。具体的な事例を取り上げ、援助過程において、的確な援助を行うために各分野の援助者が集まり、討議する会議。さまざまな職員が、各利用者ごとに、それへの対処方法について、情報や意見などを出し合い、援助の方向性を決定していく話し合いのこと。

(関連)カンファレンス【英】conference
会議。協議会。

ケースワーカー【英】caseworker

貧困やハンディキャップなどを抱える個人・家庭を支援する福祉職員。一般には福祉事務所の児童相談、生活保護などの相談員を指す通称。⇒ソーシャルワーカー180頁参照。

ゲノム【英】genome

ある生物がもつ遺伝情報の総体。遺伝子と遺伝子の発現を制御・管理する情報、そのほか生体の機能維持に影響を及ぼす情報領域などが含まれる。⇒DNA181頁参照、オーダーメイド(テーラーメイド)171頁参照、ゲノム創薬176頁参照。

(関連)ゲノム創薬【英＋和】genome-based drug discovery、Pharmacogenomics

ゲノム情報に基づき、より効果の高く副作用の少ない医薬品を開発すること。ゲノムの解読が進むにつれて、癌や糖尿病、高血圧など多くの疾病に関連する遺伝子が判明しつつある。同時に個々人の遺伝的な差異(スニップ)の解読によって薬剤の効果や副作用の程度を個別に判定可能となり、最も適した薬剤を過不足なく

福祉・医療 176

福祉・医療

処方することもできるようになった。これを薬理ゲノム学（ファーマコゲノミクス）と呼ぶこともある。⇒スニップ（ス）179頁参照。

こ　福祉・医療

ゴールドプラン【和製英語】gold + plan
高齢者保健福祉推進10ヶ年戦略のこと。1990年に当時の厚生省から発表され、目標値が明確にされている点で注目された。保健福祉の実施主体を市町村としており、市町村が担うべき保健及び福祉施策の実施権限と責任は、従来より大幅に拡大。拡大された権限を統一的かつ効率的に行使できるようにすべく、翌1992年6月には社会福祉関係8法を改正する「老人福祉法等の一部を改正する法律」が成立。都道府県及び市町村毎に「老人保健福祉計画」を策定することが定められた。5年後に見直し1994年新ゴールドプランに移行、1999年度で新ゴールドプランは終了し、新たに策定された高齢者保健福祉計画がゴールドプラン21（スーパーゴールドプラン）である。

さ　福祉・医療

サーズ【英】SARS(Severe Acute Respiratory Syndrom)
「重症急性呼吸器症候群」のこと。新型肺炎とも呼ばれ、病原体は新種のコロナウィルスであることが判明した。感染力が著しく高いことが大きな特徴で、2003年前半中国広東省で最初の患者が確認されてから中国本土を中心に香港、台湾、東南アジア諸国、カナダなどに瞬く間に広がった。世界保健機関（WHO）が03年3月12日に警告を発してから世界的流行が終息した同年7月5日までの患者数は8000人を越え、死者770人を上回った。

サーベイランス【英】surveillance
監視、見張り。⇒モニタリング277頁参照。

し 福祉・医療

ジー・アイ・ディー 【英】GID(Gender Identity Disorder)

性同一性障害。自分の身体的性別を認識していながら、精神的には反対の性に属していると確信している状態。身体性と性自認（ジェンダー・アイデンティティ）の不一致。性同一性障害の人が外科手術などによって性自認にあわせた生活をしている場合、総称してトランスジェンダー（transgender:TG）と呼ぶ。身体的性別と精神的性別が一致している同性愛（ホモセクシュアル：homosexual、レズビアン：lesbian）とは異なる。2004年7月「性同一性障害者の性別の取扱いの特例に関する法律」（性同一性障害特例法）が施行され、要件を満たしている人は戸籍上の性別を性自認に合致するものに変更できるようになった。

ジェネリック薬品 【英＋和】generic

ジェネリックとは一般的なという英語。医療用医薬品のうち、治験によって新しい効能の有効性や安全性が確認され承認を受けた医薬品を先発医薬品という。その先発医薬品の特許が切れた後、同一の有効成分を持つとして臨床試験を行わずに承認される医薬品のこと。価格は半額程度なので医療保険制度の中では薬価を抑制する効果がある。

シェルター 【英】Shelter

避難所。核シェルター、耐震シェルター（ドメスティック・バイオレンスの被害者を加害者から隔離・保護する施設）などのように使われる場合のほか、児童虐待に対する隣家や児童相談所、ストーカーに対するコンビニエンスストアや交番など、シェルターとして機能する場所や施設に使われることもある。

シックハウス症候群 【英＋和】sick house syndrome

建材等から化学物質が出て生じるめまいや頭痛、皮膚障害等の健康障害。

ショートステイ 【英】short stay

短期滞在の意。日本では、短期入所生活介護の意味でも用いられる。

179　福祉・医療

ジョブコーチ【英】job coach
知的障害者や精神障害者の雇用を支援し、就業の援助をする者。

す　福祉・医療

ストリートチルドレン【英】street children
路上生活をしている未成年者。発展途上国などで問題化している。

ストレッチャー【英】stretcher
患者の搬送などに用いられる車輪のついた寝台車のこと。

スニップ（ス）【英】SNP(s)（Single Nucleotide Polymorphism）
ヒトの場合、個々人の間には約1000個の塩基に1個の割合で違いがあることが、ゲノム解読により判明している。この違いを「一塩基多型」、または頭文字をとって「スニップ」と呼ぶ。複数形で「スニップス」ということもある。スニップの特定は、オーダーメイド医療に不可欠である。⇒オーダーメイド医療171頁参照。

せ　福祉・医療

✲セーフティネット【英】safety net
人間の社会的生活を保障するための様々な制度。

セカンドオピニオン【英】second opinion
主治医に言われたことを他の医師や専門家に確認すること。

✲現代行政用語

セーフティネット【英】safety net
元々は、綱渡りを演じる綱の下に張られた安全ネットの意。経済・社会活動における安全を保障するための制度の意味で用いられる。綱渡り芸人は、ネッ

そ　福祉・医療

トがあるため失敗して落下しても命に別状はない。また、このネットがあるおかげで、思い切った芸当を試みることができる。これは、経済活動にも当てはまる。経済領域およびそれをとりまく社会的領域には、伝統的に形成され、社会的セーフティ・ネットとして機能してきた様々な制度が存在してきただが、近年、市場原理主義やグローバリズムの下に押し進められた金融自由化と「自己責任」論によって、従来型のセーフティ・ネットに穴があいてしまい、社会不安（雇用不安、老後不安等々）を生じさせている。これに対してセーフティ・ネットを新しく張り替えていく必要があるという議論もある。

ソーシャルインクルージョン【英】Social Inclusion

社会的包括（包含、包摂）。雇用、教育・訓練、福祉、住宅、医療、情報通信、そのほか公的サービスへのアクセス等における経済的・社会的不平等ないし市民社会からの疎外といった「社会的排除」（ソーシャルエクスクルージョン：social exclusion）や社会の分断に抗して、排除されている人々が（再び）社会へ参入できるようにすることを政策目標とする概念。経済のグローバル化にともなう諸問題が表面化するなかで、イギリスやフランスをはじめEU諸国における政策の中核をなしており、文化や街づくりなどにも反映されている。その際、政策評価の目安として重視されているのが「ソーシャル・キャピタル」である。福祉においては「ノーマライゼーション」、「インクルージョン」も関連が深い。⇒ソーシャル・キャピタル263頁参照、ノーマライゼーション183頁参照、インクルージョン166頁参照。

ソーシャルハウジング【英】social housing

主として低所得者のために、行政が提供する住宅。

ソーシャルワーカー【英】social worker

国家資格である社会福祉士を指す場合もある。ケースワーカーと同じ活動をするが、病院や福祉施設を現場とする相談員を呼ぶことが多い。⇒ケースワーカー176頁参照。

た　福祉・医療

ターミナルケア【英】terminal care
治療の見込みがなくなった末期患者に対する包括的なケアを目指し、患者が可能な限り平穏かつ充実して過ごせるよう援助すること。

ダブリュー・エイチ・オー【英】WHO(World Health Organization)
世界保健機関。健康を人間の基本的人権の一つと捉え、その達成を目的として設立された国連機関。1948年設立。本部はスイス・ジュネーヴ。

ち　福祉・医療

チャイルドアビューズ【英】child abuse
幼児虐待、児童虐待。親などが子どもを暴力的・性的に虐待すること。

チャイルド・ライフ・スペシャリスト【英】child life specialist
長い入院生活を送らざるを得ない子供たちを支える病院スタッフ。

て　福祉・医療

ディー・エヌ・エー【英】DNA(Deoxyribonucleic acid)
デオキシリボ核酸の略称。遺伝子（遺伝情報の最小単位）の本体となる。DNAがしばしば「生命の設計図」と呼ばれるのは、生命現象の根幹をなすタンパク質の設計を担っているため。親子の鑑定や人物の特定に活用される。

ディー・ピー・シー【英】DPC(Diagnosis Procedure Combination)
診断群分類別包括評価。診療報酬の支払い方式は、出来高払い方式、包括払い方式、請負払い方式に大別される。従来日本で行われていたのは診療行為ごとに計算する出来高払い方式。包括払い方式は、一定範囲の

診療行為をまとめて評価し定額で支払うもので、アメリカのDRG／PPS（Diagnosis Related Groups／Prospective Payment System：診断群別払い）が代表的。日本のDPCもここに分類される。診断群分類ごとに一件当り包括払いを行うDRG方式とは異なり、DPCでは厚生労働省が定めた1日当たりの金額からなる包括評価部分と出来高評価部分を組み合わせて計算する。

デイケア 【英】day care
在宅の高齢者・精神障害者へ、昼間に健康管理、機能維持、回復訓練、娯楽、食事などのサービスを提供すること。

デイケアセンター 【英】day care center
在宅介護を受けている高齢者や障害者が、リハビリテーションや日常生活などの為に通所する施設。

デイサービス 【和製英語】day service
市町村による在宅福祉サービスのひとつで、在宅介護を受けている高齢者や障害者に対してリハビリテーションや日常生活の介護を行なう。デイサービスセンターへの通所によるものと、家庭への訪問によるものがある。
（関連）**デイサービスセンター** 【英】day service center
在宅高齢者を施設などに送迎し、入浴や食事などを提供する。

と　福祉・医療

ドクターヘリ 【英】doctor helicopter
医師が同乗し救急現場へ急行するヘリコプター。

ドナーエンジェル donor angel
移植臓器の提供者。⇒エンジェル169頁参照、レシピエント190頁参照。

トリアージ 【英】triage
「選別」の意。転じて、多数の傷病者が発生した際に、傷病の緊急度や程度に応じ、搬送・治療を行なうこと。もともとは、職場における傷病者の区別をするためのものであったが、現在では、大規模災害の現場でも行

と

トワイライト型 【和製英語】twilight

保育園の運営方式のひとつ。長時間開所し、夜間の一時受け入れなどをも行う保育園の運営方式のこと。

なわれている。治療の必要性に応じた優先順位をつけることにより、より多くの生命を救うことを目的とする。

な

ナショナルセンター (NC) 【英】National Center

国立高度専門医療センターのこと。国立がんセンター、国立循環器病センター、国立精神・神経センター、国立国際医療センター、国立成育医療センター、国立長寿医療センターがそれにあたる。日本人の死亡率の高い疾病に対する医療に特化する組織として中核的機関の総称を指す。

ね

ネグレクト 【英】neglect

①無視。②保護者が子供に対し、遺棄、衣食住や清潔さについての健康状態を損なう放置（栄養不良、極端な不潔、怠慢ないし拒否による病気の発生、学校へ行かせないなど）を行なうこと。児童虐待の一形態。身体的、物理的ネグレクトだけではなく親子間の精神的交流を拒否する情緒的ネグレクトもある。

の

✱**ノーマライゼーション** 【英】normalization

等生化。共生社会推進策。

＊現代行政用語

ノーマライゼーション 【英】normalization
共生社会推進策。高齢者や障害者が健常者と同じ社会生活を送られるようにするための福祉環境づくり。この考え方は、国連の「障害者の権利宣言」(1975年) に大きな影響を与えた。以降、「国際障害者年」(1981年) や「国連・障害者の10年」(1983〜1992年) へと引き継がれ、国際的に大きな流れとなっていった。

は　福祉・医療

パートナードッグ 【英】partner dog
介助犬。障害者や高齢者の生活をサポートする犬。2002年「身体障害者補助犬法」が制定され、介助犬、盲導犬がヒトの介助をするために、鉄道等公共交通機関や、公共施設に立ち入ることを法的に保障した。

ハートビル法 【和製英語】heartful + building
高齢者、身体障害者等が円滑に利用できる特定建築物の建築の促進に関する法律の略称。1994年6月成立し2003年4月に改正された。改正でハートビル法が建築確認対象法令となることにより、床面積が二千㎡以上の新築、増築、改築又は用途変更の工事は建築確認を受けないと着工できない。自治体が条例で付加条件を付けられるようにもなった。

ハーフウェイハウス 【英】halfway house
病院での治療・訓練を終了した身障者や高齢者、精神障害者などが、日常生活への復帰に向けて予備的な訓練を受ける施設。アメリカでは、刑務所を出た後の復帰訓練施設もある。

バイオテクノロジー 【英】biotechnology
生物工学。生物学の知見を元にした技術の総称。医学、薬学、農学、獣医学などと関連が深い。⇨ゲノム176頁参照、ゲノム創薬176頁参照、スニップ179頁参照、オーダーメイド医療171頁参照、ES細胞166頁参照、iPS細胞164頁参照。

福祉・医療

バイオハザード【英】bio-hazard
有害な微生物、細菌、ウイルス等が、病院や研究施設から環境中に漏れ出ることによって起こる災害。ヒト、家畜、環境に重大な変異をもたらすことがある。国立感染症研究所の「病原体等安全管理規定」ではレベル1（個体および地域社会に対する低危険度）からレベル4（個体および地域社会に対する高い危険度）まで分類されている。

ハウスダスト【英】house dust
室内で生じる埃。アレルギーやアトピーの原因となるとされる。

ハサップ（HACCP）【英】HACCP(Hazard Analysis and Critical Control Point)
危険分析（にもとづく）重要管理点（監視）方法。食品の製造過程で、食中毒の原因となる菌や化学物質がどこで混入する危険性が高いのかを事前に分析し、監視するポイントを定めてチェックするシステム。もとは1960年代にアメリカのNASAのアポロ計画において、宇宙食製造の際の安全確保を目的として開発された。日本では、1995年に発生した、O-157による集団食中毒事件で注目されるようになった。現在、多くの食品関連企業の工場が、厚生労働省からハサップの承認を受けている。

パラリンピック【英】Paralympic(Paralegia+Olympic)
国際身体障害者スポーツ大会。国際パラリンピック委員会（IPC：International Paralympic Committee)が主催する。イギリスのストーク・マンデビル病院の医師グットマンが戦争で負傷した兵士たちのリハビリとして始めたのがきっかけで、1952年国際大会が開催された。IOCとは関係がないためオリンピックとは開催地が異なっていたが、1988年ソウルオリンピック以後、オリンピック開催後に同じ場所で行われるようになった。

✻バリアフリー【英】barrier-free
高齢者、障害者などの日常生活で障害となるものを取りのぞくこと。
（関連）**バリアフリー新法**【英+和】barrier-free
「高齢者、障害者等の移動等の円滑化の促進に関する

「法律」の通称。法の趣旨は、高齢者、障害者等の円滑な移動及び建築物等の施設の円滑な利用の確保に関する、施策を総合的に推進するため、主務大臣による基本方針並びに旅客施設、建築物等の構造及び設備の基準の策定のほか、市町村が定める重点整備地区において、高齢者、障害者等の計画段階からの参加を得て、旅客施設、建築物等及びこれらの間の経路の一体的な整備を推進するための措置等を定めるとしている。近年は、生産や建築の当初から障害となるものを排除して、誰でも使いやすくするユニバーサルデザインの手法も併用されている。

ハンディキャップ（ハンデキャップ）【英】handicap

不利な条件。

ハンディキャブ 【和製英語】 handicap+cab

福祉自動車。障害者や高齢者のうち、移動の困難な者が車いすのまま乗降できるように、車いすを乗降させるためのリフトとその固定装置を設けているワゴン型車両のこと、またはそれを用いた移送サービスのことを指す。介護保険制度では給付対象とならない為、自治体が運営に係るなどして、厚生省、運輸省の許可を受けて運行する。

✻現代行政用語

バリアフリー【英】barrier-free

高齢者、障害者などの日常生活で障害となるものを取り除くこと。「障壁（バリア）をなくす」という意味。バリアフリーは、歩道などの段差をなくす、階段の脇に車椅子用のスロープ（ゆるやかな坂）を設置するなど、ハードウェアの改善が中心になっているる。心（ソフト・ウェア）のバリアフリーも大切である。

ひ 福祉・医療

ピアカウンセリング 【英】peer counseling

障害者が、自身の体験によってたったことで、ほかの障害者の相談を受け、悩みや問題の解決を図ることを目

福祉・医療

的とした取組みのこと。障害者の自立を促すねらいがある。

ピー・ティー・エス・ディー【英】PTSD(Post Traumatic Stress Disorder)
心的外傷後ストレス障害。大きなショック（トラウマ）を受けたことによって心身に生じるさまざまな症状の総称。症状は（1）トラウマの追体験（フラッシュバック）、（2）トラウマに類似したもの・関連するものに対する回避傾向、解離性健忘、（3）過覚醒による緊張・不眠など、に大別される。主に事故、戦争、犯罪、自然災害などによって生じる。日本では1995年の阪神淡路大震災や地下鉄サリン事件などで広く知られるようになった。

ビッグイシュー【英】The big issue
ホームレスの人が売り手になる雑誌の名称。英国が発祥で、雑誌を販売し、その収益を元手に自立をめざすシステム。雑誌は商品としての価値を持つよう編集されている。イギリスで1991年に創刊、日本では2003年9月に発刊し、1冊300円のうち160円が売り手の収入となる。以来、2007年5月の3年9ヶ月の間に664名が登録し、合計205万冊を売上げ、ホームレスの人々に2億2千550万の収入を提供している。

（関連）**イシュー**【英】issue
①発布、公布、発行、刊行物。②問題点、争点。

ふ　福祉・医療

ファミリーサポートセンター【和製英語】family + support + center
子育ての支援が必要な人と、子育ての支援を行いたい人のニーズを結び付け、地域全体で子育てを支援していくことを目的としたさまざまなサービスを提供し、中核となっている施設のこと。

プライマリ・ケア【英】primary care
初期治療。1次医療。病院において、一般外来で行われる患者と医師の最初の診療を指す。（専門外来と一般入院は2次医療、専門医療は3次医療）。

へ 福祉・医療

ペインクリニック 【英】pain clinic
痛みの診断治療を専門に行なう診療科。

ペットロス（症候群） 【英】pet loss
長年飼っていたペットが病気や事故で死んだ際の喪失感。または喪失感から飼い主たちに生じる心身の疾患。

ほ 福祉・医療

ホームヘルパー 【和製英語】home-helper
家事援助者。家政婦。

ホームヘルプサービス 【英】home help service
在宅において日常生活に支障のある、高齢者や障害者の方々に対して、身体介護や生活援助を行うサービス。介護保険制度では訪問介護のサービスに位置付けられる。2006年の法改正で、要支援者には家事援助は本人が行う家事の補助として「介護予防訪問介護」と呼び方が変わった。

ホスピス 【英】hospice
末期症状患者（特に末期がん患者）の、肉体的・精神的苦痛を取り除く治療や看護を行なう終末施設。

め 福祉・医療

メタボリックシンドローム 【英】metabolic syndrome
代謝症候群。内臓脂肪型肥満に高血糖・高血圧・高脂血症などを重複して発症している状態。複合すると心筋梗塞や脳梗塞のリスクが急激に増大することから注目されはじめた。医療改革関連法が2006年に成立。この法律により生活習慣病の予防事業を保険者に義務付け、さらに、2008年よりメタボリック症候群予防のための特定検診、特定保険指導が医療保険者に義務付けられた。2005年よりモデル事業として「国保ヘルスアップ事業」を自治体が取り組み、国の助成制度で推進している。

メディケア 【英】MEDICARE／Medicaid

アメリカの医療保険制度は基本的には全額自己負担で、民間医療保険に加入するのが通例。例外としてメディケアとメディケイドという仕組みがある。メディケアはアメリカ連邦政府の健康保険プログラムで65才以上の人、及び65才より若い人でも身体障害者の人達に受給資格がある。メディケイドは州のプログラムで、シングルマザーのためにや、州によってその受給資格やサービスが異なる。

メンタルヘルス 【英】mental health

精神的健康、精神保健。心の健康。ストレスの軽減、うつ病対策など職場の精神保健や自殺予防など国や自治体の責務が課題となっている。

ゆ 福祉・医療

❋ユニバーサルデザイン 【英】universal design

より多くの人が使いやすいということを基本姿勢としたデザイン設計。

❋現代行政用語

ユニバーサルデザイン 【英】universal design

より多くの人が使いやすいということを基本姿勢としたデザインでいつでも、どこでもわけへだてなく安心して使える製品を設計する。使う人の年齢、性別、能力、経験などの違いに関係なく、同じように使いこなすことができる製品。バリアフリーとの違いは、障害者用の特別なデザインではなく、最初からだれもが安全に使用できるように設計されるとろ。

り 福祉・医療

リバースモーゲージ 【英】reversemortgage

高齢者などを対象とする特殊な融資制度。利用者は持

ち家などを担保に、金融機関や自治体等から、自宅に住みながらにして、毎月お金を借りて生活費に充当したり、福祉サービスを受け取ったりする。2003年度以降、厚生労働省が貸付原資の3分の2を補助する形で、全国都道府県が「長期生活支援資金貸付(リバース・モーゲージ)制度」を導入して以来、同制度の利用件数は増加し始め、大手住宅会社、銀行、証券会社などもリバース・モーゲージ関連の商品開発が進んでいる。

リビングウィル 【英】Living Will

尊厳死の宣言書。無理な延命治療を望まない意思を文書に残しておくこと。意識をなくした後も延命処置を拒否できる。

れ 福祉・医療

レシピエント 【英】recipient

臓器の提供を待っている患者。臓器移植、骨髄移植、さいたい血移植などで、移植を受ける側の患者のこと。提供する側の人はドナーと呼ぶ。

レセプト 【独】Rezept

診療報酬明細書。医療機関から、支払い機関への請求書。医療費を計算するため処置した薬、処置、検査などが記載され、それぞれ診療行為ごとに決められている診療報酬点数を書く。医療費を計算するためのものレセプトに従って保険診療分の支払が保険者から医療機関へ行なわれる。

わ 福祉・医療

ワクチン 【独】Vakzin

ヒトや動物の感染症を予防するための医薬品。無毒化ないし弱毒化された各種感染症の病原体を抗原として体内に注入し抗体をつくることで、感染症にかかりにくくする。不活性化ワクチン(コレラ、インフルエンザなど)、生ワクチン(BCG、ポリオ生ワクチンなど)、トキソイド(ジフテリア、破傷風など)に大別される。⇒別分野160頁参照。

教育

あ 教育

アール・アンド・ディ【英】R＆D (Research and Development)
研究開発。

アカデミズム【英】academism
学究的な傾向。伝統主義。⇒アカデミー245頁参照。

アドミッション・オフィス方式【英＋和】admission office
面接や学外活動などを重視した選抜方法。総合評価方式とも呼ばれ、近年、多くの大学が入学試験に採用している。ただし、その定義が曖昧であることから、従来の推薦入試などとの違いがわかりにくく受験者や関係者の混乱を招いているとの批判もある。

（関連）**エイ・オー入試（A・O入試）**【英＋和】admission office
学力試験に偏らず、受験生が自らを売り込む志望理由書を元に、個性、意欲などを統合的に判断する入試。

（関連）**アドミッション・ポリシー**【英】admission policy
入学者受入に関する方針。

（関連）**アドミッションズ・オフィス**【英】admission office
（大学の）入学事務局、入試担当事務局。AO。

い 教育

イーラーニング【英】Electoronic learning
インターネットを活用して、都合の良い時間や遠隔の場所で教育を受けられるシステム。

インターナショナルスクール【英】international school
様々な国籍の生徒が同じ教室で学ぶ形式の学校。

インターン【英】intern(e)
国家試験の受験資格を得るための実習制度や、または

その実習生を指す。

インターンシップ【英】internship
就業体験。企業などの実習訓練機関のこと。近年は、大学が制度として導入するケースが増えており、学生が在学中に一定期間企業等に派遣され、職業的訓練を積むことが多くなってきている。

え 教育

エクステンションセンター【英】extension center
大学において学生の資格取得を促進するために設立された専門部署。

エンカレッジ スクール【英】encourage school
東京都や神奈川県が取り入れた、体験学習を取り入れたり、30分授業など、中退者を出さない高校。エンカレッジとは「励ます」という意味。

お 教育

オープンラボラトリー【英】poen laboratory
共同研究室、開放実験室。産学官の連携を目指す目的で設置される。ただし、地域住民等を対象に催される研究室内部の見学会や研修会を意味する場合と、実験設備を持たない事業者に設備や機器を解放している施設を意味するケースがある。

オーラル・ヒストリー【英】oral history
口述歴史、その文献。日本でも最近注目されている現代歴史研究の手法。文献等に残っていない情報を豊富に蓄積ができ、政治の意思決定過程や災害時の実態などを明らかにできるなどの利点がある。

オプトエレクトロニクス【英】optoelectronics
光電子工学。

く 教育

グローバルオペレーションセンター（GOC）【英語名】Global Operations Center (GOC)

文部科学省の「大学国際戦略本部強化事業」の公募を受け、東北大学が全学的な国際戦略を策定し、国際交流を戦略的、機動的に取り組むための中核となる国際戦略本部としてグローバルオペレーションセンター（GOC）を構想し、標記事業に申請して採択されたもの。

さ 教育

サイバネティクス【英】cybernetics

①自動制御学。人工知能。②情報化社会の中で、注目されている理論。1950年代にアメリカの数学者ウィナーによって提唱されたシステム制御理論。20世紀後半のあらゆる科学技術に影響を与えた。システムに出入力されるもの全てを情報として捉え、システムの動向をパターンとして捉えるなど、その後のオートメーション化などの構築の基になる技術理論。

し 教育

シー・オー・イー（COE）プログラム【英語名】COE (Center of Excellence) program

世界最高水準の研究教育の拠点づくりを目指して、文部科学省がはじめた事業。2002年より、21世紀COEプログラムを開始した。生命科学や化学などの11の分野における研究水準向上、人材育成を目指す。日本学術振興会に21世紀COEプログラム委員会が設置され、この審査によって補助金交付先の審査・評価が行われる。2006年、大学院における世界最高水準の研究教育拠点づくりを目指し、新たな支援策「グローバルCOEプログラム」を開始。高度な研究能力を有し、国際的に活躍できる人材育成の機能を持つ人材養成の場としての教育研究拠点の形成や国際的な教育研究活動や諸外国への積極的な情報発信が実施され、国際的にも高く評価される教育研究拠点の形成を期待している。

シックスクール症候群 【英】sick school syndrome

学校建築で使用された建材や塗料、殺虫剤などの化学物質によって起こる吐き気や頭痛などの諸症状のこと。学校教育を受ける上で大きな障害となり、解決に文科省や各教育委員会が取り組み始めている。2002年「学校環境衛生の基準において、はじめて有機化学物質の室内濃度低減に向けて基準が示された。⇨シックハウス症候群178頁参照。

す 教育

スクールカウンセラー 【英】school counselor

学校のカウンセラーで自治体が各市に配置しているいじめなどの子どものケアや保護者、教師への助言などもしている。臨床心理士などが配置される。

スクールソーシャルワーカー 【英】school social worker

学校で社会福祉的援助を行い、子供と周囲とのパイプ役を務める。⇨ソーシャルワーカー180頁参照。

せ 教育

セメスター制 【英+和】semester

1学年複数学期制。日本では、前・後期などの通年制が一般的であるが、それとは異なり、一つの授業を学期（セメスター）ごとに完結させる制度。セメスター制の意義は、1学期の中で少数の科目を集中的に履修して学習効果を高めることにあると指摘されている。従って、単に通年制の授業の内容を前半と後半とに分割するだけでは、セメスター制と呼ぶことはできない。日本の一部の大学でも導入が始まったり、大学審議会で検討が行われたりするなど、セメスター制はにわかに注目を集めている。

ち 教育

チャレンジスクール 【英】challenge school

①既存の学校教育に馴染めない生徒のために、NPOなどが主催して実施する教育施設。②東京都が指定し

た都立高校の形態で、3部制の定時制。不登校の生徒などを対象としている。

チューター【英】 tutor
家庭教師、研究会などの講師。

チュートリアル【英】 tutorial
指導書、個人指導。ITの場面では指示に従って進めていくだけで基本的な操作が学べるように作られているコンピューターソフトの解説。

て 教育

ティー・エル・オー【英語名】 TLO(Technology Licensing Organization または Office)
技術移転機関。研究者による研究の成果を特許にしたり、特許となった研究の成果を製品の開発などに利用するために、研究者と企業などを結び付ける役割などを担う機関のこと。大学などに在籍する研究者による研究の成果が実用化されずに埋もれてしまうという事態を防ぐ目的がある。1998（平成10）年に「大学等における技術に関する研究成果の民間事業者への移転の促進に関する法律」（略称、大学等技術移転促進法またはTLO法）が制定され可能となった。

ティームティーチング【英】 team teaching(TT)
テームティーチングともいう。学級の指導方式。複数の教師が指導計画の作成、授業の実施、教育評価などに協力してあたること

と 教育

トーイック【英】 TOEIC (Test of English for International Communication)
英語によるコミュニケーション能力をリスニング、文法、ボキャブラリーなど様々な点から評価する世界共通のテスト。非営利のテスト開発機関である米エデュケーショナル・テスティング・サービス（ETS）によって作製された。世界約60ヵ国で実施されている。日本でも2002年度には132万6,000人が受験した。企業では職員採用や海外出張の基準、昇進の要件としても利用されている。

トフル【英】TOEFL(Testing of English as a Foreign Language)

米国やカナダの大学に留学を希望する外国人学生が大学での授業についていける英語力を有しているかを評価する世界共通のテスト。非営利のテスト開発会社である米エデュケーショナル・テスティング・サービス(ETS)によって作製された。2000を越す英語圏の大学に加え、多くの政府機関や奨学金プログラムなどもTOEFLスコアを使用している。

ふ　教育

フェローシップ【英】fellowship
①仲間であること、親交、親睦。②団体、組合。③大学や研究機関などの特別研究員。または、研究奨学金のこと。

フリースクール【和製英語】free school
不登校児などを受け入れ、高卒資格や大学検定試験の指導を行なっている民間の学校。

ま　教育

マグネットスクール【英】magnet school
マグネット（磁石）のように、子供たちを惹き寄せる学校。学校独自の特色ある教育活動を展開している。

り　教育

リカレント教育【英＋和】recurrent
社会人の再教育。社会に出た人が自己実現や職業能力の開発などに必要な知識、技術、教養を身に付けるため再び受ける教育。OECDの1973年の「リカレント教育―生涯学習のための戦略―」では、「リカレント教育とは、血液が人体のなかを循環するように、教育が個人の生涯にわたって循環すること、すなわち、労働等他の諸活動と交互に教育を行うこと」としている。我が国では平成4年の生涯学習審議会の「今後の社会の動向に対応した生涯学習の振興方策」で示された考え方。

リテラシー 【英】 literacy
読み書きの能力、教養。ある分野についての知識、能力。

リベラルアーツ 【英】 liberal arts
大学における一般教養学科。一般教養科目。古代ギリシアにおける「自由市民」の教養としてリーダー育成に必要な科目とされたことに語源を発し、ヨーロッパで大学ができた際に用いられた。

れ　教育

レファレンス 【英】 reference
主に文献を参照すること。図書館の重要なサービスの一つで、必要な資料や情報を必要な人に、的確に案内することを言う。

ろ　教育

ロースクール 【英】 law school
司法制度改革のもと、2004年より法科大学院（ロースクール）が開校。2007年現在74校が開設。法曹（裁判官・検察官・弁護士）養成を目的とした、研究者養成重視型大学院から脱皮した専門職大学院。原則3年修了だが、ロースクールにおいて必要とされる法律学の基礎的な学識を有すると認められた者（法学既修者）については、2年で修了することができる。2006年から実施されている新司法試験では、ロースクール修了者に受験資格が与えらる。

環境

あ 環境

アール・ディー・エフ【英】RDF(Refuse Derived Fuel)
ごみ固形燃料ともいう。生ごみなどの可燃ごみを粉砕、選別し、固形化することによって、利用しやすい固形燃料としたもの。

アイ・エス・オー【英】ISO (Intrenational Organization for Standardization)
国際標準化機構。⇒別分野11頁参照。

アイ・エス・オー14000【英】ISO14000 (Intrenational Organization for Standardization)
国際標準化機構（ISO）が制定した環境に関する基準。1992年に開催された地球サミットを受けて1996年制定された。⇒別分野11頁参照。

アイドリングストップ【和製英語】idling stop
自動車エンジンの空転（アイドリング）を止めること。不要なアイドリングを止めることで、自動車の燃料が節約でき、排ガスを減少させることができるため、大気環境保護を目的とした運動として、1996（平成8）年に当時の環境庁（現、環境省）が提唱した。自治体でも条例でアイドリングを禁じているところもある。

アイ・ピー・シー・シー【英】IPCC (Intergovernmental Panel on Climate Change)
気候変動に関する政府間パネル。1988年、国連環境計画（UNEP）と世界気象機関（WMO）によって設置された。参加者は政府関係者に限られず、世界有数の科学者が参加している。新たに研究を行うのではなく、発表された人為的な気候変動のリスクに関する最新の科学的・技術的・社会経済的な知見を評価し、毎年報告書を出している。科学的知見を基にした政策立案者への助言を目的とし、政策の提案は行わないが、気候変動枠組み条約や京都議定書の策定に影響を与えてきた。

アジェンダ21【英】agenda21
1992年にリオデジャネイロで開催された国連環境開発会議で採択された文書のひとつで、21世紀に向けて持続可能な開発を実現するための具体的な行動計画。

環境

アジェンダ21の実施に関する国別行動計画（ナショナルアジェンダ）や地方レベルの計画（ローカルアジェンダ）の作成も行われ、日本でも多くの自治体が策定した。

アシッドレイン【英】acid rain

酸性雨のこと。大気中の汚染物質によって酸性化した物質が空から降ってくること。二酸化硫黄（SO_2）、窒素酸化物（NO_x）が、酸性雨の主な原因物質と考えられている。

アスベスト【英】asbestos

石綿。防火の用途で使われていたが、人体への影響が指摘され、使用が禁止された。近年、肺など人体への影響が指摘され、使用が禁止された。学校などの公共施設では除去作業が進められている。⇒アスベスト救済法164頁参照。

い　環境

イーウェイスト【英】E-waste

電気電子機器廃棄物（Electrical and Electronic Waste）の略称。パソコンをはじめとした使用済みの電気電子機器で、中古利用されずにリサイクルや分解処分されるもののことをいう。電気電子機器廃棄物は、発生量などが増加しているといわれ、その中に含まれている有害物質が、不適正に処理されることによって、人の健康や環境に悪影響を及ぼす可能性のあることが懸念されている。

イー・ピー・アール【英】EPR (Extended Producer Responsibility)

拡大生産者責任。生産者は、自らの生産した製品が使用され、廃棄された後も、その製品の適切なリサイクルや処分について、物理的あるいは財政的に一定程度の責任を負うとする考え方のこと。たとえば、リサイクルすることを前提として製品を設計したり、一定の製品については生産者が廃棄等の後に回収したりすることなどがある。OECDは、加盟国の政府に対するガイダンス・マニュアルを、2000（平成12）年に策定している。

え　環境

エコアクション21 【和製英】 eco-action

環境省が策定したエコアクション21ガイドラインに基づく、事業者のための認証・登録制度。中小企業などでも、環境に配慮する取組みを容易に行うことができるようにすることを目的として、環境マネジメントシステム、環境パフォーマンス評価、環境評価をひとつにした。多くの事業者が環境に対する取組みを、効率的に行うことができるようなシステムを構築することに加え、環境に対する取組みを目標にもって行動し、結果を分析・評価し、報告するための手段を提供する。

エコカー／エコロジーカー 【和製英語】 ecology car

環境に与える影響に配慮して設計された自動車。

エコサイド 【英】 ecocide

環境汚染による生態系破壊、環境破壊。Ecology（生態学）と genocide（民族虐殺）の合成語。

エコシティー 【英】 eco city

自然と共生できる都市づくりの概念。

エコセメント 【和製英】 ecocement

下水汚泥や廃棄物焼却灰などを主原料として含むセメントのこと。その生産技術は、（原料中の50％以上）として含むセメントのこと。その生産技術は、1994年から官民共同で実証研究が行われて確立された。

エコタウン 【和製英語】 eco-town

地域内の廃棄物ゼロを目指す事業。

エコタウン事業 【和製英】 eco-town

先進的で環境に調和したまちづくりを行うことを目的として、1997（平成9）年度に創設された事業。都道府県あるいは政令指定都市が作成した計画（プラン）に関して経済産業省と環境省の共同承認を受ければ、その計画（プラン）に基づいて行われる事業に対し、多面的かつ総合的な支援が実施される。

エコツアー 【英】ecological tour

環境を守りながら自然を楽しむ旅行。

エコツーリズム 【英】ecotourism

地域生態系を破壊することなく、観光と地域振興の両立を可能とすることを目的とした観光事業のこと。環境に対する意識の向上などにも役立つとされる。一般には、1982年に、IUCN（国際自然保護連合）が、第3回世界国立公園会議において議題にしたのがはじまりであるとされる。日本でも、エコ・ツーリズム（エコ・ツアー）は増加しており、環境省も、その推進を目的とした取組みを行っている。

エコ・ネット・コンソーシアム 【英】eco-net consortium

内外の電機メーカー90社（2007年現在）でつくる環境推進団体。

エコマーク 【和製英語】eco mark

環境保護に役立つと認定された商品に付けられたマーク。日本環境協会が認定する。⇒環境ラベル207頁参照。

エコミュージアム 【英】eco museum

環境保全と地域発展をくみ合わせた考え方のひとつ。ものを収集し、保管、展示する従来の博物館と異なり、その地域の自然や生活を含む環境全体を現地にそのまま保存し、それらの展示を通して地域の発展を目指そうというもの。

エコレールマーク 【和製英】eco-rail mark

二酸化炭素（CO_2）排出量が少ない鉄道貨物輸送を利用することによって、地球環境問題に積極的に取り組んでいる商品・企業であることを表示するマーク。CO_2排出量は、鉄道を1とすると、自家用トラックは8となる45、営業用トラックは8となる（国土交通省資料）。

エコロード 【和製英語】ecological road

動植物の生態系に配慮した道路。

❉エコロジー 【英】ecology

生態学、生態系、社会生態学、人間生態学。

エコ(ロジー)ショップ【英】ecology shop

環境保護の理念を前面に押し出した店舗。

エスコ【英】ESCO(Energy Service Company)

ビルなどの省エネルギー化に必要とされる技術や人材などのすべてを包括的に提供するサービスのこと。ESCO事業は、省エネルギーの効果をESCOが保証するうえに、省エネルギーのための改修に必要となった投資をはじめとしたさまざまな経費が、すべて省エネルギーによる経費節減でまかなわれるようになるので、導入した企業の新たな経費節減分はすべて顧客の利益になる。契約期間終了後の経費節減分はすべて顧客の利益になる。

エッチ・エル・ダブリュ【英】HLW(high-level radioactive waste)

高レベル放射性廃棄物。原子力発電で使われた燃料(使用済燃料)を再処理することにより有用なウランやプルトニウムを分離した後に残る、放射能レベルが高い核分裂生成物を高レベル放射性廃棄物という。これをガラス原料と共に溶かし、キャニスターの中でゆっくりと固めたもの。2000年に制定された特定放射性廃棄物の最終処分に関する法律でこの処理機関を定めたが、安全性に関しての不安や世界的な撤退兆候の中で、この最終処分地に関する課題がある。

エルニーニョ【西】El Nino

南米ペルー沖の東部太平洋赤道域の海面水温が平年よりも高くなる現象。半年から1年半程度続き、世界的な気候変動をもたらすと考えられている。「エルニーニョ」はイエス・キリスト(The Child)を意味するスペイン語で、もともとはクリスマスの季節にペルー沖にあらわれる小規模な暖流を指していたのが語源。

(関連)ラニーニャ【西】La Nina

南米ペルー沖の東部太平洋赤道域の海面水温が平年より低くなる現象で、エルニーニョとは全く逆の温度偏差パターンとなる。異常気象の一因と考えられている。

エンバイラメント【英】environment

環境。環境省の英語標記はMinistry of the Environment。

❋ 現代行政用語

環境

エコロジー【英】ecology

生態学、生態系、社会生態学、人間生態学。「家に関する学問」を意味するギリシャ語から派生した言葉。エコロジーの概念は3つに大分される。第一に、生物を含めた相互作用システムの学問。第二に、種同士の因果的相互作用。そして第三に、自然と人間との関係性に主眼をおいた、モラルの議論で、近年はこの意味で使われることが多い。ちなみにエコ（eco）は、エコロジーの略語。

お　環境

オイルトラップ【英】oil trap

油流出防止装置。

〔関連〕オイルフェンス【英】oil fence

河川や海上などに流出した油脂類の拡散防止用具。防油柵。防油のための浮き輪。

オキシダント【英】oxidant

汚染大気中のオゾン・二酸化窒素、各種の有機過酸化物などの酸化性物質。

オゾンホール【英】ozone hole

地表から約十数キロの高度に広がる成層圏の下部に存在しているオゾンの層が破壊され、人工衛星からの映像で観察すると穴が開いたようにみえる現象。オゾン層は、有害な紫外線が地表に届くのを防ぐフィルターのような役割を果たしており、オゾン・ホールから有害な紫外線が差し込むと、皮膚がんの増加など人間の健康へ大きな影響が及ぼされるとされる。1985年に始めて発見、報告されて以来、年々オゾン・ホールは拡大している。オゾン層破壊の主な原因は、冷却機器などに用いられるフロンガスにある。「モントリオール議定書」（1987年採択）と呼ばれる国際条約が柱となって、フロンガスの規制が取り組まれている。

か　環境

ガイア【希】Gaia
①地球の生態系をひとつの生命体に見立てる環境保護思想。②ギリシア神話の大地の女神。

カスケード利用【英＋和】cascade
資源を1回だけの使いきりにするのではなく、使って性質が変わった資源や、使う際に出る廃棄物を別の用途に使用し、その使用の後も更に別の用途に使用する、という具合に資源を多段階（カスケード）に活用すること。エネルギーのカスケード利用とは、石油・ガス等の一次エネルギーを燃焼させて得られる熱エネルギーを、温度の高い方から順繰りに、その温度レベルに合わせて電気（照明・動力）、次いで蒸気（冷暖房）、さらに温水（給湯）といったかたちで利用することにより、エネルギーを有効利用する。また、リサイクルを行うごとに製品の質が劣化することを踏まえ、その劣化の度合いに応じて、品質の悪い原材料でも問題のない製品にリサイクルを段階的に進めていくこと。無理に同じ製品にリサイクルをしないことによって、効率的なリサイクルを行うことができる。たとえば、紙の場合には、「コピー用紙 → 新聞紙 → ダンボール」という形で段階的にリサイクルをすることになる。

✻環境アセスメント【和＋英】environmental assessment
環境影響評価。

環境カウンセラー【和製英語】counsellor
環境省が実施する審査に合格し、環境保全活動に対して助言などを行うことができる人材のこと。環境保全に関する専門的知識や豊富な経験を有していることが要求される。登録期間は3年間で、環境学習の援助や自然再生の助言などを行なっている。

環境ホルモン【和＋英】endocrine disruptors (endocrine disrupting chemicals)
内分泌攪乱化学物質。体内のホルモンの働きを乱し、生殖機能への影響などが心配されている人工的に作りだされた化学物質。

(関連)ホルモン【英】hormone

脈管内液および組織間隙中に分泌され、少量で特異的な作用を発揮する物質。

環境ラベリング／環境ラベル【和＋英】labeling / label

製品が有している環境についての情報を提供するもの。2006（平成18）年版『環境白書』によると、主に3つのものに分類できる。第1に、「エコマーク」のように第三者が一定の基準に基づいて環境保全に資する製品を認定するもの、第2に、事業者が自らの製品の環境情報を自己主張するもの、第3に、LCA（ライフサイクルアセスメント）を基礎に製品の環境情報を定量的に表示するものである。

環境リスク【和＋英】environmental risk

人の活動がもとで環境に対して与えられる負荷が、環境における経路を通して、環境の保全に支障をきたすおそれ、または人の健康などに影響を及ぼすこと。

✻現代行政用語

環境アセスメント【和＋英】environmental assessment

大型の都市開発、ダム建設や焼却炉建設など、自然環境に大きな影響が出ることが予測される各種のプロジェクトについて、あらかじめ環境への影響を計測し、自然環境の保全に留意する方法。調査対象項目は、①地域環境にかかわる基礎的項目、②公害の防止に係る項目、③自然環境に係る項目の3つに分類される。評価の後、開発行為が環境に及ぼす悪影響を軽減するために環境保全対策の検討を行う。1997年環境影響評価法（アセスメント法）が制定され、自治体でも条例などで制度化された。これら評価書は公開され、意見があればこれに答える義務を課している。開発事業者にはこの一連の手続きの中で、環境保全のために十分配慮が求められる。⇒アセスメント13頁参照。

く 環境

クールビズ【和製英語】COOL BIZ
冷房の設定温度を28度と高めに設定しても、「ノーネクタイ・ノー上着」のような服装の工夫によって、涼しい環境の中、効率よく仕事ができるというイメージを表現した夏の新しいビジネススタイルの愛称のこと。

（関連）**ウォームビズ**【和製英語】WARM BIZ
暖房の設定温度を20度と低めにしても、重ね着をするなど、服装を工夫をすることによって、暖かい環境の中で効率よく仕事ができるという秋冬の新しいビジネススタイルのイメージを表現した愛称。

グリーン購入【和製英語】green
製品やサービスを購入するにあたって、再生資源を積極的に利用した商品など、可能なかぎり環境に対する負荷が少ないものを優先的に購入すること。2000（平成12）年5月には、いわゆる「グリーン購入法」が制定され、国や地方自治体などの公的機関が物品などを調達するにあたっては、環境に対する負荷が少ない物品やサービスを積極的に調達することが推進されている。グリーン購入法にはグリーン購入を進めるために「特定調達品目」とその「判断基準」が設けられ、「グリーン購入法適合商品」とは、その「判断基準」に合致した商品をさす。

グリーン調達【和製英語】green
これまでの調達の基準「品質、コスト、納期」に加え、「環境配慮」を追加し、環境配慮商品や、企業から優先的に選択することを指す。

グリーンピース【英】Greenpeace
世界規模で活動する環境保護団体で、国際的なNGO。本部はアムステルダムにあり世界の会員は約300万人。1971年、アメリカの核実験へ抗議するため集まった活動家たちによって立ち上げられた。センセーショナルな直接的行動で有名。

グリーンマネー【英】green money
環境志向の個人資金または地域通貨。⇒エコマネー92

頁参照。

け 環境

ケミカルリサイクル【英】chemical recycle

廃棄物などを原材料として再利用する「再生利用」の手法のひとつ。廃棄物に化学的な処理をして、原料に戻してからリサイクルすること。たとえば、回収されたペットボトルを化学分解したうえで、再度ペットボトルを製造するような場合である。

こ 環境

コジェネレーション（システム）【英】co-generation system

燃料を燃やして電力を生み出すと同時に、その廃熱を利用するシステム。これによりエネルギー利用効率を飛躍的に高めることができるとされている。

コップ【英】COP(Conference of the Parties)

1992年に地球サミットで採択された「気候変動枠組条約（地球温暖化防止条約）」の締約国会議のこと。

コップ・スリー【英】COP3(The third session of the Conference of the Parties)

先進国に平均5.2％のCO_2など温室効果ガス削減を義務づけた「京都議定書」が採択された京都会議のこと。

コンポスト【英】compost

①培養土。堆肥。植物の栽培に適するように調合された土壌。②有機性廃棄物（生ごみ、下水汚泥、家畜糞尿など）からつくった堆肥、またはその手法。

さ 環境

サーマルリサイクル【英】Thermal Recycle

廃棄物を焼却して得られる熱エネルギーを回収すること。サーマルリカバリーと呼ばれることもある。ごみを焼却することによって得ることができる熱は、公共

施設など、施設内の暖房や給湯、発電、温水プールなどに利用されている。

✽サスティナブル・デベロップメント【英】Sustainable Development

「持続可能な開発・発展」の意。

サンクチュアリ【英】 sanctuary

聖域。自然保護区。語源は中世ヨーロッパの教会領から。

✽現代行政用語

サスティナブル・デベロップメント【英】Sustainable Development

「持続可能な開発・発展」の意。現在の資源を枯渇させないで、開発をつづける方法を模索すること。具体的には、環境保全と経済開発を対立的にとらえず、相互補完的なものととらえながら、政策立案を進めることを意味する。国際自然保護連合（IUC

N）が1980年に提唱し、「環境と開発に関する世界委員会」（ブルントラント委員会）が1987年に発表した報告書で中心概念になった。以降、世界的に広まった表現。

し 環境

シー・オー・ディー【英】 COD(Chemical Oxygen Demand)

水質汚濁の指標のひとつで、化学的酸素要求量のこと。水の中の汚物を化学的に酸化させ、安定させるのに必要となる酸素の量を示す。BOD（生物化学的酸素要求量）と同様に、その値が大きくなるほど水質汚濁は著しいと言える。

シー・オー・ピー【英】 COP(Coefficient of Performance)

エアコンや冷蔵庫などの省エネ効率を表す値で、この値が大きいほうが省エネとなる。⇒COP209頁参照。

す　環境

シュレッダーダスト【英】 shredder dust

産業廃棄物のうち、廃棄された自動車や家電製品などを破砕後、比重が大きい鉄スクラップを選別し回収した後の、ガラス・プラスチック・ゴムなどといった比重が小さいものからなる廃棄物のこと。

スターリンク【英】 StarLink

殺虫性タンパク質であるCry9タンパク質を産生する遺伝子を挿入した遺伝子組み換えとうもろこし（CBH351）。米国では、1997年に食品としての安全性評価指針の確認申請が提出され、安全性審査を行っていないが、申請者より申請を取り下げる旨の届出があり、使用が認可されているが、食用としては認可されていない。日本では、1998年に飼料用としての2002年に、薬事、食品衛生審議会への諮問を取り下げた。

ストックヤード【英】 stock yard

回収された資源ごみの一時保管施設。ストックルームともいう。

スリー・アール【和製英語】 3R

リデュース（Reduce：発生抑制）、リユース（Reuse：再使用）、リサイクル（Recycle：再生利用）の3語の頭文字をとったもの。1994年に国連大学が提唱した「ゼロエミッション」の理念から出発した。日本は、2004年に開かれたシーアイランドサミットにおいて、3Rを通して、地球規模での循環型社会の構築を目指す「3Rイニシアティブ」を打ち出した。2005年「3Rを通じた循環型社会の構築を国際的に推進するための日本の行動計画（通称：ゴミゼロ国際化行動計画）」を発表した。

【関連】リサイクル【英】 recycle

再資源化のこと。製品を原料にまで分解して資源化し、製品を作るうえでの原材料として使用することをいう。

リデュース 【英】 Reduce

リデュース（Reduce：再使用）、リサイクル（Recycle：再生利用）に優先し、そもそも廃棄物の発生自体を抑制すること。リデュースを普及・促進していくためには、消費者・事業者の双方にさまざまな取組みが求められる。消費者に対しては、使い捨て製品などを購入しないことや、過剰包装を拒否することなどが求められる。事業者に対しては、使い捨て製品の製造・販売の自粛などが求められる。

【関連】リユース 【英】reuse

リユース 【英】reuse

一度使用された製品などを、再度使用すること。主な手法としては、次の3つがある。第1に、回収された使用済の機器などをそのまま使用したり、別の人がそのまま使用したり、あるいは修理した上で使用したりする手法で、「製品リユース」と呼ばれる。第2に、製品を供するための容器などを繰り返して利用する手法である「リターナブル」がある。第3に、回収された機器などからそのままの状態か、修理をしたうえで再び利用することができる部品を選別し、そのまま再び利用する「部品リユース」である。

スローフード 【英】slow food

地域ごとの伝統的な食材や調理法を見直し、昔からの味、食の多様性を守っていこうという運動。ファースト・フードの対義語となる概念。スロー・フードという言葉が提起している問題は、食生活のスタイルだけではなく、大量生産、画一化、効率化といった近代的なライフサイクルとの対比として、「スロー・ライフ」という概念がある。

スローライフ 【和製英】slow life

もともとは、伝統的なもの、質へのこだわり、自然体、という時間や物、しいては自分を大切にする暮らし方。心豊かな生活をゆったりと送ること。ドッグイヤーという表現に象徴されるような、現代社会のスピードを追い求める暮らし方などを改め、ゆとりのある生活をおくり、その質を高めようとする動きのこと。⇒ドッグイヤー151頁参照。

せ 環境

ゼロ・エミッション 【英】zero emission

ある産業の廃棄物を別の産業の資源として活用することで、廃棄物をゼロにし、循環型社会を達成しようという考え方。

た 環境

ダイオキシン 【英】dioxin

ポリ塩化ジベンゾパラジオキシン（PCDD）とポリ塩化ジベンゾフラン（PCDF）の総称で、強い毒性を持つ物質。プラスチックのごみを摂氏800℃以下で燃やした時に発生するほか、自動車の排気ガスなどにも含まれている。発がん性をもつほか、生殖障害、アトピー性皮膚炎などの悪影響を引き起こす。所沢市は1996年にダイオキシン条例を議員提出で可決立させ、全国に条例制定の動きが波及した。国はダイオキシン類対策特別措置法（1999年）を制定し、発生抑制の方針を明かした。現在、廃棄物の焼却方法などの改善によって、ダイオキシンの発生を防ぐ取り組みがなされている。

ダブリュ・エス・エス・ディー 【英】WSSD (World Summit on Sustainable Development)

持続可能な開発に関する世界首脳会議。2002年のヨハネスブルグ・サミットのこと。地球サミット、環境開発サミットは、国連主催で、104人の各国首脳と191カ国の参加。「アジェンダ21」が採択された1992年の国連環境開発会議（リオ・デ・ジャネイロで開催）から10年が経過したのを機に開かれたことからアジェンダ10＋1ともいう。アジェンダ21の計画の実施促進やその後に生じた課題等についてハイレベルで議論する目的に企画された。「行動計画」及び首脳の持続可能な開発に向けた政治的意志を示す「ヨハネスブルグ宣言」が採択され、自主的なパートナーシップ・イニシアチブに基づく200以上の具体的プロジェクトが登録された。日本は・衛生分野における日米間の新たな協力策として「きれいな水を人々へ」イニシアチブを発表した。

ち　環境

チーム・マイナス6％【和製英】 team-6%
2005（平成17）年4月から、温室効果ガスの削減を目的として、政府が進めている国民運動のこと。温室効果ガスの排出量削減目標を定めた京都議定書の採択により、日本が温室効果ガスを6％削減（1990年基準比）しなければならないことを背景にしている。

て　環境

ディー・エフ・イー【英】 DfE (Design for Environment)
設計・生産・使用・廃棄・再利用といったサイクルを視野に入れて製品を開発し、環境負荷の低減を目指すこと。「DfE」はISO（国際標準化機構）の定義で、「DFX (Design for X)」の「X」（製品の競争力を向上させるもの）に「環境」を代入したもの。一般に、「エコ・デザイン」あるいは「エコ・プロダクト」ともいわれ、JIS（日本工業規格）では「環境適合設計」

と呼ばれる。

ディー・オー【英】 DO(Dissolved Oxygen)
溶存酸素量。水質の指標で、水に溶解している酸素の量を示す。水生生物の生息に必要とされ、その値が大きくなるほど良好な環境にあるとされる。

デカップリング指標【英＋和】 decoupling
環境に対する負荷の増大と経済成長の分離度を測定する指標のこと。代表的なデカップリング指標としては、資源生産性（＝GDP／天然資源投入量）がある。デカップリングとは、元来「分離」を意味し、ここから転じて環境分野においては、環境に対する負荷の増加率が、経済成長の伸び率を下回っている状況にあることを示すようになった。経済成長する一方で環境負荷が減少している状況を、特に、絶対的デカップリングという。

テクノロジーアセスメント【英】 technology assessment
技術の開発や適用の是非について、経済・社会・環境などに与える影響を総合的に評価すること。

デポジット制度【英＋和】deposit system

製品そのものの価格に預託金（デポジット）を上乗せしたうえで販売し、製品が使用された後、所定の場所に返却された際に預託金を返却する制度のこと。消費者からの製品の回収を促進する効果があるとされている。すでにビール瓶や清涼飲料などは全国的なシステムがあるが、近年は、公共交通機関のICカードなど様々な分野に活用されてきている。

な　環境

ナショナルトラスト【英】national trust

都市化や開発の波から自然環境や歴史的建造物などを守るために、広く国民に寄金を呼びかけて、それらを買い取り、あるいは寄贈を受けて保護し、維持し、公開する活動。イギリスのボランティア団体「ナショナル・トラスト」による保護活動が著名になったことから、同様の活動や理念をナショナル・トラストと称するようになった。

に　環境

ニース【英】NIES(National Institute for Environmental Studies)

国立環境研究所。環境庁所管の研究所として設立。1974年に国立公害研究所として、その後、公害から環境問題へと幅を広げ、2001年に環境省所管の独立行政法人国立環境研究所として発足した。世界的な環境の情報を収集・整理・提供することを主な業務としている。環境情報の総合サイト「EICネット」の運営も行なう。⇒NIES（新興工業経済地域）112頁参照。

ね　環境

ネイチャートレイル【和製英語】nature trail

自然や文化を観察するための小径のこと。散策、地域文化の学習、自然観察などにおいて、作り物ではない自然と触れ合いや、地域の文化の保存のために総合的

は　環境

な企画をたて、地域の資産として積極的に活用を図ることで、地域の環境に対する住民の関心を高めていくことが目的。

バイオエシックス 【英】 bio-ethics

エシックスとは倫理。生命科学の進歩によって出生と死への人為的介入が可能になった結果生じた、新しい倫理的諸問題に対処する応用倫理学の一分野。1970年頃英語圏で始められ、人工授精・妊娠中絶・脳死ならびに臓器移植などの問題について論じる。患者の自己決定権などをめぐる医療倫理とも関連。

バイオマス 【英】 bio mass

生物（バイオ）量（マス）から転じて、エネルギーとして利用可能な生物資源の量をあらわす。石油・石炭などの化石燃料に対して「生きた燃料」ともいわれる。家畜糞尿や下水汚泥、生ごみや廃油などを用いる廃棄物系のバイオマスと、サトウキビやトウモロコシなどからつくられるバイオ・エタノールのような栽培作物系バイオマスに大別される。日本では、食品残渣や木質チップ、廃油、菜種などをバイオ燃料として活用する事例が自治体の補助などで行なわれている。

（関連）バイオエタノール 【英】 bio-ethanol

サトウキビやトウモロコシなどのバイオマスを発酵させ、蒸留して生産されるエタノールで、原油依存に対して植物系燃料として注目されている。この生産のために、トウモロコシや小麦などが高騰し全世界的問題となっている。

バイオレメディエーション 【英】 bio-remediation

微生物などの働きを利用することによって汚染物質を分解し、汚染された土壌や地下水などの浄化を図る技術のこと。

ハイブリッド 【英】 hybrid

2種類以上の違った方法で、同じ目的を達成することをいう。ハイブリットカーとは燃料と電気で動く車のこと。

（関連）ハイブリッドカー【英】hybrid car

ガソリンエンジンと電気モーターをミックスした車。普通の自動車に比べて排気ガスが少なく、環境に配慮した設計になっている。

ひ　環境

ピー・アール・ティー・アール制度【英＋和】PRTR (Pollutant Release and Transfer Register) 制度

化学物質排出移動量届出制度または環境汚染物質排出移動登録制度。有害性のある多種多様な化学物質が、どのような発生源から、どれくらい環境中に排出されたか、あるいは廃棄物に含まれて事業所の外に運び出されたかというデータを把握・集計し、この抑制の為に公表する仕組み。毎年どんな化学物質が、どの発生源から、どれだけ排出されているかを知ることができる。諸外国でも導入され、日本では1999（平成11）年、「特定化学物質の環境への排出量の把握等及び管理の改善の促進に関する法律」（化管法）により制度化された。これにより事業者は化学物質の環境への排出量、移動量を把握して、都道府県を経由して国へ届出することが義務化された。

ビー・オー・ディー【英】BOD (Biochemical Oxygen Demand)

生物化学的酸素要求量のこと。水の中の汚物を分解するのに微生物が必要とする酸素の量を示す。BODの値が大きくなるほど、水質汚濁は著しいと言える。

ピー・シー・ビー【英】PCB (Polychlorinated Biphenyls)

PCBとはポリ塩化ビフェニル化合物の総称。変圧器やカーボン紙、蛍光灯などに使用されていた。脂肪に溶けやすいという性質から、慢性的な摂取により体内に徐々に蓄積し、様々な症状を引き起こすことが報告されている。PCBが大きく取り上げられる契機となった事件として、カネミ油症事件がある。その毒性が社会問題化し、1997年に新たな製造と使用が原則禁止となった。廃棄物処理については2001年の

「ポリ塩化ビフェニル廃棄物の適正な処理の推進に関する特別措置法」により、2016年までにPCB廃棄物の処理が義務付けられ、処理施設が東京、北九州、豊田、大阪と北海道（2008年より）の5ヶ所にでき、2004年からそれまで保管してきたPCBの処理が進められている。

ヒートアイランド現象【英】heat island effect

都市部の地表面における温度が、都市化による地表面の変化（地面の舗装、建築物）などにより上昇し、都心域の気温が郊外に比べて高くなる現象。緑化や打ち水など様々な自治体で対策が進められている。

❋ピー・ピー・ピー【英】PPP(Polluter Pays Principle)

汚染者負担の原則。

ビオトープ【独】Biotop

ギリシャ語源の「BIO（生物）」と「TOP（場所）」を合成したドイツ語。人の暮らしと野生生物が共存共生できる生態系を持った場所という意味で用いられる。建物の屋上や校庭、河川の側等に自然公園などを設置・整備し自然を保全する場所。

❋現代行政用語

ピー・ピー・ピー【英】PPP(Polluter Pays Principle)

汚染者負担の原則。OECD（経済協力開発機構）が提唱した。汚染物質を出すものは、公害を起こさないよう、自ら費用を負担して必要な対策を行なうべきであるという考え方。

ふ　環境

フューエルセル【英】Fuel Cell

燃料電池。水素と酸素を電気化学反応させて電気を作る発電装置。ガソリンによって動くエンジンをこの電池によって動かすことで、環境にやさしいと開発されている。

プルサーマル【和製英語】pluthermal

プルトニウムとサーマルリアクターからの造語。軽水炉などの原子炉で燃やされた使用済み燃料を再処理し

環境 218

環境

ほ　環境

ポストハーベスト【英】 post-harvest

収穫後の意。日本では、収穫後の農産物に散布する農薬や殺菌剤、防カビ剤（postharvest agricultural chemicals）のことを指して用いられる。

ま　環境

マイバッグ【和製英語】 my bag

レジ袋の代わりに買い物で使う持参したバックで、プラスチックごみになる使い捨てレジ袋の削減につながり、環境保護に役立つ。

マテリアルフロー会計【英＋和】 Material Flow Accounts：MFA

MFAともいう。区域と期間を区切り、その区域に対する物質の総投入量、その区域の中における物質の流れ、その区域外への物質の総排出量、などを集計したもの。経済と環境の関係を示すさまざまな指標の数値を算出する基礎になる。さらに、マテリアル・フロー・会計（物質フロー会計）を利用し、資源利用の効率性について分析することを物質フロー分析という。これは、一般の経済統計では明らかにならない、経済の中での天然資源などの浪費を見出しやすくするという利点をもつ。資源を利用して生産し消費することで生じる廃棄物、汚染物質、エネルギーの流れを分析する。近年は費用評価も盛り込んだMFCA（Material Flow Cost Accounts）も採用されてきている。

マテリアルリサイクル【英】 material recycle

廃棄物などを原材料として再利用する「再生利用」の手法のひとつ。具体的には、廃棄物などを製品の原材料としてそのまま使用することをいう。たとえば、回収されたビンを細かく砕いたものから、再度ビンを製造するような場合である。

て取り出されたプルトニウムを、再び軽水炉の燃料として利用すること。

め 環境

メルトダウン 【英】 meltdown

原子炉の炉心が温度の急上昇によって「溶解」する現象。原子力発電所の事故としては最も深刻な事態。放射能の漏洩を伴うことで、人体、環境への影響が大きい。

ゆ 環境

ユー・エヌ・エフ・シー・シー・シー 【英】 UNFCCC (United Nations Framework Convention on Climate Change)

UNFCCC、国際連合気候変動枠組条約。正式名称は「気候変動に関する国際連合枠組条約」で地球温暖化防止条約ともいう。1992年の国連環境開発会議（UNCED）で155カ国によって署名された条約で、温室効果ガスの濃度を安定化させるために、締約国の一般政策目標とその実現のための枠組みを定めた。

ら 環境

ライフサイクルアセスメント 【英】 Life cycle assessment

「原材料の取得（採取）→製造→流通→使用→廃棄」という製品の生涯（ライフサイクル）の中で、環境に対して与える影響について分析し、総合的かつ定量的に評価する手法のこと。製品が、環境に対して与える影響の評価を、製品だけでなく、製造から廃棄までの過程を含めて行う点に特徴がある。

り 環境

リ・スタイル 【和製英語】 restyle

3Rを推進するような社会におけるライフスタイル、ビジネススタイルのこと。2002（平成14）年版『循環型社会白書』で提唱された。⇒3R 211頁参照。

リターナブル瓶【英＋和】returnable bottle

回収して洗った後、そのまま再使用できるビンのこと。一升瓶やビール瓶などがある。リサイクルへの関心が高まる中でリターナブルビンの価値が見直されている。

リノベーション【英】renovation

修理、修復の意味。建築では、古い既存の建築物に手を入れて刷新し、用途や機能を変更して価値を高めることを言う。

れ　環境

レッドデータリスト【英】red data list

国際自然保護連合（IUCN）によって、1966年から改訂を重ねて刊行されている「全世界の絶滅のおそれのある動植物のリスト」の事。これをもとに日本の絶滅のおそれのある野生生物の種についてそれらの生息状況等を取りまとめたものがレッドデータ・ブック。環境省と各都道府県など自治体でも独自に作成している。

ろ　環境

ロハス【英】LOHAS(lifestyle of health and sustainability)

健康な生活の維持と、地球の環境保護を志向し、地球と人類が共存していくことができる持続可能なライフスタイルのこと。1998（平成10）年に、アメリカの社会学者であるポール・レイと、心理学者であるシェリー・アンダーソンが提唱した。

わ　環境

ワシントン条約【英＋和】Convention on International Trade in Endangered Species of Wild Fauna and Flora

正式な和訳は「絶滅のおそれのある野生動植物の種の国際取引に関する条約」。国際取引によって生存をおびやかされ、また絶滅のおそれのある野生動植物を保護るべく、1975年に発行した国際条約（日本は1980年に批准）。絶滅の恐れのある動植物約3万5千種

を付属書Ⅰ～Ⅲに分類して、それぞれの保護の必要性に応じて規制がおこなわれている。外国では、正式名称の頭文字をとってサイタス（CITES）と呼ばれることが多い。

都市計画

あ　都市計画

アーキテクチャー 【英】 architecture
建築。建築学。

アーケード 【英】 arcade
街路に沿って、柱列上にアーチが連続している通路。商店街などにある、覆いがある通り。

アートマネジメント 【英】 art management
芸術文化活動の運営、管理を行うこと。

アーバン 【英】 urban
都市、都会の。市街地の。

(関連) アーバンデザイン 【英】 urban design
都市計画。都市計画理念に基づいて都市環境、都市空間を設計すること。

(関連) アーバンリゾート 【英】 urban resort
都会の行楽地。

(関連) アーベイン 【英】 urbane
都会風の、上品な。

アイストップ 【和製英語】 eye stop
まちづくりにおける、景観の要となる場所や建築物。

アウトレットモール 【英】 outlet mall
工場直販や放出品を扱うショップが集まっているショッピングセンター。1980年代にアメリカで生まれた小売業の新しいスタイルで日本でも集客力で注目されている。⇒アウトレット244頁参照。

アクアリウム 【英】 aquarium
水槽。水族館などの水生生物を飼育するための諸設備。

アクセス 【英】 access
ある場所への接近や利用のできやすさ。建物などへの交通手段。

アスレチック 【ス】 【英】 athletics
運動競技。また、運動施設の意味でも用いられる。

（環境）アセスメント【和＋英】environmental assessment
大型の都市開発、それに原発やダム建設など、自然環境に大きな影響が出ることが予測される各種のプロジェクトについて、あらかじめ環境への影響を計画し、自然環境の保全に留意する方法。⇒環境アセスメント206頁参照。

アトラクション【英】attraction
遊園地の遊戯設備。客寄せのための余興。演芸。

アトリウム【英】atrium
古代ローマ都市の住宅における中庭。現代建築でビルなどの屋外に設けられた中庭上の主空間。

アネックス【英】annex
別館。

アプローチ【英】approach
接近すること。働きかけ。研究方法。

アミューズメント施設【英＋和】amusement
娯楽施設

アメニティー【英】amenity
①もともと都市計画の表現で、「住みやすさ」「快適さ」などの意味。あるがままの状態とも定義される。人間の生活環境の快適さを指す言葉である。②ホテルの石鹸・シャンプーなどの備品など客室設備の総称。アメニティグッズ。

アリーナ【英】arena
舞台を観客席が四方から取り囲む形をしているホールや運動施設。

い　都市計画

イルミネーション【英】illumination
多くの電灯を使う飾りつけ。阪神淡路大震災後の1995年から、神戸では、被災者の鎮魂と追悼、復興を祈念するため、大規模なイルミネーションによる「神

戸ルミナリエ」を催し、これが反響を呼んだことなどをきっかけに、観光スポットとして多数のイルミネーションでまちを飾ることが増えている。

インダストリアルパーク【英】industrial park
全体として公園のような外観を持たせ、公害排除、環境整備の機能を果たす工場用地。

インテリジェントビル【英】intelligent building
情報化ビル。高度な情報・通信機器の設置とその十分な利用を目的に設計・施工されたビル。高度な情報通信と建物全体の自動管理を中央コンピュータが統御するシステムを備えたビル。

インナーシティー【英】inner city
大都市の中心部。

❋**インフラストラクチャー（インフラ）**【英】Infrastructure
社会基盤。基幹施設。

❋現代行政用語

インフラストラクチャー（インフラ）【英】Infrastructure
社会基盤。基幹施設。インフラと略される。電気やガス、上下水道、電話などのライフ・ラインや、道路、鉄道、港湾など日常生活や経済活動の基礎となる設備を指す。これらの施設は、その規模と性格上、市場によって提供されることが期待されにくい。現在では、インターネットを用いた行政活動や商取引が盛んに行われるようになってきており、光ケーブル網の構築など、情報インフラの整備が急務とされている。

う　都市計画

ウイング【英】wing
①建物などの翼のように張り出した部分。②飛行機などの翼。

都市計画

ウォーターフロント 【英】 waterfront
水辺、水際。都市問題、都市化、都市建設において、ウォーターフロントをアメニティ志向の土地利用にしようという考えが世界的に認められてきている。

え　都市計画

エントランス 【英】 entrance
入り口。

お　都市計画

オープンスペース 【英】 open space
都市や敷地内で建物の建っていない場所。

オブジェ 【仏】 objet
芸術の分野で立体作品の一種。日用の既製品・自然物などを利用した作品として提示して、日常的意味とは異なる象徴的意味を与える。

く　都市計画

グリーンフィットネスパーク 【和製英語】 green fitness park
国の第4次都市公園整備5ヵ年計画の柱で、健康運動公園のこと。年齢や体力にかかわらず、だれもが健康運動を行なえる、地域住民の健康づくり公園。

グリーンベルト 【英】 green belt
都市を取り囲むように作られた緑地帯。イギリスの田園都市構想が起源。

こ　都市計画

コ・ハウジング 【英】 co-housing
共同性を重視する住宅の総称。たとえば、入居希望者同士が建設組合をつくって共同でマンションを建設するコーポラティブハウス（corporative house）や、各戸に独立した機能を持つ住宅を集合住宅化して共同の

都市計画

（関連）コレクティブハウス【和製英語】collective＋house
個人生活のプライベートな領域の他に共用生活スペースを設けた協同居住型集合住宅。多世代集合住宅。

（関連）コーポラティブ住宅【英＋和】Cooperative house
住宅の共同購入で、住まい手が住みたい住宅を設計して作る集合住宅。土地の購入から設計、工事の発注まで共同で行い、個々の住戸は自分の好みで設計する。

保育所や食堂を設けたコレクティブハウス（corective house）などが挙げられる。

コミュニティゾーン【和製英語】community zone
通過交通の進入を抑え、歩行者が安心して歩ける空間を確保した道路が整備された住居地区。

コミュニティ道路【英＋和】community
歩行者の安全を優先して設計された道路。たとえば、歩道と車道の境をジグザグにしたり、自動車が自然に減速するようなカーブを取り入れたりすること。

コミュニティルーム【和製英語】community room
企業や学校、あるいは郵便局のような公共機関が、施設の一部を勉強会・文化会など多目的利用のために住民に提供するもの。

じ　都市計画

ジオフロント【和製英語】geo front
地下空間開発。ウォーターフロントに次ぐ活用空間として注目されている。

シネマコンプレックス（シネコン）【和製英語】cinema complex
複合映画館。

す　都市計画

スプロール現象【英＋和】sprawl
整合性を欠く都市開発などにより、市街地が無計画に

郊外に拡大し、虫食い状の無秩序な市街地が形成されること。日本ではスプロール化は高度成長期に進んだ。当時の都市計画法が「バラ建ち」など際限のない都市膨張を抑制できなかったのが大きな原因である。スプロール化を防止するためには、点ではなく面的な規制が必要とされる。日本の現状では法的規制はまだまだという意見が強い。

スマートグロース【英】Smart Growth

賢明なる成長とも呼ばれ、1990年代以降のアメリカにおいて、都市の成長を要因とした弊害が危惧されたことから普及した運動のこと。市民の統治機能を基本とし、持続可能な都市圏形成を目指した成長管理政策。都市圏での雇用・人口増などといった成長を抑制することはせず、自然環境や文化財産を守ったり、低所得者層の住環境を改善したりすることなど、さまざまな課題に包括的に取り組むことによって、成長を賢く融通しあうことをめざす手法である。

そ　都市計画

ゾーニング【英】zoning

建物空間を機能や用途を指標として幾つかの小部分に分けること。地域地区制。用途地域。

た　都市計画

ターミナル機能【英＋和】terminal

①複数の鉄道や多様な交通手段の乗り換え、乗り継ぎ機能。②単一のOSを複数のユーザーで共有する機能。

て　都市計画

ディスポーザー【英】disposer

生ごみを粉砕して下水に流す生ごみ処理機。下水処理に負担がかかるため、排水処理システムと同時に使用する必要がある。自治体で禁止している所も

あり、国内での普及率は低い。

テーマパーク 【英】 theme park
あるテーマのもとに構成された娯楽施設。

テクノポリス 【英】 technopolis
①技術社会。②高度技術集積都市。先端技術や学術研究機関などを誘致して地域振興をはかるもの。

デザインガイドライン 【英】 design guidelines
都市計画などで、街全体の景観美を保つために統一されたデザインの指針を定めること。

テレポート 【和製英語】 teleport
テレコミュニケーション（電気通信）とポート（港）のふたつを組み合わせた造語。高度情報通信処理基地。

に　都市計画

ニュータウン 【和製英語】 new town
大都市の近郊に住宅地として計画的に建設された新しい都市をいう。東京の多摩、大阪の千里など。

は　都市計画

ハザードマップ 【英】 hazard map
被災予測図。災害が発生した場合に備えて、住民が自主的に迅速に避難できるよう、被害の想定される区域と被害の程度を、さらに、避難場所、避難経路などの情報を地図上に明示したもの。

パブリックアート 【英】 public art
援助主体が公的（パブリック）であり、観衆が不特定多数の一般市民（パブリック）である芸術。公共施設や道路などに設置された芸術。

ふ　都市計画

プロムナード 【英】 promenade
街路、遊歩道、歩行者専用の散歩道。散歩に適した歩行空間。

へ　都市計画

ペット・アーキテクチャー【英】pet architecture

建物と建物との間や、拡幅された道路の脇など、狭くいびつな形状の土地に建てられた建築の総称。

ほ　都市計画

ポケットパーク【英】pocket park

小さな公園。区画整理事業や都市計画道路など建設時に余剰地が出た場合などに使われる。又、街路の途中に休憩できるように景観政策としても作られてきた。

ボンエルフ【蘭】Woonerf

街づくりにおける街路整備手法のひとつで、1970年代にオランダで導入された。街路を蛇行させたり起伏を設けたりなどして車両の速度を抑える構造を作り、景観と環境に配慮した歩車融合型の道路づくりを志向する。⇒トランジット・モール239頁参照。

め　都市計画

メガフロート【和製英語】mega float

ギリシャ語で大きいという意味の mega と英語で浮体を表す float を組み合わせた造語で、超大型浮体式構造物を指す。直方体の浮体ブロックを大量につなぎ合わせで海上に構築される。石油基地、空港、港、発電所などの整備に活用されている。

メトロポリス【英】Metropolis

首都、主要都市。

ら　都市計画

ランドスケープ【英】landscape

景観。風景。
（関連）ランドスケープアーキテクチャー【英】landscape architecture

都市空間や造園空間の、建築群などのその土地の風景を設計・構築すること。ランドスケープ・アーキテクトはその設計士。

ランドマーク【英】landmark
①目標、目的、目印。②都市の象徴となるような建物や記念碑。古くは城や寺社仏閣がその役割を果たし、現在ではタワーやビルなどが新たなランドマークとして活用されている。近年の街づくりでは、このランドマークを意識し、活用した都市計画が注目を集めている。

れ　都市計画

レジデンス【英】residence
住所、居住地。住宅、邸宅の意味。欧米では70年代から、日本では80年代の後半から、各地の自治体や企業で、芸術に対する支援活動ということで「アーチスト イン レジデンス」の研究が進み、事業化した。例えば金沢市ではアーティスト・レジデンスという、国際的に活躍する美術作家・デザイナーを招へいし、金沢市内において美術作品の滞在制作やワークショップを行う事業を行っている。

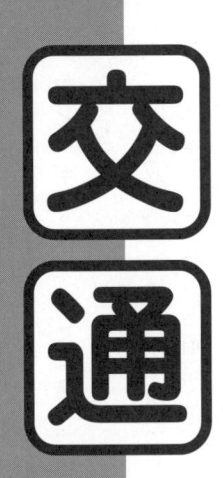

交通

あ　交通

アイ・ティー・エス【英】ITS(Intelligent Transport Systems)
高度道路交通システム。情報通信技術などを用いることによって、ヒトと道路と車両とを一体とする道路交通システムの総称をさす。道路交通の安全性・快適性の向上などを目的とする。世界各国で取り組みが進んでおり、国内のITSはETCのようなー自動料金収支システムやナビゲーションシステムなど現在、9分野で開発されている。⇒ETC 236頁参照。

（関連）**イー・ピー・エム・エス**【英語名】EPMS (Environment Protection Management System)
交通公害低減システム。UTMSのサブシステム。交通情報の提供や信号の制御を行うことで、排ガスや二酸化炭素を抑制し、環境保護を図ることに資するシステムのこと。静岡県と兵庫県で実証実験が行なわれた。⇒UTMS 234頁参照。

（関連）**ビックス**【英語名】VICS(Vehicle Information and Communication System)
道路交通情報通信システム。運転手の利便性の向上を目的として、渋滞状況や交通規制などさまざまな道路交通情報を、電波ビーコン（主要幹線道路）、FM多重放送を用いて自動車に搭載されたディスプレイやナビゲーションシステムに提供するシステムのことをさす。主務官庁は警察庁、総務省、国交省。ほぼ全ての都道府県でサービスが提供できる。

（関連）**ユー・ティー・エム・エス**【英語名】UTMS (Universal Traffic Management System)
新交通管理システム。ITSの一環として警視庁が整備を進めている。光ビーコンを用いて個々の車両と交通管制システムとの双方向通信等を可能にし、システムの中核となるITCS（高度交通管制システム）を構築することで交通状況の管理を行う。サブシステムとして、EPMS（交通公害低減システム）、DSSS（安全運転支援システム）、PICS（歩行者等支援情報通信システム）などを整備する。⇒EPMS 234頁参

交通

ディー・エス・エス・エス【英語名】 DSSS (Driving Safety Support Systems)
安全運転支援システム。警察庁によるUTMSの一環。対向車や交差点通行車両などの交通状況を車両に送信する仕組み。愛知県と東京都で実証実験。⇒UTMS234頁参照。

(関連) ディー・エス・エス・エス235頁参照、PICS235頁参照。

ピー・アイ・シー・エス【英語名】 PICS (Pedestrian Information and Communication Systems)
歩行者等支援情報通信システム。警察庁によるUTMSの一環。赤外線による光ビーコンを用いて、車椅子利用者や視聴覚障害者を目的地まで誘導するシステムに、国土交通省が開発中の「歩行者ITS」がある。30都道府県で使用が可能となっている。

(関連) 歩行者アイ・ティー・エス【和+英】ITS (Intelligent Transport Systems)
歩行者、自転車、高齢者や身体障害者を対象としたITS。国土交通省の取組み。個人携帯端末に音声・振動・画像などによって危険情報・位置情報・経路情報などを提供するシステム。交通バリアフリー法の施行を受けて、歩行空間の安全性・快適性・効率性の向上を目的とする。福岡市は、全国に先駆けて、1990年に視覚障害者へのサービスとして、メインストリートでの誘導サービスを導入。その後各地で取り組みがはじまっている。

アイドリングストップ【和製英語】 idling stop
自動車エンジンの空転を止めること。大気環境保護のための運動として、1996年に環境庁（当時）が提唱した。

アクセス【英】 access
交通の便。

アティス【英語名】 ATIS (Advanced Traffic Information Service)
交通情報サービス。都道府県警や道路管理会社などがもつ交通情報を有料提供するシステム。第3セクター方式で設立された「交通情報サービス株式会社」が警

い　交通

イー・ティー・シー 【英語名】 ETC(Electronic Toll Collection)

ノンストップ自動料金支払いシステム。高速道路の利用時に料金所（入口、出口）、検札所の通過をスムーズに行うために自動で料金を精算するシステム。有料道路の料金所などに設置されたアンテナと自動車に搭載した端末（ETC車載器）で通信を行い、自動車を止めずに有料道路の料金支払いなどを処理する。渋滞解消に推奨されている。

視庁交通管制システムと連動して、渋滞・事故・通行規制などの交通情報を携帯電話やパソコンに5分おきに提供する。

インターロック 【英】 interlock

自動車などの誤った操作や機器の誤動作による事故を防止するための仕組みをいう。例えば、運転員が誤って制御棒を引き抜こうとしても、制御棒の引き抜きができないようになっているなど、誤った操作によるト

ラブルを防止するシステムをインターロックシステムという。

〔関連〕イグニッションインターロック装置 【英＋和】 ignition-interlock devices

自動車のキーと連動したアルコール検知装置。ドライバーのアルコール濃度を検知し、酔っていればエンジンがかからない仕組み。スウェーデンの自動車メーカー・サーブが開発したアルコキー（Alcokey）が代表例。

インランド・デポ 【英】 inland depot

内陸通関。内陸部にある外国貨物輸送基地のこと。外国貨物の集配、引き受け、引渡し等とともに、通関業務を行い、保管施設も有する。物流コストの削減をメリットとして、各港湾施設は貨物船利用の促進の整備項目としている。

え　交通

エル・アール・ティー／エル・アール・ブイ【英】 LRT (Light Rail Transit) ／ LRV(Light Rail Vehicle)

LRTは軽量軌道輸送機関のこと。国交省は「次世代型路面電車システム」と位置づけている。低床式車両（LRV）の活用や軌道・電停の改良により都市交通を補完する。都市交通における渋滞の緩和、低床車両や電停改良によるバリアフリー化、環境負荷の軽減、駐輪・駐車場の整理や他の交通機関との乗り換えの充実化による利便性向上などが期待されている。ほかの交通に比べて建設コストが安いというメリットもある。既にストラスブール（仏）やフライブルグ（独）など欧米の都市部において導入が推進されている。日本では、広島市、岡山市などが導入している。

お　交通

オープン・スカイ【英】 open sky

航空市場の自由化。便数や運行企業などの全面的な自由化のこと。

オフピーク通勤【和製英語】 off-peak

時差通勤。交通機関の混雑、渋滞の緩和策で、時差勤務、フレックスタイム制などと併用する。

オペレーション・コントロール・センター（オペレーション・センター）【英】 operation control center

航空機の運行や整備などのコントロール機能を集約したセンター。

か　交通

カーシェアリング【英】 car-sharing

渋滞や駐車場不足などの交通問題の緩和を狙い、1台

交通 238

の車を複数の人が共同で使うこと。日本では都市部を中心に自治体が主導する。

こ　交通

コミューター・エアライン【英】 commuter airline
地域エアライン。小型の飛行機によって、比較的近距離区間の運行を行なう航空会社。

コミュニティバス【英】 Community Bus
地域内の交通不便者の足の確保と利便性向上等のために市町村が主体となって積極的に運行システムの構築・維持に関わっているバス運行サービス。従来の路線バスでは、需要の規模が小さいために採算がとれない地域において、マイクロバスなどを用いて運行されている。東京武蔵野市で1995年11月、「100円運賃」、「200m間隔のバス停設置」等、市が主体となって地域住民の交通利便の向上を重視したコミュニティバスとして「ムーバス」が運行を開始した以降、同様手法を取り入れたバス運行システムが市町村の行政サービスの一つとして全国各地に広まった。

し　交通

ジー・ピー・エス【英】 GPS(Global Positioning System)
汎地球測位システム。GPS衛星から電波を受けて、船舶や航空機、自動車などが自分の位置を知る装置。

シーレーン【英】 sea lane
海上交通路、通商航路。

ジェイ・エイチ【英語名】 JH(The Japan Highway Public Corporation)
日本道路公団。1956年に設立された特殊法人。高速道路や関連施設の建設と管理を業務とする。JHを含む道路関係四公団は、小泉内閣下において、特殊法人等改革の目玉として位置づけられたことから、民営化をめぐって賛成派と反対派の間で社会的な議論の的となった。その結果、2005年10月に全国の高速道路施設を保有し、道路運営会社にリースする役割を担う独立行政法人日本高速道路保有・債務返済機構と、高速道路運営会社である東日本高速道路株式会社、中

日本高速道路株式会社、西日本高速道路株式会社（以上、旧JH）、首都高速道路株式会社（旧首都高速道路公団）、阪神高速道路株式会社（旧阪神高速道路公団）、本州四国高速道路株式会社（旧本州四国連絡橋公団）に再編、民営化された。

て　交通

ティー・ディー・エム【英】 TDM(Transportation Demand Management)

都市や地域における交通需要の空間的・時間的集中の緩和を目的として、経路の変更、時間の変更、カー・シェアリングなどの自動車の効率的利用などにより、交通需要量（交通行動）の調整を行う手法のこと。

と　交通

トランジットモール【英】 transit mall

中心市街地のメインストリートなどに設けられた歩行者専用道路。一般車両を制限する一方、公共交通機関を通行可能にすることで、交通の利便性向上や市街地活性化を目的に、国土交通省が支援策を打ち出している。

の　交通

ノンステップバス【和製英語】 non step bus

無段差バス。階段（ステップ）がないバスの意で、入り口から出口まで階段なしで乗り降りができる床の低いバスのこと。高齢者や車椅子の使用者でも楽に昇降ができるよう工夫されており、全国のバス会社で普及しつつある。

は　交通

パークアンドライド【英】 park and ride

街の中心部に入る手前の駐車場で車を降り、電車やバスに乗り換えてもらう仕組み。渋滞の解消や環境の維持を目的とする交通政策。札幌市、鎌倉市などで取り組まれている。

交通　240

パーソントリップ調査【英＋和】Person-Trip Survey

一定の調査対象地域内において「人の動き」（パーソントリップ）を調べる調査。都市計画や交通政策を策定する際の実態調査として多用される。

ハブ【英】hub

自動車の車輪を取り付ける部分の円板の形から、中心から放射状に展開する機能。中心、拠点。

（交通）バリアフリー法【和＋英】barrier-free

「高齢者・身体障害者等の公共交通機関を利用した移動の円滑化の促進に関する法律」（2000年5月17日に公布、同年11月15日に施行）の通称。高齢者や身体障害者などの自立した生活を保証することを目的として、交通事業者に車両などの設備の改善などを定めた。具体的には①駅、バスターミナル、旅客船ターミナル、航空旅客ターミナル、あるいは鉄道車両、バス、旅客船、航空機などについて、公共交通事業者によるバリアフリー化を推進する。②駅などの旅客施設を中心とした一定の地区において、市町村が作成する基本構想に基づいて、旅客施設、周辺の道路、駅前広場、信号機等のバリアフリー化を重点的かつ一体的に推進するとしている。⇒バリアフリー新法185頁参照。

も　交通

モーダルシフト【英】modal shift

幹線貨物輸送を、トラックから省エネルギー・低公害の大量輸送機関である鉄道または海運へ転換し、鉄道・海運とその末端のトラック輸送を機動的に組み合わせた輸送を推進すること。

り　交通

リバーシブルレーン【英】reversible lane

交通量の変化に合わせて、時間帯によって道路の中央線を移動させ、上下線の車線数を増減することにより道路を有効に利用できるシステム。渋滞緩和策として用いられている。

交通

ろ　交通

ロードプライシング【英】road pricing
交通渋滞や大気汚染の著しい地域に入る自動車に課金すること。これによって環境改善や交通混雑の緩和をすすめる交通政策。

一般

あ 一般

アイ・エル・オー【英】ILO(International Labor Organization)

国際労働機関。世界の労働者の労働条件と生活水準の改善を目的とする国連最初の専門機関で1919年に創設された。本部はジュネーヴにある。1946年に国連の専門機関となった。2007年7月現在181カ国加盟。政府代表、使用者側、労働側からの代表によって構成され、国際的労働基準をはじめ、労働条件の世界的な向上をもたらす解決策の発見を可能にする国際的な制度的枠組み。

アイテム【英】item

品目。事項。項目。

アイデンティティ【英】identity

自己認識。帰属意識。人間は、社会や他者との関係性を通じて自己を認識する。アイデンティティは、個々人が自らを取り巻く環境とどのような相互関係をもっているのかを説明する言葉である。家族や友達などの人間関係、出身地、出身学校、所属する政党、信仰する宗教など、個人のアイデンティティは様々な要素から影響を受けながら形づくられ、それが自己認識や帰属意識となる。ジェンダー、エスニシティ、宗教などの問題は、個々人のアイデンティティを作り上げるのに大きな影響を及ぼすが、時として、政治的な差別や対立を引き起こす原因ともなる。

アイ・ピー・シー【英】IPC(International Patent Classification)

特許に係る用語。国際特許分類のことで、特許出願された発明を分類するために国際的に統一されたもの。日本も採用している。

アウトライン【英】outline

外形。輪郭。概論。あらまし。

アウトレット【英】outlet

在庫処分店。主に衣料品やアクセサリーの生産者や小売店が、売れ残った商品や季節はずれの商品を、販売するために設置した直売店。メーカーなどが自社製品を直売する「ファクトリー・アウトレット」と、小売

店が仕入れた在庫品を売る「リテール・アウトレット」に大別される。アウトレットの店舗が集中した場所を「アウトレット・モール」といい、多くは郊外の幹線道路沿いに展開されている。⇒アウトレット・モール224頁参照。

アカデミー【英】academy
学者・研究者の世界。学園。大学。

アクション【英】action
行動。活動。動作。⇒アクションプラン13頁参照。

※**アクセシビリティ**【英】accessibility
情報やサービスなどが、どれくらいの人に利用可能であるか否かを示している概念。

アクセス権【英】right of access
マス・メディアへ接近する権利。世論に対するマス・メディアの影響力の大きさから、論じられるようになった。マス・メディアが発信する記事や番組へ市民が登場したり、反論記事や意見広告の掲載を求めたりし、マス・メディアによる情報の独占を抑制しよう

とするもの。⇒別分野13頁参照、129頁参照、164頁参照。

アクティビティー【英】activity
目標やねらいを持った、最小単位の行動をさす。業務の継続や改善を目標として必要な行動のまとまった仕事の単位。

アクティブ【英】active
活動的な。積極的な。

アクト【英】act
①法律。②行動。活動

アグレッシブ【英】aggressive
積極的な。攻撃的な。

アスペクト【英】aspect
局面。様相。

アソシエーション【英】association
組合、会社、学校など、共通の関心、目的のために設立された団体

アタッチメント 【英】 attachment
取り付け。付き物。添付。

アドバルーン 【英】 ad balloon
広告用の気球。その意味から転じて、ある政策や提案に対する周囲の反応を伺うために、意図的な情報を流布させることを「アドバルーンを揚げる」という。

アドバンテージ 【英】 advantage
有利な点。有利性。長所。利益。

アトランダム 【英】 at random
無作為に抽出すること。手当たり次第。

アナログ 【英】 analog
連続的にある数値を表す指標。時計で例えると、アナログ時計では、針が絶えず動きながら時間を指し示すのに対して、デジタル時計では、表示板に示される数字は、定期的に数字が入れ替わりながら、非連続的に時間が表示される。

アパレル 【英】 apparel
衣服、既製服。既製服業界や医療関連の製造業を指しても使われる。

アピール 【英】 appeal
主張すること。魅力。運動競技にて、審判に対して意義を申し立てること。

アプリオリ 【英】 a pirori
先天的。生得的。

アポイントメント 【英】 appointment
面会するための約束。アポイント、アポ。

アムネスティ・インターナショナル 【英】 amnesty international
人権侵害への反対活動を行っている国際的な市民運動団体。世界人権宣言が守られる社会の実現を標榜している。1961年設立。本部はロンドンにある。

（関連）アムネスティ【英】amnesty

大赦

アメダス【英語名】AMEDAS(Automated Meteorological Data Acquisition System)

正式名称は、地域気象観測システム。全国約1300ヵ所で局地的な気象現象を自動観測している。

アレンジメント【英】arrangement

整理、整列、配置。アレンジメントフラワー（盛花）を指す場合も多い。

アンカー【英】anchor

テレビやラジオで、司会をする人。キャスター。また、「錨」や「最強の部分」という意味もある。

アングル【英】angle

角度。視点。

アンビヴァレント【英】ambivalent

両面価値の。価値の二面性。転じて態度を決めかねる様子。

※現代行政用語

アクセシビリティ【英】accessibility

情報やサービスなどが、どれくらいの人に利用可能であるか否かを示している概念。特に、障害者や高齢者などにとって、その情報やサービスなどがどれくらい利用しやすいものか否かということを意味している。

い 一般

イエローカード【英】yellow card

①「予防接種に関する国際証明書」の通称。予防接種を証明するもので、出入国時に旅券とともに提出する義務がある。②サッカーで、故意に悪質な反則を犯したり、スポーツマンらしからぬ行為をした選手に審判

イデア【英】idea
観念、理念。語源は姿・形の意のギリシア語。プラトン哲学の中心概念で、理性によってのみ認識され、感覚的世界の個物の本質の原型とされる。近世以降は、観念・理念の意となる。

イデオロギー【英】ideology
社会的意識、観念形態と訳される。もともとはフランス観念学の用語。現在では思想傾向、政治や社会に対する態度・考え方の意味で使われることが多い。従来、イデオロギーの対立は、自由主義対社会主義、保守主義対革新主義といった左右の対立で論じられてきた。しかし、冷戦の崩壊以降、文化的・宗教的イデオロギーの対立をめぐる争いが世界各地で発生している。

イノセント【英】innocent
純粋なさま。無邪気なさま。無罪。

イノベーション【英】innovation
旧来に代わり新しいものが登場すること。革新。新機軸。

イベント【英】event
催し。行事。

イマジネーション【英】imagination
想像。想像力。構想。空想。

インサイド【英】insider
内部、内側。

インスタレーション【英】installation
空間全体を一つの作品として呈示する表現方法。

インストラクター【英】instructor
教師。指導者。講師。特に、特定の技能やスポーツなどの訓練を指導する人。

が示す黄色のカード。③タンクローリーが積載する化学物質に関する緊急連絡カード。

インターセプト【英】intercept

①途中で奪う、遮断する、妨げる。②戦闘機が敵機を迎撃すること。③球技などで、相手のパスを奪うこと。

インターナショナル【英】international

国際的な、国際間の、万国の。この言葉は、文字通りInter「～の間」とnational「国家」という言葉から成り立っている。その前提として、国際的な政治・経済システムは、国家間において存在するという考え方がある。しかし、20世紀後半以降、多国籍企業の出現や、インターネットの発達など、国家の枠組みにとらわれない政治・経済活動が進行している。⇨グローバリゼーション38頁参照。

インタープリター【英】interpreter

通訳の意。または、コンピュータの汎用言語による命令を機械語に変換するプログラム。

インターロック【英】interlock

連結する。連動する。組み合わせる。建築資材などを組み合わせること。

インタラクティブ【英】interactive

双方向的。相互作用の、対話式の。特に、コンピュータ利用者とコンピュータの対話で処理を進める方式を指す場合もある。

インテグレーション【英】integration

統合。システムインテグレーションといえば、企業内情報システムの立案から導入・保守まで、単一の業者が一括してサービスを提供すること。

インテリジェンス【英】intelligence

①知性、知能。②高度な情報、機密情報。諜報機関。アメリカのCIAはCentral Intelligence Agency（中央情報局）の略称。

インテレクチュアル・プロパティ【英】Intellectual Property (IP)

人の精神的な創造行動から生まれた創作物や、営業上の信用を表した標識などの経済的な価値を有したモノの総称。知的財産。これを守る法制度上の権利としては著作権、特許権、意匠権、商標権などがある。また、

インテンシブ 【英】 intensive

集中的な、徹底的な。

広義ではインターネットのドメイン名、肖像権、著名標識、営業秘密なども含まれる。

インフォーマル 【英】 informal

非公式の、形式ばらない。

インフォメーション 【英】 information

情報。知識。見聞。案内状。

インプレッション 【英】 impression

印象。

インマルサット 【英】 INMOLSATTE(International Mobile Satellite Organization)

国際移動衛星機構という組織で、赤道上空3万6千キロにある4つの地域で11の静止衛星を運用して船舶などの移動地球局との通信サービスを提供している。11の衛星は、太平洋、インド洋、大西洋、(東・西)それぞれの海域の赤道上空に配置され、ほぼ世界全域(両極付近を除く)をカバーしている。

う 一般

ヴィンテージ 【英】 vintage

①ワインの醸造年。②特定の地域・年に醸造した高級ワイン。③年代もの。年齢。

ウェイト 【英】 weight

①重み。重要視すること。幾つかの物事のうち、その一つを重要視する際に「ウェイトを置く」と表現する。②総合指数を計算する際に、各項目の重要度の違いを計算する方法（加重平均指数）における重要度。

え 一般

エアダスト 【英】 air dust

空気中に漂う塵や埃。

エイジフリー【英】age free
年齢による差別を行わないこと。

エートス【英】ethos
①人間の持続的な性格の面を意味する語。②ある民族や社会集団にいきわたっている道徳的な慣習・雰囲気。

エキシビション【英】exhibition
展覧会。博覧会。模範公開試合。

エキスパート【英】expert
専門家。ベテラン。

エキスポ【和製英語】expo
万国博覧会。国際見本市。

エクササイズ【英】exercise
運動、体操、練習。

エクステンション【英】extension
延長。拡張。

エクスポート【英】export
輸出。

エグゼクティブ【英】executive
企業の経営者、幹部、管理職、行政府、行政官。

エクセレント【英】excellent
優秀な、一流の、素晴らしい。

エコノミック・アニマル【英】economic animal
経済的動物、損得しか考えない人間。

エスタブリッシュメント【英】establishment
既存の体制、権力組織。あるいは組織、制度、施設。

エスニック・コンフリクト【英】ethnic conflict
民族紛争。この紛争が激化した状況で、ある地域から特定の民族を完全に排除しようとする(戦闘)活動をエスニック・クレンジング(民族浄化)と呼ぶ。

（関連）エスニック 【英】 ethnic
人種の、民族の、少数民族の。少数民族。

エヌ・エル・ピー 【英】 NLP(Night Landing Practice)
夜間離発着訓練。

エポック 【英】 epoch
新しい時代、画期的な出来事。

エマージェンシー 【英】 emergency
非常事態、緊急事態。

エルピージー 【英】 LPG(Liquefied Petroleum Gas)
液化石油ガス、LPガス。

エレクトロニクス 【英】 electronics
電子工学。

エロキューション 【英】 elocution
演説法。

エンカウンター 【英】 encounter
遭遇。または、自己や他者との出会い、本音と本音の交流が自由にできる関係のこと。

エンクロージャー 【英】 enclosure
囲いをすること、閉じ込めること。

エンジニア 【英】 engineer
技術者。

エンティティ 【英】 entity
実体、本質。

エントロピー 【英】 entropy
熱力学では系の無秩序さの尺度。情報理論ではある状態における情報の喪失を表す尺度。一般には不安定さや乱雑さの度合いを指す。

エンパシィ 【英】 empathy
共感、感情移入。

お

オー・エー【英】 O・A(office automation)
オフィス用品、オフィス機器。

オー・ジェー・ティー【英】 OJT(On the Job Training)
職場内で行う実地訓練。日本の企業が開発した教育訓練方法。オンザジョブトレーニング。
(関連) オフ・ジェー・ティー【英】Off-JT(off-the-job training)
職場外で実施される社員の訓練のこと。セミナーへの参加、大学院への進学、留学など日常の職場からは離れたところで社員を教育することを目的とする。

オーセンティック【英】 authentic
本物の、確証のある。

オーソライズ【英】 authorize
正式に認める。標準として認可する。権威を与える。

オーディエンス【英】 audience
観客、聴衆。

オープンウォータースイミング【英】 open water swimming
自然の海や河川、湖沼で行われる競泳。

オープンエア【英】 open-air
戸外の、野外の。

オープンショップ制【英】 open shop
労働組合の組合員資格の有無が従業員資格に影響を及ぼさない制度。この制度をとっている会社では、労組への加入は任意である。⇒クローズドショップ253頁参照、ユニオンショップ254頁参照。
(関連) クローズドショップ制【英】closed shop
特定の労働組合に加入していることを労働者雇用の条件とし、脱退・除名で組合員の資格を失うと解雇される制度。

(関連) ユニオンショップ制 【英】 union shop
労働組合員であることが、その会社・法人の雇用条件であるという、労使間協定に基づき、会社・法人の人事において雇用から一定期間内に従業員が必ず協定を締結している労働組合に加入するシステム。組合員資格を失った場合は会社から解雇されることになる。ユニオンショップの場合、多くは、給与から労働組合費が差し引かれ支給される。

オストリッチポリシー 【英】 ostrich policy
現実逃避、事なかれ主義。ダチョウ（英語でオストリッチ）は追い詰められると頭を砂に突っ込んで隠れたつもりになるということに由来する。オストリッチ・シンドローム（ダチョウ症候群）ともいう。

オピニオン 【英】 opinion
意見、世論。

(関連) オピニオンリーダー 【英】 opinion leader
世論形成者。世論指導者。一般的に、評論家、ジャーナリスト、あるいは様々な集団の指導者などをさして用いられる。社会科学における狭義の概念では、個人とマス・メディアから受け取った情報を、自らの近くに存在する個人へ伝える立場にある。

オファー 【英】 offer
申し入れ、申し込み。応札。

オフィス 【英】 office
事務所。⇒マイクロソフト・オフィス157頁参照。

オブザーバー 【英】 observer
立会人。会議参加者であるが票決権をもたない者。

オフサイド 【英】 offside
スポーツでプレーを禁じられている場所、またはそれによる違反。

オブジェクション 【英】 objection
異義、反論。

オプショナル・ツアー 【英】 optional tour
団体旅行に組み込まれる任意参加、別料金の小旅行。

オプチミスト 【英】 optimist
楽観主義者。

オペレーター 【英】 operator
操作者。機械などを動かす者。

オマージュ 【英】 hommage
賛辞。敬意。

オリエンテーション 【英】 orientation
新しい環境や職場、学校などに適応するように行なう指導。仕事、勉強、活動などを始めるに当っての説明会。進路指導。方向付け。

オンデマンド 【英】 on-demand
注文に応じて提供する。インターネットで利用者の求めに応じて音楽・映像などを配信する。

か 一般

ガイダンス 【英】 guidance
案内、指導。

カスタマイズ 【英】 customize
顧客の注文に応じて商品・サービスを作り変えること。

カタストロフィー 【英】 catastrophe
突然の大変動、大災害。

き 一般

キーワード 【英】 key word
重要な意義をもっている言葉のこと。また、何らかの情報を引き出すためのきっかけになる言葉のこと。

キャッチアップ 【英】 catch up
追いつくこと。かつての日本の成長思考の経済政策を

く　一般

キャッチ・アップ政策ともいう。高度成長期の経済政策が、欧米諸国に「追いつき、追い越す」ものであったことから。

キャパシティ【英】capacity
能力、容量、収容力。

キャリアパス【英】career pass
業務に対する経験を積みながら、役職や職場を移動する経歴。

クアハウス【独】Kurhaus
美容、健康などを目的とした多目的温泉施設。

クライアント【英】client
得意先、依頼人、広告主。

クラスター【英】cluster
群。同種類のものの集合。ブドウなどの房。

クリエイティブ・フェイリャー【英】creative failure
創造的失敗。失敗を悪いものと捉えず、むしろ失敗からこそ新たな成功や発展の可能性が生まれるという逆転の発想。近年は失敗そのものを研究対象とする失敗学が注目を集めている。

❀**クレーム**【英】claim
苦情や異議申し立てのこと。

クレオール【英】Creole
異文化の接触による混合言語、融合文化、本来クレオールとは西インド諸島・中南米に移住した白人及びその子孫を指した。

グローバルスタンダード【英】global standard
世界基準。

❈ 現代行政用語

クレーム【英】 claim

苦情や異議申し立てのこと。その要求の正当性を主張する事を指すが、原義では「要求」やその他の意味で契約違反における損害賠償に関しても同語が用いられる。苦情解決制度とは、2000年5月の社会福祉事業法から社会福祉法への改正により利用者の立場や意見を擁護する仕組みが盛り込まれ、その1つとして、すべての社会福祉事業者が苦情解決の仕組みに取り組むことを規定とした。

け　一般

ケーススタディ【英】 case study

具体的な事例をもとに、事例を詳細に検討し、その検討結果を積み重ねることによって、一般的な法則などを見出していく研究方法や、一般事例の実践への応用の検証を行うこと。

(関連) ケース【英】 case

事例のこと。

ゲゼルシャフト【独】 Gesellschaft

利益社会。国家や企業のように、共通の目的意識や契約によって結びついた社会。ドイツの社会学者テンニエス(Tönnies)が1887年主著「ゲマインシャフトとゲゼルシャフト」によって提起した概念。親族、地縁社会、都市共同体などのゲマインシャフトから、大都市、国家、国際社会などのゲゼルシャフトへと移行しつつあることを主張し、後の研究に大きな影響を与えた。

(関連) ゲマインシャフト【独】 Gemeinschaft

共同社会。家族や村落など。人間が自然に結びついた社会。ゲゼルシャフトの対概念。

こ 一般

コーチング【英】coaching
コーチである指導者が、その対象となる人物と対話することによって、自分自身で問題を解決することができる人材を育てる手法のこと。コーチングはもともとスポーツ界から派生した概念。1980年代後半、アメリカで対話を通じて自発性を引き出し、目標を達成できるよう動機付けしていくコミュニケーション手法へと発達した。日本でも多くの企業がコーチングを導入している。自立型人材を育成するためには、一方通行の指示命令型ではなく、対話を重視し、相手が自ら考え、行動できるようなコーチング型アプローチが求められている。

コーディネータ【英】coordinator
調整役。

コスモポリタニズム【英】cosmopolitanism
世界主義。人類が全て同胞だとする立場。

コピーライト【英】copyright
著作権、版権。

コミットメント【英】commitment
介入、係わり合い、肩入れ。

コミュニケ【仏】communiqué
公式発表、共同声明。

コミュニタリアニズム【英】communitarianism
共同体主義。1980年代以降、米国で有力になってきた政治思想。家族や地域社会の解体の原因を個人主義、リベラリズム、コスモポリタニズムなどに求め、個人よりもコミュニティや伝統の重要性を強調する。リベラリズムやコスモポリタニズムが原則として普遍的な価値（自立した個人、人権など）を前提とするのに対して、コミュニタリアニズムは、規範や価値は社会によって異なると見なし、価値の普遍性を理由に人権思想などを多文化に強制することは出来ない、との立場をとる。

コモン・センス 【英】common sense
一般的感覚。常識。

コラボレーション 【英】collaboration
共同制作。協働の意味。官・民・企業・市民のコラボレーションを地域に創出するという文脈で最近よく使用される

コレクティビズム 【英】collectivism
集団主義。集産主義。

コンサルタント 【英】consultant
専門知識や経験をもつ相談員。

コンセプト 【英】concept
基本概念。

コンベンション 【英】convention
大会。

さ　一般

サーベイ 【英】survey
調査。ある領域をくまなく調べる。

サイレントマジョリティ 【英】silent majority
物言わぬ大衆。声なき声。政治に対して積極的に声を上げない多数者のこと。本来、多数決原理が正しく機能するか否かはデモクラシーを成り立たせる重要な要素である。しかし、今日の公共政策は少数の専門家によって運営される。こうした少数者たちは自らの利害関係に非常に敏感である。それに対して、大多数の国民は政策から薄く広く影響をこうむるに止まることが多い。そのため、政治や政策に声を上げて積極的に働きかけることは少ない。

✿サスティナビリティ 【英】Sustainability
持続可能性のこと。

サテライトオフィス【英】satellite office
通勤の遠距離化・都市部の郊外につくられたオフィス。

サポート【英】support
支援や援助のこと。

サマリー【英】summary
長い文章や大規模なデータなどを集計したり要約したもの。文書や議論の要点のみを手短にまとめたもの。医療では退院時要約・退院要約・退院時病歴要約・退院診療抄録などをさす。

サンプル【英】sample
標本。母集団から、その特性を調べる目的をもって取ったもの。試供品という用い方もある。

し 一般

✻ 現代行政用語

サスティナビリティ【英】Sustainability
持続可能性のこと。具体的には、人間の活動が、自然環境の中で長い期間にわたって継続することができる可能性のこと。または、自然環境を維持できる可能性のこと。

ジェイ・エー【英語名】JA(Japan Agricultural Cooperatives)
農業協同組合。農協。1947年、農業協同組合法によって設立された協同組合。

ジェイ・ティー【英語名】JT(Japan Tabacco Inc.)
日本たばこ産業株式会社。1985年、日本専売公社の民営化によって設立された。

ジェネラリスト 【英】 generalist
自分の能力や知識を一つの専門分野に狭く深く特化するのではなく、分野横断的に課題に対処できる人材。スペシャリストの対義語。

ジェノサイド 【英】 genocide
民族虐殺。皆殺し。たとえば、ヒトラーによるホロコーストや、民族紛争地域における特定民族の一方的虐殺などを指す。

ジス 【英語名】 JIS(Japan Industrial Standard)
日本工業規格。

シミュレーション 【英】 Simulation
模擬実験。現象を論理的に単純化したモデル、模型、コンピュータプログラムなどを用いて行う検証方法。

シンクタンク 【英】 think tank
様々な領域の専門家を集めて、社会開発や政策決定などの複合的な問題や将来の課題を研究する機関。

シンポジウム 【英】 symposium
古代ギリシアの酒宴、饗宴を意味する言葉(symposion)が語源。特定の主題についての討論会。

す 一般

スキーム 【英】 scheme
計画、企画、公的な計画。

スキル 【英】 skill
技能や技量のこと。これを高めることをスキルアップという。

スクリーニング 【英】 screening
ふるいにかけること。選抜。

スケープゴート 【英】 scapegoat
身代わり、犠牲。山羊が人間の罪を背負うというユダヤ教の信仰に由来する。

スタンス 【英】stance
対象に対する各自の立場や構えのこと。

ステークホルダー 【英】stakeholder
ある事象について利害関係を有している者のこと。かなり広義に解釈され、企業などを取り巻く地域や官公庁なども含む。

ステートメント 【英】statement
言及、声明書。

ステレオタイプ 【英】stereotype
①鉛版。ステロ版。②型にはまった、紋切り型のイメージ。

ストライキ 【英】strike
同盟罷業。労働条件の向上などのために、労働者が集団で業務を停止すること。

ストラテジー 【英】strategy
戦略。目的達成のために、大局的視点に立って定める方法論。

せ　一般

スポークスマン 【英】spokesman
代弁者。政府などを代表してマスコミに対し発表を行う役職。近年は、「スポークスパーソン (sportksperson)」とも呼ばれる。

スポット 【英】spot
場所や地点のこと。たとえば、「観光スポット」というように使われる。この場合、「観光するにあたってみるべき場所」といった意味になる。

セクター 【英】sector
部門。

（関連）第3セクター 【和＋英】sector
国や地方公共団体の経営する企業を第1セクターとし、企業を第2セクターとし、それらと異なる経営体で、私公と民が共同出資による経営体を第3セクターと呼ぶ。

ただしわが国においては、日本銀行（認可法人）なども国と民間の出資によって設立された法人であるが第3セクターとして認識されることはまれであり、一般的には自治体と民間企業が出資して新規に設立した株式会社形態の法人を「第3セクター」と呼ぶことが多い。

そ　一般

ソーシャル・キャピタル【英】social capital

人間関係、規範、信頼などが持つ社会生活上の特徴を示す概念。ソーシャル・キャピタルの高い社会は、共有された目標を追及するために、より効率よく参加者がともに行為することを可能にする。「社会資本」と訳されることもあるが、インフラストラクチャーと区別するために、「社会関係資本」や「人間関係資本」などと訳されることもある。

ソーシャルライフ【英】social life

社会的生活。他者と良好な人間関係を維持しつつ生活を営むこと。

た　一般

ダイジェスト【英】digest

新聞記事などの要点を短くまとめたもの。

タイムラグ【英】time-lag

関係する二つのことがらの間にある時間（time）のズレ（lag）。

ダウンサイジング【英】down sizing

①経営規模を縮小することや、製品を小型化すること。②小型低価格のPCやオフコン（オフィスコンピュータ）などを複数台利用して分散処理すること。

タクティクス【英】tactics

戦術。ストラテジー（戦略）に基づいて、ある目的を達成するための個別具体的な方法。

タスクフォース【英】task force

任務組織、特別作業班。特定の問題を解決すること

目的として一時的に設置される。本来は機動部隊を意味する軍事用語。機密事項の調査や内部監査など急を要する課題に取り組む。「プロジェクト・チーム（部門横断組織）」や「クロス・ファンクショナル・チーム」とも類似するが、これらはより長期的で大きなテーマを扱うことが多い。形式化、専門化、中央集権化を余儀なくされる官僚制化した大きな組織では対応しづらい諸問題を解決する意図で編成される。

ち 一般

チェアパーソン【英】chairperson

議長。チェアマンの「マン」が男性を意味することから、ジェンダー（社会的性差）解消を目的として、より中性的な「パーソン」を用いるのが主流となりつつある。

チェアマン【英】chairman

議長。近年は「チェアパーソン」を用いるのが一般的。

つ 一般

ツール【英】tool

一般には、道具や工具のことであるが、文脈によっては、何らかの目的を達成するための手段という意味で用いられることもある。

て 一般

ディー・アイ・ワイ【英】DIY(Do It Yourself)

「自分でやってみよう」という合言葉。生活全般に関する自己創作活動を指す。

ディベート【英】debate

特定の課題のもとで、賛成側と反対側の2組に分かれ、定められた規則に従って行われる討論のこと。

ディベロッパー【英】developer

開発者。宅地造成業者。

テクノラート【英】technocrat
技術系の管理職者。

テクノ・ナショナリズム【英】techno-nationalism
技術国家主義。先端技術などを他国に公開しないようなやり方。

デッドエンド【英】dead end
袋小路、行き詰まり。

デッドロック【英】deadlock
錠前がかかってはずれないこと。転じてにっちもさっちもいかないこと。日本では、deadlock の lock（錠）を rock（岩）と間違え、「暗礁に乗り上げる」と誤訳された。

デフコン【英】Defense Condition
アメリカ軍の戦闘警戒態勢。5段階あり、デフコン5が平和な状態、デフコン1が戦争状態を指す。

テロリズム【英】terrorism
一定の政治目的を実現するために暗殺や暴行などの手段を行使することを認める主義、およびそれにもとづく暴力の行使。現代のテロリズムは、1950年代のアルジェリアにおける反仏運動に端を発するとされる。テロリズム対策の行政的な課題は、実行力のある監視システムの管理と、人権、個人情報保護をどのようにして両立させるかにかかっている。

【と　一般】

トップダウン【英】top-down
意思決定が組織の上部から下部に一方通行で流れる方式。アメリカの企業に多いとされる集権的な意思の決定方法。上位から下位へ命令が伝達されたため、政策の実行までに時間がかからないなどの利点がある。しかし、下部職員は意思決定に参加するチャンスがなく、命令どおりに従う強権的な管理方式とされる。

な　一般

ドラスティック 【英】 drastic
過激な、徹底的な。

トレンド 【英】 trend
流行、動向。株式での用語では長期的な傾向をさす。

✻ナショナリズム 【英】 nationalism
民族主義、国家主義、愛国主義。

ナショナルコンセンサス 【英】 national consensus
全国的・全国民的規模での合意。

ナノテクノロジー 【英】 nano-technology
10億分の1mという分子に届くほどのサイズの極小微細加工技術。

ナノバイオロジー 【英】 nano-biology
生命現象などを10億分の1m単位で研究する学問分野。

✻現代行政用語

ナショナリズム 【英】 nationalism
民族主義、国家主義、愛国主義。歴史的には、民族の統一や国家の独立を推進する思想や運動を指した。一般的には、領土問題、貿易問題をめぐる交渉などにあたって国益の重視を強調する際に主張される思想や態度をナショナリズムという。ナショナリズムには、ややもすると極端な排外主義に結びつきかねないことなど弊害もある。ナショナリズムは対外的に表明されるのみではない。ナショナリズムは、国内的にも国民と政府の一体感を強めたり、国民の忠誠心を引き出したりするために利用される場合がある。

に　一般

ニーズ 【英】 needs
必要性。要求。需要。政策用語としては「サービス受

ね 一般

ニート【英】NEET

not in education, employment, or training の略。「進学をせず、就職をせず、教育訓練も受けていない」ということを意味する英語から転じて、若年失業者を意味する言葉になった。1999（平成11）年に、イギリスで用いられたのがはじまりとされる。日本でも頻繁に使用されているものの、その定義があいまいであるとの指摘もある。

ネオコン（ネオコンサバティズム／ネオコンサバティブ）【英】neo conservatism/neoconservative

冷戦終結後、アメリカ国内で大きな政治的影響力を持つようになった思想（ネオコンサバティズム）、ないしその思想を信奉する人々（ネオコンサバティブ）を指す。通常、「新保守主義」と訳されることが多いがレーガン、サッチャー、中曽根らが1980年代に行なった諸改革の行動原理としての「新保守主義」とは主に外交面で大きく異なる。米エール大学ケネディ教授によると、宗教的な使命感で新秩序をつくろうとした民主党大統領ウィルソン的な「理想主義」と、ソ連を「悪の帝国」と名付けた共和党大統領のレーガン的な剛腕外交という、アメリカのふたつの政治原理の「奇妙な結合」といわれる。特に2001年9月11日の同時多発テロをきっかけに、ブッシュ政権内部で大きな影響力を持つようになった。

ネクストキャビネット【和製英語】next cabinet

1999年に民主党が発足させた制度で、野党第一党の党首が、政府の官僚ポストに対応する政策分野を担当する議員を任命する。イギリスの「シャドー・キャビネット（影の内閣）」を基にしている。

ネクロポリス【英】necropolis

古代エジプト・ローマなどにおける墓地。転じて巨大化して衰退しつつある都市。

の 一般

ノイジー・マイノリティ 【英】noisy minority

積極的に発言を行なう少数派。サイレント・マジョリティーと対になる概念。デモクラシーの基本原理のひとつである多数決原則は、決して多数者による圧制を肯定する概念ではなく、少数者の意見や権利をも考慮する必要がある。その意味で、ノイジー・マイノリティの存在は、多数決原理を補完する重要な存在といえる。しかし、議論の性質によっては、ノイジー・マイノリティの極端な発言のみが強調されたり、政治的影響力が行使されてしまう危険性も秘めている。⇒サイレント・マジョリティ259頁参照。

は 一般

パーソナリティ 【英】personality

人格のこと。特に、個人の総体的な特性を指す。

バックオフィス 【英】back office

研究開発、資材調達、生産工程、物流など消費者の目にふれない部分。事務管理部門。行政組織内部の業務を担う部門のこと。

パテント 【英】patent

特許権のこと。発明した者の独占権。特許庁に対して特許出願を行い、審査を経て特許権を得る。他人が無断で特許発明を実施した場合は特許権の侵害としてこれを停止させる権利がある。また、この特許の侵害に対しては損害賠償を請求する権利がある。

（関連）**パテントライセンス** 【英】patent licence

特許されている発明を実施するための権利。特許権者がもしくは法的な権利者が与える。

パネルディスカッション 【英】panel discussion

特定議題を聴衆の前で行なう討論会

パフォーマンス 【英】performance

①実行、実績。②演奏、演技。現代芸術で肉体を用い

一般 268

パラサイトシングル【和製英語】parasite single
社会人になっても親と同居するなど生活の基礎部分を依存しながら、自分自身の経済力以上の生活を楽しむ独身の男女。寄生を意味する「パラサイト」と独身を意味する「シングル」の合成語。

パラダイムシフト【英】paradigm shift
科学者集団に共有されている規範が、ある時点で革命的・非連続的に変化する局面のこと。

パラドックス【英】paradox
逆説、矛盾。

パワー・エリート【英】power elite
アメリカの社会学者ミルズが提唱した概念で、政治的に現実に成立している権力の保持者のこと。ミルズは、現代アメリカのパワー・エリートは軍部・大企業・官僚が、互いに緊密な繋がりを保ちながら支配集団を形成していると主張した。日本では、政（治家）・官（僚）・財（閥）のいわゆる「鉄の三角形」がこれにあたる。

パワー・ゲーム【英】power game
国際政治における大国間の駆け引き。

パンパシフィック【英】Pan-Pacific
太平洋を取り囲む地域全体を指す地理概念。汎太平洋。

ひ 一般

ピー・ケー・エフ【英】PKF(Peacekeeping Forces)
国連平和維持軍。国連平和維持活動（PKO）に従事する軍隊。紛争地域の兵力引き離し、停戦監視などを任務とし、原則として自衛のための軽火気のみを携帯する。

ピー・ケー・オー【英】PKO(Peacekeeping Operations)
国連平和維持軍活動。国連が、受入国の同意を得て、加盟国の部隊・人員を現地に派遣すること。紛争の防

止、停戦の監視、治安維持、選挙活動なを活動内容とする。

ピー・シー・ティー【英】PCT(Patent Cooperation Treaty)
特許協力条約。または、これにもとづいてされる出願。特許の各国での手続きを行う前に、日本語による1つの出願を国際機関に行うことにより、加盟国すべての国に同時に出願したことと同じ効果を与える出願制度。国際出願日が与えられ、多数の国（指定国）への出願日を確保できる。知的財産権に関する国際競争の調整のために結ばれている条約。

❋ヒエラルヒー【独】hierarchie
階層制、階統制を意味するドイツ語。

ピッキング【英】picking
施錠されているカギを特殊な金属製の工具を使い、開錠する技術。ピッキングによる侵入盗被害の急増が問題となっている。

ヒューマンエラー【英】human error
人為的ミス。事故原因となる作業員やユーザの過失を

指す。

ビルマネジメント【英】Building Management(BM)
いわゆる建物やその設備の維持・管理のこと。Building Managementの頭文字をとって、BMとも言われる。

❋現代行政用語

ヒエラルヒー【独】hierarchie
階層制、階統制を意味するドイツ語。ピラミッド型を形成する上位・下位の序列関係に組織化されている原理、ないしその組織体をさす概念。階統制、階層制、位階制と訳される。ドイツの社会学者M・ウェーバが官僚制組織の特色的構造としてヒエラルヒーを主張し、組織の権限構造の主要原理とみられている。軍隊や行政機関、はその典型的な例である。なお、「ヒエラルキー」といわれることがあるが、これは誤読で、ドイツ語では「ヒエラルヒー」、英語では「ハイアラーキー」と発音する。

ふ 一般

ファクター 【英】factor
要因、事象。

ファシズム 【英】fascism
イタリアのファシスト党の運動や体制を指す言葉であったが、現在では全体主義的・権威主義的で、ナショナリズムの傾向を強く示す政治体制を指して用いられている。

ファシリテーター 【英】facilitator
まとめ役。物事を円滑に進めるための人。

ファンダメンタリスト 【英】fundamentalist
原理主義者。キリスト教やイスラム教等の経典の記述を文字通り、狭義に解釈している人々の総称。

(関連) **ファンダメンタリズム** 【英】fundamentalism
宗教的原理主義。本来はアメリカの保守的プロテスタントの一派を指す言葉であったが、最近はイスラム教過激派を意味する言葉としても用いられる。

フィードバック 【英】feedback
もともとは制御の基本概念のひとつで、システムの出力に関する情報を入力の信号に戻すことをさす。政策用語としては、事業の結果を、事業本体に反映し、事業の評価と修正・中止などに活かしていこうという考え方。

フィールドワーク 【英】field work
野外などでの作業、研究。現場・現地での作業、研究、活動。

フェイタルエラー 【英】fatal error
致命的な過ち。

フォーラム 【英】forum
公開討論会、評議会。交流広場。

プライオリティシート【和製英語／英】priority sheet / priority seat
優先順位を明らかにした書類。公共交通での優先席。

フラッグシップ【英】flag ship
旗艦。もともとは、海軍などの艦隊で、司令官が乗艦する艦のこと。現在は企業の主力商品のことをさすなど、幅広い用途で使用されている。

フラッシュオーバー現象【英】flashover
室内における火災で、可燃性のガスが発生し、そのガスに炎が引火して一瞬のうちに炎が広がる現象。

フリーター【和製英語（英＋独）】free+Arbeit
フリーアルバイターを省略した和製造語のことで、厚生労働省は、学生や既婚の女性、家事手伝いを除く15歳～34歳でアルバイト・パートをしてる人や、そのような仕事を希望する人をフリーターとして数えている。

ブリーフィング【英】briefing
説明。

プリンシパル【英】principal
主な、主要な、第一の。

プリンシプル【英】principle
原則、原理。主義。

ブレーンストーミング【英】brainstorming
1940年代に、アメリカで開発された、集団アイディア創出のための方法のひとつ。「1．集団としてできるだけ多くのアイディアを出す」「2．既成事実、固定観念にとらわれず、自由な発想が歓迎される」「3．どのようなアイディアが出されても、批判したり評価したりすることは禁止される」「4．出されたアイディアを交換しあって、より洗練されたものにする」という4つのルールに基づいて、多人数でアイディアを出していく。この手法は現在、新規の事業や政策を実施する際に、官民を問わず広く利用されている。

ブレーントラスト【英】brain trust
学識経験者など、当該分野の専門家によって構成される政府などの顧問団のこと。専門委員会などと呼ばれ

ることもある。経済問題や社会問題など、さまざまな問題について研究し、検討を行う。

フレキシブル 【英】 flexible
曲がりやすい、柔軟性がある。

プレゼンテーション 【英】 presentation
発表、実演、提示。

プレミアム 【英】 premium
①保険料、保険の掛け金。②売り出し価格の上に加えられる。プレミア。③貨幣、外国為替、株式などについて生ずる割り増し価格。打歩。

フローチャート 【英】 flow chart
流れ図、物事の流れがわかる図解。仕事の作業手順を図にしたもの。

プロトコル 【英】 protocol
①外交儀礼、儀典。②コンピュータによる通信接続の手順。インター・ネットプロトコル。

プロトタイプ 【英】 prototype
①基本形、原型。②試作品。

プロパー 【英】 proper
①適した、適切なの意。②組織内における、生え抜きの人材。③固有の、本来の、専門の。

へ　一般

ヘゲモニー 【英】 hegemony
覇権。特に、国際政治において、他国を圧倒するような政治的、経済的、軍事的な実力を持つ国家を指す概念として用いられる。

ヘッドハンティング 【英】 headhunting
他社の従業員に対して、新たに有利な労働条件などを提示して、自社への転職を勧誘すること。なお、そういった仕事を専門に行なっている人たちをヘッドハンターと呼ぶ。

ほ 一般

ボーダーレス化【英+和】borderless

従来国内にとどまっていた人や資金、情報、技術が、国境を自由に越えて移動するようになること。ボーダレスは無境界、脱境界と訳される。

ボート・ピープル【英】boatpeople

戦争や内線から逃れるため、ボートで国外に脱出する難民のこと。日本では、1975年5月にベトナムからのボート・ピープル9名が上陸したのが最初と言われ、現在まで多くの難民がやってきている。こうした難民に対する日本の対応は、他の先進国に比べて消極的であるといわれ、しばしば批判の対象となっている。

ポスト・モダン【英】post modern

「ポストモダン」は、1960年代から1970年代にかけて先進国で起きた社会的・文化的変動のこと。またはその時期区分。脱工業化、経済のグローバル化、消費社会化、情報社会化、多文化主義の興隆、秩序形態の脱中心化・非階層化、主体の断片化など時代をあらわす特徴が近代的な社会や文化の次にくるものとして注目を集めた。当時の思想的潮流だった「ポストモダニズム」は、このような変動をおおむね肯定的に受け止め、「近代」を根底から懐疑する傾向にある。1980年代には日本でも流行した。哲学・思想、デザイン、文学、音楽などが中心的な分野となる。

ボトムアップ【英】bottom-up

下から上の。意見や情報などが組織の下位部門から上位部門へ流れるような組織管理の手法。

ボトムライン【英】bottom-line

最低線。実利的な。最終利益。最終損失（収益報告の最後の行の意）。

ボトルネック【英】bottleneck

障害、障壁。

ポピュリズム【英】populism

大衆迎合主義。

ボランティア 【英】volunteer

自発的な活動。ガバナンスの社会においては、市民がNPOやNGOなどを通じたボランティア活動へ参加し、行政組織の活動を補完していくことが求められている。

ポリティカルアパシー 【英】political apathy

政治的無関心。

ポリティカル・マシーン 【英】political machine

地方政党によって政治が腐敗し、構造的な汚職が慢性化した状態を指す言葉。もともと19世紀末のアメリカの大都市政治について出てきた表現。ニューヨーク市などでは、ボスになる政治家を頂点に、それを支える組織がネットワーク状に形成された。その結果、アメリカの都市政治は腐敗し、1930年代まで暗黒時代を迎えることになった。日本でマシンは、田中暗黒マシンや竹下マシンなど、有力国会議員を頂点とする後援会と選挙組織を指すことが多い。

ポリティシャン 【英】politician

政治家、政治屋。（政治家を意味するもう一つの単語であるステーツマンに比べると、ポリティシャンという単語は否定的な意味合いが含まれる。）

ま　一般

マージナル 【英】marginal

周縁の、辺境の。

マイノリティ 【英】minority

少数派。社会的人権問題のときに用いられることが多い用語。国連の人権委員会の下に「マイノリティ保護及び差別防止に関する小委員会」が設置されている。

マキャベリズム 【英】Machiavellianism

イタリアの政治学者、マキャベリが展開した政治思想。マキャベリによれば、君主は政治目的に合致する行動をとることが求められる。そのためには、必要とあれば、社会の道徳観念にとらわれずに、力に訴えること

も必要である。ただし、その一方で、世間からの支持を得ることも必要なために、社会の道徳観念に忠実な「ふり」をすることも必要である。このようなマキャベリの議論は、政治には結果責任が求められること、またそれこそが、道徳や宗教とは異なる政治独自の行為法則であることを明らかにした。現在、一般的に用いられている「陰謀術数主義」とはやや意味が異なることに注意。

マス・デモクラシー【英】mass democracy
大衆民主主義。

マニュスクリプト【英】manuscript
原稿。

み 一般

ミサイルディフェンス【英】Missile defense
発射されたミサイル（核弾道ミサイル、生物兵器ミサイルなど）を、攻撃された側がミサイルで打ち落とすこと。ペイトリオット（パトリオット）迎撃ミサイル（PAC3）によるとされるが、成功率に疑問が出ている。

ミドルマネジメント【和製英語】middle management
組織の中間に位置しているマネジメント層であり、中間管理職層と呼ばれる。また部門管理層といわれることもあり、具体的な役職では、部長、課長がこれにあたる。

め 一般

メセナ【仏】mecenat
芸術文化を支援するというフランス語。現在、企業による社会貢献としての芸術・文化活動への支援事業を指す。

メチエ【仏】metier
職業、専門分野、方法、技法。経験によって身につく技術。伝統的手技。

メルクマール【独】Merkmal
目標、指標。物事を判断するための手がかり。

も 一般

モータリゼーション【英】motorization

英語では動力化、電動化の意。現在は車社会化を指す。ある社会に属する人々が、日常生活において車の使用が一般化すること。日本でも高度成長期に急速にモータリゼーションが進行し、国民生活に多大な利便性をもたらした。だが一方で、交通渋滞、交通事故の多発、環境の悪化など、負の側面が問題となっている。

モチベーション【英】motivation

動機付け。目標に向って行動する意欲を持たせること。

✻モニタリング【英】monitoring

監視。継続的調査。

モノポリー【英】Monopoly

独占、独壇場。ボードゲームの一種で各自の資産の増減を競う。

モラトリアム【英】moratorium

停止。一時停止。転じて①経済学では金銭債務の支払猶予のこと。②何かが決定された場合において、その決定の実行までに猶予期間を設けること。例えば、新規の原子力発電所の建設を当面中止することなどを指す。③青年が社会人になる前の猶予期間

✻現代行政用語

モニタリング【英】monitoring

①監視のこと。あらかじめ設定した計画などについてその進捗情況を随時点検し、評価する。一定の水準や指標を定め、計画期間中全般にわたり行う。②環境モニタリングでは、継続的に調査項目を定め環境の変化を把握する。医療分野においては治験の進行状況の記録。③介護保険においては、ケアマネジメントで決めたサービスや支援がそのとおり提供されているか見守る。④ITにおけるモニタリングとはシステム管理のサービスの一種。⇨サーベイラン

ス 177 頁参照。

ゆ　一般

ユー・エヌ・エイチ・シー・アール【英】 UNHCR (The Office of the United Nations High Commissioner for Refugees) 国連難民高等弁務官事務所。国連総会決議によって設立された国連機関で、1951年1月1日に活動を始めた。その任務は、難民に対する保護と帰国または第三国での定住を支援すること。1954年、81年にノーベル平和賞を受賞、96年緒方貞子高等弁務官がユネスコ平和賞を受賞している。

ら

ライフサイクル【英】 life cycle
①生物（特に人間）が生まれてから死ぬまでの過程。
②人間の生活周期。人間の人生をいくつかの段階に分けたもの。③商品の企画から製品化、市場に出てから、売れなくなるまでの過程。

ランダムサンプリング【英】 random sampling 無作為抽出。統計調査などにおいて、母集団（全体）の人数が膨大で全数調査が不可能なとき、偶然の確立のみにしたがって、母集団の中から実際に調査する対象を選び出す方法。こうして選ばれた標本は、母集団の特長をかなり正確に反映したものになる。

り　一般

リーフレット【英】 leaflet 一枚物の印刷物で、広告もしくはカタログなどのチラシ。

リスクコミュニケーション【英】 risk communication あるリスクに関係する主体（市民、行政、専門家、企業）が、意思疎通をはかること。主に自然災害、環境問題、原子力発電所施設など合意を形成する場面においては必要不可欠となる。

リストラクチャリング【英】restructuring
事務事業の再構築。

リニューアル【英】renewal
刷新。ものごとを新しくすること。店舗や施設などの装いを新たにすること。

リバタリアニズム【英】libertarianism
他者の権利を侵害しない限り、各個人の自由を最大限に尊重すべきとする政治思想。自由至上主義、自由尊重主義。近年では市場原理至上主義などと訳され、国家の役割を治安、防衛、司法に限定した「最小国家（小さな政府論）」を主張する。

リビジョニズム【英】revisionism
歴史修正主義。改正論、見直し論。

リベラリズム【英】liberalism
一般に保守の対義語で使われる政治的立場。外交では協調、個人の意志の確立と尊重、社会的弱者への政策などを重視する。自由主義。反対語はリアリズム。使用される文脈によって異なるが、経済的には、市場の自主性を重視し、国家の介入をできるだけ小さくする立場をもつ。国内政治的には、制度や意識などの改革などを通じて、国や社会を斬新的に向上させようとする立場うを指すことが多い（保守主義の対立概念）。アメリカでは経済的には政府介入による福祉などの充実、社会的には個人の自由の擁護を重視する立場を指す。また国際政治の文脈では、国家間の関係について、競争よりも共存のメリットを重視する立場として用いられる（現実主義の対立概念）。

る 一般

ルサンチマン【仏】ressentiment
もともと怨みや憎しみが心の中にこもって鬱屈した状態を言う。ドイツの哲学者ニーチェはこれを弱いものへの思いやりや自己犠牲を説く平等主義的な道徳の起源を説明するために用いた。

れ 一般

レイバー 【英】labor
① 労働、労働力の意。② イギリスの労働党のことを指して用いられることもある。

レゾンデートル 【仏】raison d'etre
心理学用語、フランス語で「存在理由」、「存在意義」を表す言葉。

ろ 一般

ロイヤリティ（ロイヤルティ） 【英】royalty
著作権などの権利の使用料。

ローカリズム 【英】localism
国や地域の個性を重視する考え方。それぞれの国や地域の文化、伝統、自然などを尊重し、大事に守り育てていくべきものとして捉える。

ローカリティ 【英】locality
局所性。今いる場所という意味合いでグローバル化のなかでその場の特性を問題にする際に使われる。

ロジスティクス 【英】logistics
もとは軍事用語。兵站と訳される。最前線の部隊へ物資を供給し、必要な連絡線を確保する後方支援の役割を指す。現在はマーケティングで「原材料の調達から製品が顧客の手に渡るまでの過程を物流という視点から総合的にマネジメントする」ことをさす。

わ 一般

ワーキンググループ 【英】working group
作業部会。委員会などの中に設置される、具体的・実務的な作業や調査をする集まり。

ワークショップ 【英】workshop
作業場、工場、研修会、講習会。

ワークライフバランス【英】work life balance

仕事と生活をつりあいよくすること。1990年代にアメリカで提唱された。少子化および高齢化が急速に進んでいることをうけ、国や地方自治体は、仕事と生活との両立を可能にすることを目的とした施策を打ち出している。たとえば、2005（平成17）年4月には、いわゆる次世代育成支援対策推進法が施行された。

ワイポ【英】WIPO(World Intellectual Property Organization)

世界知的所有権機関。世界知的所有権機関を設立する条約に基づいて設立されており、この条約には、全世界150カ国を超える国が加入。PCT国際出願の国際事務局でもある。

オンブズパーソン（オンブズマン）	p.32	ドメスティック・バイオレンス（ディー・ブイ）	p.58
ガバナビリティー	p.34	ナショナリズム	p.266
ガバナンス	p.34	ニンビー	p.59
環境アセスメント	p.207	ノーマライゼーション	p.184
キット	p.35	パートナーシップ	p.64
キャッシュフロー	p.98	パブリック	p.64
キャビネット	p.36	パブリック・インタレスト	p.65
キャリア	p.36	バランスシート	p.114
クライシス・マネジメント	p.38	バリアフリー	p.186
グラス・ルーツ	p.39	ピー・エフ・アイ	p.69
グループホーム	p.174	ピー・ツー・ピー	p.154
クレーム	p.257	ピー・ピー・ピー	p.69,218
グローバリゼーション（グローバル化、グローバライゼーション）	p.39	ヒエラルヒー	p.270
		ビッグバン	p.116
コーポレートガバナンス	p.101	ビューロクラシー	p.69
コミュニティ	p.42	プライバシーマーク制度	p.118
コミュニティサイト	p.143	プライバタイゼーション	p.72
コミュニティビジネス	p.102	プライマリー・バランス	p.72
コンプライアンス（コンプラ）	p.42	ベンチマーキング	p.74
サスティナビリティ	p.260	ホイッスルブロー（ブローワー）	p.119
サスティナブル・デベロップメント	p.210	ポリシー・ミックス	p.75
シーリング	p.47	マーケット・テスティング	p.76
ジェンダー	p.47	マニフェスト	p.76
シナジー	p.48	マネタリズム	p.120
シビル・ミニマム	p.48	メインバンク	p.121
スマートカード	p.146	メガバンク	p.121
政策のリンケージ	p.82	メリット・システム	p.78
セーフティネット	p.179	モニタリング	p.277
（情報）セキュリティポリシー	p.147	モラルハザード	p.122
チープ・ガバメント	p.53	ユニバーサルデザイン	p.189
チェック・アンド・バランス	p.53	ユニ・ラテラリズム	p.79
ディスクロージャー	p.111	ライト・サイジング	p.80
ディレギュレーション	p.55	ライン・アンド・スタッフ組織	p.80
データベース	p.150	ラスパイレス指数	p.81
デジタルアーカイブ	p.151	リージョナリズム	p.82
デセントラリゼーション	p.56	リコール	p.82
デモクラシー	p.56	リストラクチャリング（リストラ）	p.123
デュー・プロセス	p.56	ルーティン	p.83
		レファレンダム	p.84

レセプト ……………………………… p.190
レゾンデートル ……………………… p.280
レッセフェール ……………………… p.124
レッドデータリスト ………………… p.221
レッド・テープ ……………………… p.83
レッドライニング …………………… p.124
レバレッジ効果 ……………………… p.124
レファレンス ………………………… p.198
レファレンダム ……………………… p.83
レント ………………………………… p.124
レントシーキング …………………… p.124

ろ

ロイヤリティ（ロイヤルティ） … p.280
ローカリズム ………………………… p.280
ローカリティ ………………………… p.280
ローカルネットワーク ……………… p.159
ロースクール ………………………… p.198
ロードプライシング ………………… p.241
ログ …………………………………… p.159
ログアウト …………………………… p.159
ログイン ……………………………… p.160
ロジスティクス ……………………… p.280

ロット ………………………………… p.125
ロハス ………………………………… p.221
ロビイスト …………………………… p.84
ロビイング …………………………… p.84
ロングテール ………………………… p.160

わ

ワーカーズ・コレクティブ ………… p.84
ワーキンググループ ………………… p.280
ワーキング・ホリデー（ワーホリ）
……………………………………… p.84
ワークシェアリング ………………… p.125
ワークショップ ……………………… p.280
ワーク・ライフ・バランス ………… p.281
ワード ………………………………… p.160
ワイファイ …………………………… p.160
ワイポ ………………………………… p.281
ワクチン ………………………… p.160,190
ワシントン条約 ……………………… p.221
ワン …………………………………… p.160
ワンクリック詐欺 …………………… p.160
ワン・ストップ・サービス ………… p.85
ワンセグ ……………………………… p.161

現代行政用語解説

索引

アーカイブス ………………………… p.16
アイ・エス・エム・エス ………… p.132
アイ・エス・オー ………………… p.17
アイ・シー・タグ ………………… p.132
アイ・シー・ティー ……………… p.133
アウトカム評価 ……………………… p.17
アウトソーシング …………………… p.18
アカウンタビリティ ………………… p.18
アクセシビリティ …………………… p.247
アジェンダ・セッティング ………… p.18
アセットマネジメント ……………… p.89
アダプト・プログラム
（アドプト・システム） ………… p.19
アドミニストレーション …………… p.20
イー・ガバメント …………………… p.23
イーコマース（イーシー） ………… p.91
インクリメンタリズム ……………… p.23
インターネット …………………… p.135
インフラストラクチャー（インフラ）
……………………………………… p.226

インプリメンテーション …………… p.23
エイジェンシー ……………………… p.26
エイズ ………………………………… p.170
エー・ディー・アール …………… p.27
エコロジー …………………………… p.205
エス・エヌ・エス ………………… p.139
エスニシティ ………………………… p.27
エヌ・ジー・オー ………………… p.28
エヌ・ピー・エム ………………… p.28
エヌ・ピー・オー ………………… p.28
エル・ジー・ワン ………………… p.29
エンゼルプラン／新エンゼルプラン
／新新エンゼルプラン …………… p.170
エンタープライズ・アーキテクチャー
……………………………………… p.29
エンパワーメント …………………… p.30
オー・ディー・エー ……………… p.31
オートノミー ………………………… p.32
オールドエコノミー ………………… p.96
オルタナティブ ……………………… p.32

メガフロート	p.231
メセナ	p.276
メタボリックシンドローム	p.188
メチエ	p.276
メディケア	p.189
メトロポリス	p.231
メリット・システム	p.77
メリトクラシー	p.77
メルクマール	p.276
メルティング・ポット	p.78
メルトダウン	p.220
メロー・ソサエティ／ソサイアティ	p.78
メンタルヘルス	p.189

も

モーゲージ	p.122
モータリゼーション	p.277
モーダルシフト	p.240
モジュール化	p.157
モチベーション	p.277
モニタリング	p.277
モノポリー	p.277
モラトリアム	p.277
モラルハザード	p.122

や

ヤフー	p.158

ゆ

ユー・エス・ビー	p.158
ユー・エヌ・エイチ・シー・アール	p.278
ユー・エヌ・エフ・シー・シー・シー	p.220
ユー・ジャパン	p.158
ユー・ティー・エム・エス	p.234
ユーロ	p.122
ユニオンショップ制	p.254
ユニバーサル・サービス	p.78
ユニバーサルデザイン	p.189
ユニ・ラテラリズム	p.78
ユビキタス	p.158

ら

ライト・サイジング	p.79
ライフサイクル	p.278
ライフサイクルアセスメント	p.220
ライフ・サイクル・コスト	p.79
ライフサイクルマネジメント	p.122
ライフライン	p.79
ライン・アンド・スタッフ組織	p.79
ライン機能	p.79
ラスパイレス指数	p.80
ラニーニャ	p.204
ラン	p.158
ランダムサンプリング	p.278
ランドスケープ	p.231
ランドスケープアーキテクチャー	p.231
ランドマーク	p.232
ランニング・コスト	p.80

り

リージョナリズム	p.81
リーフレット	p.278
リカレント教育	p.197
リコール	p.81,123
リサイクル	p.211
リスクコミュニケーション	p.278
リ・スタイル	p.220
リストラクチャリング	p.279
リストラクチャリング（リストラ）	p.123
リセッション	p.123
リターナブル瓶	p.221
リテール	p.123
リデュース	p.212
リテラシー	p.198
リナックス	p.159
リニューアル	p.279
リノベーション	p.221
リバーシブルレーン	p.240
リバースモーゲージ	p.189
リバタリアニズム	p.279
リビジョニズム	p.279
リビングウィル	p.190
リフレーション	p.123
リベート	p.123
リベラリズム	p.81,279
リベラルアーツ	p.198
リボルビング	p.123
リユース	p.212
リンク	p.159
リンケージ	p.81

る

ルーティン	p.83
ルサンチマン	p.279

れ

レイオフ	p.124
レイバー	p.280
レガシーシステム	p.159
レギュラシオン理論	p.124
レジーム	p.83
レジデンス	p.232
レシピエント	p.190

フレックス・タイム	p.72
プレミアム	p.273
フローチャート	p.273
ブロードバンド・ネットワーク	p.156
ブログ	p.156
プロジェクトファイナンス	p.118
プロダクト・ライアビリティー	p.118
プロトコル	p.273
プロトタイプ	p.273
プロパー	p.273
プロバイダ	p.156
プロポーザル	p.72
プロムナード	p.230
フロントオフィス	p.118

へ

ペイオフ	p.118
ペイオフコスト	p.119
ペインクリニック	p.188
ヘゲモニー	p.273
ベスト・プラクティス	p.73
ヘッジファンド	p.119
ペット・アーキテクチャー	p.231
ヘッドハンティング	p.273
ペットロス（症候群）	p.188
ヘブン・アーティスト	p.73
ベンチマーキング	p.73
ベンチャー	p.73
ベンチャー企業	p.73
ベンチャー・キャピタル	p.73
ベンチャー支援	p.73

ほ

ホイッスルブローワー	p.119
ボーダーレス化	p.274
ポータルサイト	p.156
ボート・ピープル	p.274
ホームヘルパー	p.188
ホームヘルプサービス	p.188
ポケットパーク	p.231
歩行者アイ・ティー・エス	p.235
ポジション・ペーパー	p.74
ポス（POS）システム	p.114
ホストコンピューター	p.156
ポストハーベスト	p.219
ポスト・モダン	p.274
ホスピス	p.188
ボットネット	p.156
ボトムアップ	p.274
ボトムライン	p.274
ボトルネック	p.274
ポピュリズム	p.274
ボランタリー・スキーム	p.74

ボランティア	p.275
ポリシー・ボード	p.74
ポリシー・ミックス	p.74
ポリティカルアパシー	p.275
ポリティカル・アポインティ	p.74
ポリティカル・コレクトネス	p.74
ポリティカル・マシーン	p.275
ポリティシャン	p.275
ホルモン	p.207
ホワイトカラー・エグゼンプション	p.75
ホワイトナイト	p.119
ボンエルフ	p.231

ま

マーケット・テスティング	p.75
マーケットメカニズム	p.120
マージナル	p.275
マイクロソフトオフィス	p.157
マイノリティ	p.275
マイバッグ	p.219
マキャベリズム	p.275
マグネットスクール	p.197
マスター・プラン	p.75
マス・デモクラシー	p.276
マッキントッシュ	p.157
マテリアルフロー会計	p.219
マテリアルリサイクル	p.219
マニフェスト	p.76
マニュスクリプト	p.276
マネーサプライ	p.120
マネー・マーケット・ファンド（エム・エム・エフ）	p.120
マネタリーベース	p.120
マネタリズム	p.120
マルチ・ペイメント・ネットワーク（MPN）	p.76
マルチメディア	p.157
マルチリージョナルバンク	p.120

み

ミサイルディフェンス	p.276
ミッション	p.77
ミドルマネジメント	p.276
ミニスター	p.77
ミニストリー	p.77
ミニマム・アクセス	p.77

め

メインバンク	p.121
メインフレーム	p.157
メールマガジン（メルマガ）	p.157
メガバンク	p.121

ピー・エフ・アイ	p.65
ビー・エル・オー方式	p.65
ビー・エル・ティー方式	p.66
ピー・エル法	p.67
ビー・オー・オー方式	p.66
ビー・オー・ディー	p.217
ビー・オー・ティー方式	p.66
ピー・ケー・エフ	p.269
ビー・ケー・オー	p.269
ビー・シー・エム	p.67
ピー・シー・ティー	p.270
ビー・シー・ピー	p.67
ピー・シー・ビー	p.217
ビー・ツー・シー	p.114
ビー・ツー・ビー	p.114
ピー・ツー・ピー	p.153
ピー・ティー・エス・ディー	p.187
ビー・ティー・オー方式	p.66
ピー・ディー・シー・エー・サイクル／マネジメントサイクル	p.68
ヒートアイランド現象	p.218
ピー・ピー・ピー	p.68,153,218
ヒエラルヒー	p.270
ビオトープ	p.218
ビジネスインキュベーター	p.115
ビジネスプロセス・リエンジニアリング	p.115
ビジョン	p.68
ビス規制（BIS規制）	p.115
非接触型ICカード	p.128
ピッキング	p.270
ビッグイシュー	p.187
ビックス	p.234
ビッグバン	p.115
ビットバレー	p.115
ヒューマンインターフェース	p.154
ヒューマンエラー	p.270
ビューロクラシー	p.68
ビューロクラット	p.68
ビルト・イン・スタビライザー	p.115
ビルマネジメント	p.270

ふ

ファーム・ステイ	p.70
ファイアウォール	p.70,154
ファクター	p.271
ファシズム	p.271
ファシリティ・マネジメント	p.70
ファシリテーター	p.271
ファミリーサポートセンター	p.187
ファンダメンタリスト	p.271
ファンダメンタリズム	p.271
ファンダメンタルズ	p.116
ファンドマネージャー	p.116
フィージビリティースタディ	p.116
フィードバック	p.271
フィールドワーク	p.271
ブイ・エフ・エム	p.67
フィスカル・ポリシー	p.70
フィッシング（詐欺）	p.155
フィランソロピー	p.116
フィルタリング	p.155
フィンガー・プリント	p.155
フェアトレード	p.117
フェイタルエラー	p.271
フェデレーション	p.70
フェミニスト	p.70
フェミニズム	p.70
フェローシップ	p.197
フォーディズム（フォード主義）	p.117
フォーラム	p.271
フォローアップ調査	p.70
フューエルセル	p.218
プライオリティー	p.71
プライオリティシート	p.272
プライシング	p.117
プライバシーマーク制度	p.117
プライバタイゼーション	p.71
プライベート・セクター	p.71
プライベート・ファイナンス・イニシアティブ	p.71
プライマリー・バランス	p.71
プライマリ・ケア	p.187
プライムレート	p.117
ブラウザ	p.155
フラッグシップ	p.272
フラッシュオーバー現象	p.272
（組織の）フラット化	p.71
プラット・フォーム	p.156
フランチャイズ	p.117
フリースクール	p.197
フリーター	p.272
フリートレードゾーン	p.117
ブリーフィング	p.272
フリー・ライダー	p.71
ブリッジバンク	p.117
プリンシパル	p.272
プリンシプル	p.272
フリンジ・ベネフィット	p.117
ブルー・ロー	p.72
プルサーマル	p.218
フレームワーク	p.156
ブレーンストーミング	p.272
ブレーントラスト	p.272
フレキシブル	p.273
プレゼンテーション	p.273

ね

ネイチャートレイル ……………… p.215
ネオコン（ネオコンサバティズム／ネオコンサバティブ）………………… p.267
ネガティブ・リスト …………………… p.60
ネクストキャビネット ……………… p.267
ネグレクト ………………………… p.183
ネクロポリス ……………………… p.267
ネットオークション ………………… p.151
ネット・サーフィン ………………… p.152
ネットスケープ・ナビゲーター …… p.152
ネットバンキング …………………… p.152
ネポティズム ………………………… p.60

の

ノイジー・マイノリティ …………… p.268
（日本版）ノーアクションレター制度 ………………………………… p.60
ノーマライゼーション ……………… p.183
ノン・キャリア ……………………… p.60
ノンステップバス …………………… p.239
ノン・ストップ・サービス ………… p.61
ノンバンク ………………………… p.113

は

パークアンドライド ………………… p.239
バーゲニング ……………………… p.113
パーソナリティ …………………… p.268
パーソントリップ調査 ……………… p.240
バーチャル・リアリティー ………… p.152
パートタイマー ……………………… p.61
パートタイム労働法 ………………… p.61
パートナーシップ …………………… p.61
パートナードッグ …………………… p.184
ハートビル法 ……………………… p.184
ハード・ランディング ……………… p.113
バードン・シェアリング …………… p.61
ハーフウェイハウス ………………… p.184
ハーモナイゼーション ……………… p.61
バイオエシックス ………………… p.216
バイオエタノール ………………… p.216
バイオテクノロジー ………………… p.184
バイオハザード …………………… p.185
バイオマス ………………………… p.216
バイオメトリクス認証 ……………… p.152
バイオレメディエーション ………… p.216
ハイブリッド ……………………… p.216
ハイブリッドカー ………………… p.217
ハウスダスト ……………………… p.185
バウチャー ………………………… p.61
ハザードマップ …………………… p.230
ハサップ（HACCP） ………………… p.185
パターナリズム ……………………… p.62
ハッカー …………………………… p.153
バックアップ ……………………… p.153
バックオフィス …………………… p.268
パックス・ディプロマティカ ……… p.62
パテント …………………………… p.268
パテントライセンス ………………… p.268
パネルディスカッション …………… p.268
ハブ ………………………… p.153,240
パフォーマンス …………………… p.268
パブリシティ ……………………… p.62
パブリック …………………………… p.62
パブリックアート ………………… p.230
パブリック・アクセプタンス ……… p.62
パブリック・インタレスト ………… p.62
パブリック・インボルブメント（ピー・アイ） ………………………… p.62
パブリック・コメント（パブコメ） p.63
パブリック・サポート・テスト …… p.63
パブリック・セクター ……………… p.63
パラサイトシングル ……………… p.269
パラダイムシフト ………………… p.269
パラドックス ……………………… p.269
パラリンピック …………………… p.185
バランス・オブ・パワー …………… p.63
バランスシート …………………… p.113
バリアフリー ……………………… p.185
バリアフリー新法 ………………… p.185
パリティ …………………………… p.113
バリューエンジニアリング ………… p.113
バリューチェーン ………………… p.114
バリュー・フォー・マネー（ブイ・エフ・エム） ……………………… p.63
パレット …………………………… p.63
ハローワーク ……………………… p.64
パワー・エリート ………………… p.269
パワー・ゲーム …………………… p.269
パワー・ハラスメント（パワハラ） p.64
パワーポイント …………………… p.153
バンダリズム ……………………… p.64
ハンディキャップ（ハンデキャップ）
 ……………………………………… p.186
ハンディキャブ …………………… p.186
バンドワゴン効果 …………………… p.64
パンパシフィック ………………… p.269

ひ

ピアカウンセリング ……………… p.186
ヒアリング ………………………… p.65
ピー・アール・ティー・アール制度
 ……………………………………… p.217
ピー・アイ・シー・エス ………… p.235
ピー・エス・イー ………………… p.65

ディーマット ……………………………… p.54
ティームティーチング ……………… p.196
ディグ（ディー・アイ・ジー） …… p.54
デイケア ………………………………… p.182
デイケアセンター …………………… p.182
デイサービス ………………………… p.182
デイサービスセンター ……………… p.182
ディスクロージャー ……………… p.54,109
ディスポーザー ……………………… p.229
デイ・トレーダー …………………… p.109
ディベート …………………………… p.264
ディベロッパー ……………………… p.264
テイラードマーケティング ………… p.109
ディレギュレーション ……………… p.54
データセンター ……………………… p.110
データバンク ………………………… p.149
データファイル ……………………… p.149
データベース ………………………… p.149
テーマパーク ………………………… p.230
デカップリング指標 ………………… p.214
テクノインフラ ……………………… p.149
テクノクラート ……………………… p.265
テクノストレス ……………………… p.149
テクノ・ナショナリズム …………… p.265
テクノポリス ………………………… p.230
テクノロジーアセスメント ………… p.214
テクノロジートランスファー ……… p.110
デザインガイドライン ……………… p.230
デザインレビュー …………………… p.110
デシジョンメーキング ……………… p.110
デジタルアーカイブ ………………… p.150
デジタルコンテンツ ………………… p.150
デジタル・デバイド ………………… p.54
デジタルマップ ……………………… p.150
デスクトップ ………………………… p.150
デセントラリゼーション …………… p.54
デッドエンド ………………………… p.265
デッドロック ……………………… p.150,265
デノミネーション（デノミ） ……… p.110
デビットカード ……………………… p.110
デファクトスタンダード …………… p.110
デフォルト ………………………… p.110,150
デフコン ……………………………… p.265
デフレーション ……………………… p.110
デフレスパイラル …………………… p.110
デポジット制度 ……………………… p.215
デモクラシー ………………………… p.55
デモグラフィー ……………………… p.55
デュー・プロセス …………………… p.55
デリバティブ ………………………… p.111
テレトピア …………………………… p.55
テレポート …………………………… p.230
テレワーク …………………………… p.55

テロリズム …………………………… p.265
電子カルテ …………………………… p.172

と

統合型ジー・アイ・エス …………… p.57
トーイック …………………………… p.196
時のアセスメント …………………… p.13
ドクターヘリ ………………………… p.182
ドクトリン …………………………… p.57
ドッグイヤー ………………………… p.151
ドッジ・ライン ……………………… p.111
トップダウン ………………………… p.265
ドナーエンジェル …………………… p.182
トフル ………………………………… p.197
ドメイン ……………………………… p.151
ドメスティック・バイオレンス（ディー・ブイ） …………………… p.57
ドラスティック ……………………… p.266
トラスト ……………………………… p.111
トラフィッキング …………………… p.57
トランジットモール ………………… p.239
トランスナショナル ………………… p.57
トリアージ …………………………… p.182
鳥インフルエンザ …………………… p.167
トレーサビリティー ………………… p.57
トレードオフ ………………………… p.111
トレンド ……………………………… p.266
トワイライト型 ……………………… p.183

な

ナショナリズム ……………………… p.266
ナショナルコンセンサス …………… p.266
ナショナルセンター ………………… p.112
ナショナルセンター（NC） ……… p.183
ナショナルトラスト ………………… p.215
ナショナル・ミニマム ……………… p.58
ナスダック …………………………… p.112
ナノテクノロジー …………………… p.266
ナノバイオロジー …………………… p.266
ナレッジマネジメント ……………… p.112

に

ニース ……………………………… p.112,215
ニーズ ………………………………… p.266
ニート ………………………………… p.267
ニューエコノミー …………………… p.112
ニュータウン ………………………… p.230
ニュー・ディール …………………… p.59
ニュー・パブリック・マネジメント
 …………………………………………… p.59
ニュー・ポリティクス ……………… p.59
ニンビー ……………………………… p.59

スローフード	p.212
スローライフ	p.212
スワップ取引	p.107

せ

政策のリンケージ	p.81
セーフティ・ネット	p.50
セーフティネット	p.179
セカンドオピニオン	p.179
セキュリティホール	p.147
（情報）セキュリティポリシー	p.147
（情報）セキュリティマネージメントシステム	p.147
セクシュアル・オリエンテーション	p.50
セクシュアル・ハラスメント（セクハラ）	p.50
セクショナリズム	p.50
セクター	p.262
セメスター制	p.195
ゼロ・エミッション	p.213
ゼロ国債	p.50
ゼロサム社会	p.107
ゼロベース	p.51
ゼロベース予算	p.51
センサス	p.51
センシティブ情報	p.51
セントラリゼーション	p.54

そ

ソーシャリゼーション	p.51
ソーシャル・アカウンティング	p.51
ソーシャルインクルージョン	p.180
ソーシャルエンジニアリング	p.148
ソーシャル・エンタープライズ	p.51
ソーシャル・キャピタル	p.263
ソーシャル・コスト	p.52
ソーシャル・セキュリティ	p.52
ソーシャルハウジング	p.180
ソーシャルライフ	p.263
ソーシャルワーカー	p.180
ゾーニング	p.229
ソーホー（SOHO）	p.107
ソックス法	p.107
ソフィティック	p.148
ソフト・ランディング	p.52
ソルベンシーマージン	p.108

た

ターミナルアダプタ（TA）	p.148
ターミナル機能	p.229
ターミナルケア	p.181
第3セクター	p.262

ダイオキシン	p.213
ダイジェスト	p.263
タイムスタンプ	p.148
タイムラグ	p.263
ダイレクトバンキング	p.108
ダウンサイジング	p.263
タウン・ミーティング	p.52
ダウンロード	p.148
タグ	p.148
タクティクス	p.263
タスク	p.149
タスク・フォース	p.52
タスクフォース	p.263
タックス・フリー	p.108
タックスヘイブン	p.108
ダブリュー・エイチ・オー	p.181
ダブリュー・ティー・オー	p.108
ダブリュ・エス・エス・ディー	p.213
ダブルクリック	p.149
ダンピング	p.108

ち

地域ケアシステム	p.175
チーフ・エグゼクティブ・オフィサー（CEO）	p.109
チープ・ガバメント	p.53
チーム・マイナス6％	p.214
チェアパーソン	p.264
チェアマン	p.264
チェック・アンド・バランス	p.53
チャイルドアビューズ	p.181
チャイルド・ライフ・スペシャリスト	p.181
チャレンジスクール	p.195
チューター	p.196
チュートリアル	p.196

つ

ツール	p.264

て

ディー・アイ・ワイ	p.264
ディー・エス・エス	p.235
ディー・エヌ・エー	p.181
ディー・エフ・イー	p.214
ティー・エル・オー	p.196
ディー・オー	p.214
ティーオービー	p.109
ティー・キュー・エム	p.109
ティー・キュー・シー	p.109
ティー・ディー・エム	p.239
ディー・ビー・オー方式	p.67
ディー・ピー・シー	p.181

シー・エム・エス	p.144	シャドー・キャビネット	p.47
シー・エル・オー	p.104	ジャバ	p.145
シー・オー・イー (COE) プログラム	p.194	ジャバスクリプト	p.145
シー・オー・オー	p.104	ジャパン・プラットフォーム	p.47
シー・オー・ディー	p.210	ジャンク・ボンド	p.105
シー・オー・ピー	p.210	シュリンクラップ契約	p.145
ジー・ディー・ピー	p.105	シュレッダーダスト	p.211
シー・ピー・アイ	p.105	ジョイントベンチャー	p.106
ジー・ピー・エス	p.238	ショートステイ	p.178
シー・ピー・ユー	p.144	ジョブコーチ	p.179
シームレス	p.145	シリコンバレー	p.146
シーリング	p.44	シンクタンク	p.261
シーレーン	p.238	シンジケート	p.106
ジェイ・アール・エー	p.45	シンジケートローン	p.106
ジェイ・エイチ	p.238	シンポジウム	p.261

す

スウォット分析	p.48
スキーム	p.261
スキミング	p.146
スキル	p.261
スクールカウンセラー	p.195
スクールソーシャルワーカー	p.195
スクラップ・アンド・ビルド方式	p.49
スクリーニング	p.261
スケープゴート	p.261
スケールメリット	p.106
スターリンク	p.211
スタッフ機能	p.49
スタンス	p.262
ステークホルダー	p.106,262
ステートマン（ステーツマン）	p.49
ステートメント	p.262
ステレオタイプ	p.262
ストーカー	p.49
ストック	p.106
ストックオプション	p.106
ストックヤード	p.211
ストライキ	p.262
ストラテジー	p.262
ストリートチルドレン	p.179
ストレッチャー	p.179
スニップ（ス）	p.179
スパム・メール	p.146
スピンアウト	p.107
スピンオフ	p.107
スプロール現象	p.228
スポイル・システム	p.49
スポークスマン	p.262
スポット	p.262
スマートカード	p.146
スマートグロース	p.229
スリー・アール	p.211

(続き左列)

ジェイ・エー	p.260
ジェイ・ティー	p.260
ジェイ・ピー	p.45
ジェイペグ	p.145
ジェトロ	p.45
ジェネラリスト	p.261
ジェネリック薬品	p.178
ジェノサイド	p.261
シェルター	p.178
ジェンダー	p.45
ジェンダー・エンパワーメント	p.45
ジェンダー・フリー	p.45
ジオフロント	p.228
市場化テスト	p.45
ジス	p.261
システム・アナリシス	p.145
システム・エンジニア	p.145
システム・エンジニアリング	p.145
システム・コンサルティング	p.45
システム・ダウン	p.145
シチズン・イニシアティブ	p.45
シチズンシップ	p.46
シックスクール症候群	p.195
シックハウス症候群	p.178
シティ・マネージャー制	p.46
シナジー	p.46
シネマコンプレックス（シネコン）	p.228
シビック・センター	p.46
シビック・トラスト	p.46
シビリアン・コントロール	p.46
シビル・ミニマム	p.47
ジフ	p.145
シミュレーション	p.261
シャウプ勧告	p.47
ジャス	p.47
ジャスト・イン・タイム方式	p.105

コスト・ベネフィット・アナリシス	p.100
コスモポリタニズム	p.258
コップ	p.209
コップ・スリー	p.209
コナベーション	p.40
コ・ハウジング	p.227
コピーライト	p.258
コピペ（コピー・アンド・ペースト）	p.142
コマーシャルペーパー	p.100
コマンド	p.142
コミッション	p.101
コミットメント	p.258
コミューター・エアライン	p.238
コミューン	p.40
コミュニケ	p.258
コミュニタリアニズム	p.258
コミュニティ	p.41
コミュニティ・サイト	p.142
コミュニティ・センター	p.41
コミュニティゾーン	p.228
コミュニティ道路	p.228
コミュニティバス	p.238
コミュニティビジネス	p.101
コミュニティルーム	p.228
コモン・センス	p.259
コモン・ロー	p.41
コラボレーション	p.259
コレクティビズム	p.259
コレクティブハウス	p.228
コンカレント・エンジニアリング	p.41
コングロマリット	p.101
コンサルタント	p.259
コンシューマー	p.101
コンセプト	p.259
コンセンサス	p.41
コンソーシアム	p.101
コンディショナリティ	p.101
コンティンジェンシー・プラン	p.41
コンテンツ	p.142
コンパクト・シティ	p.41
コンビナート	p.101
コンピュータウイルス	p.142
コンピュータクラスター	p.142
コンピュータリテラシー	p.142
コンプライアンス（コンプラ）	p.42
コンペティション（コンペ）	p.42
コンベンション	p.259
コンベンション・ビューロー	p.42
コンポスト	p.209
コンメンタール	p.42

さ

サーズ	p.177
サーチエンジン	p.143
サーバ	p.143
サービサー	p.102
サービサー法	p.102
サーベイ	p.259
サーベイランス	p.177
サーマルリサイクル	p.209
サイエンス・パーク	p.43
サイト	p.143
サイトマップ	p.143
サイバー	p.143
サイバーシティ	p.144
サイバースペース	p.144
サイバーセキュリティ	p.144
サイバーテロリズム	p.144
サイバー・ポリス	p.144
サイバネティクス	p.194
サイレントマジョリティ	p.259
サスティナビリティ	p.259
サスティナブル・コミュニティ	p.43
サスティナブル・デベロップメント	p.210
サステナビリティレポート	p.102
サテライトオフィス	p.260
サブプライム融資	p.103
サプライチェーンマネジメント	p.103
サプライヤー	p.103
サポート	p.260
サマータイム	p.43
サマリー	p.260
サミット	p.43
サラダ・ボウル	p.44
産業クラスター	p.44
サンクコスト	p.103
サンクチュアリ	p.210
サンプル	p.260

し

シー・アール・エム	p.103
ジー・アイ・エス	p.144
シー・アイ・オー	p.104
ジー・アイ・ディー	p.178
シー・イー・オー	p.103
シー・エイチ・オー	p.104
シー・エス	p.104
シー・エス・アール	p.104
シー・エヌ・アイ	p.105
ジー・エヌ・エイチ	p.44
ジー・エヌ・ピー	p.105
シー・エフ・オー	p.104

キャピタリズム	p.97	化、グローバライゼーション)	p.38
キャピタルゲイン	p.97	グローバルエコノミー	p.99
キャビネット	p.35	グローバルオペレーションセンター	
ギャランティー	p.97		p.194
キャリア	p.35	グローバル・ガバナンス	p.38
キャリアパス	p.256	グローバルキャピタリズム	p.99
キャリアプラン	p.97	グローバル・キャリー・トレード	p.99
キュー・ダブリュー・エル	p.98	グローバルスタンダード	p.256
キュレーター	p.35	グローバル・ローカリゼーション	
共同アウトソーシング	p.12	(グローカリゼーション)	p.38
金融ビッグバン	p.115	クローン	p.174
		クロス・ボーティング	p.38

く

クアハウス	p.256		
グーグル	p.141	## け	
クーリングオフ制度	p.98	ケア	p.174
クールビズ	p.208	ケアアセスメント	p.174
クエスチョン・タイム	p.36	ケアカンファレンス	p.174
クォータ制	p.37	ケアコーディネイト	p.175
クオリティー・オブ・ライフ (QOL)		ケアサービス	p.175
	p.173	ケアサービス会議	p.175
クライアント	p.256	ケアハウス	p.175
クライエンタリズム	p.37	ケアプラン	p.175
クライシス・マネジメント	p.37	ケアマネージメント	p.176
クラウディングアウト	p.98	ケアマネージャー	p.176
グラス・シーリング	p.37	ケインジアン	p.99
クラスター	p.256	ケース	p.257
グラス・ルーツ	p.37	ケースカンファレンス	p.176
クラッカー	p.153	ケーススタディ	p.257
クラッシュシンドローム	p.173	ケースワーカー	p.257
グランド・デザイン	p.37	ゲートウェイ	p.142
グランド・ワーク	p.37	ケー・ピー・アイ	p.39
グリーン・カード	p.37	ゲゼルシャフト	p.257
グリーン購入	p.208	ゲノム	p.176
グリーン調達	p.208	ゲノム創薬	p.176
グリーン・ツーリズム	p.37	ゲマインシャフト	p.257
グリーンピース	p.208	ケミカルリサイクル	p.209
グリーンフィットネスパーク	p.227	ゲリマンダー	p.40
グリーンベルト	p.227		
グリーンマネー	p.208	## こ	
クリエイティブ・フェイリャー	p.256	コアコンピタンス	p.100
クリック	p.141	コアビタシオン	p.40
クリック募金	p.141	交通バリアフリー法	p.240
グループカウンセリング	p.173	ゴーイングコンサーン	p.100
グループハウス	p.173	コーチング	p.258
グループホーム	p.173	コーディネータ	p.258
グループワーク	p.173	コーポラティズム	p.40
クレーム	p.256	コーポラティブ住宅	p.228
クレオール	p.256	コーポレートガバナンス	p.100
クレジットクランチ	p.99	コールセンター	p.100
クレジットライン	p.99	ゴールドプラン	p.177
クローズドショップ制	p.253	コジェネレーション (システム)	p.209
グローバリゼーション (グローバル		コスタリカ方式	p.40
		コストパフォーマンス	p.100

オークション	p.152	オペレーター	p.255
オー・ジェー・ティー	p.253	オマージュ	p.255
オーセンティック	p.253	オリエンテーション	p.255
オーソライズ	p.253	オルタナティブ	p.31
オーダーメイド医療	p.171	オンデマンド	p.255
オー・ディー・エー	p.30	オンブズパーソン（オンブズマン）	
オーディエンス	p.253		p.31
オーティズム	p.171	オンライン	p.140
オートクラシー	p.30	オンラインショップ	p.141
オートノミー	p.30		

か

オーナー	p.95
オーバーシュート	p.95
オーバーステイ	p.30
オープンウォータースイミング	p.253
オープンエア	p.253
オープンシステム	p.140,171
オープンショップ制	p.253
オープン・スカイ	p.237
オープンスペース	p.227
オープンソース	p.140
オープンラボラトリー	p.193
オーラル・ヒストリー	p.193
オールドエコノミー	p.95
オールド・カマー	p.30
オキシダント	p.205
オストメイト	p.172
オストリッチポリシー	p.254
オゾンホール	p.205
オピニオン	p.254
オピニオンリーダー	p.254
オファー	p.254
オフィシャル	p.31
オフィス	p.254
オブザーバー	p.254
オフサイド	p254
オフサイト・センター	p.31
オブジェ	p.227
オフ・ジェー・ティー	p.253
オブジェクション	p.254
オブジェクト	p.140
オフショア	p.95
オフショアリング	p.96
オプショナル・ツアー	p.254
オプション	p.31
オプション・ペーパー	p.31
オプチミスト	p.255
オプトエレクトロニクス	p.193
オフピーク通勤	p.237
オペ／オペレーション	p.96,172
オペレーション・コントロール・センター（オペレーション・センター）	
	p.237
オペレーションセンター	p.172

カーシェアリング	p.237
カーソル	p.141
ガーディアン・エンジェルス	p.33
ガイア	p.206
ガイダンス	p.255
ガイドライン	p.33
カウンセラー	p.172
カジノ	p.33
カスケード利用	p.206
カスタマー	p.33
カスタマイズ	p.255
霞が関ワン	p.26
カタストロフィー	p.255
ガット	p.96
カバード・ワラント	p.96
ガバナビリティー	p.34
ガバナンス	p.34
ガバメント	p.34
カルテ	p.172
カルテル	p.96
環境アセスメント	p.206,225
環境カウンセラー	p.206
環境ホルモン	p.206
環境ラベリング／環境ラベル	p.207
環境リスク	p.207
カンファレンス	p.176

き

キーワード	p.255
ギガ	p.141
キックバック	p.97
キット	p.35
キャスティング・ボート（キャスチング・ボート）	p.35
キャッシュ・オン・デリバリー	p.97
キャッシュフロー	p.97
キャッシュレス	p.97
キャッチアップ	p.255
キャッチアップ障害	p.172
ギャッチベッド	p.173
キャパシティ	p.256
キャパシティ管理	p.141

エー・ビー・シー	p.24
エキシビション	p.251
エキスパート	p.251
エキスパート・システム	p.138
エキスポ	p.251
エクイティ	p.25
エクイティスワップ	p.92
エクササイズ	p.251
エクスチェンジャブル・ボンド	p.92
エクステンション	p.251
エクステンションセンター	p.193
エクストラネット	p.138
エクスポート	p.138,251
エグゼクティブ	p.251
エクセル	p.138
エクセレント	p.251
エコ（ロジー）ショップ	p.204
エコアクション21	p.202
エコカー／エコロジーカー	p.202
エコサイド	p.202
エコシティー	p.202
エコセメント	p.202
エコタウン	p.202
エコタウン事業	p.202
エコツアー	p.203
エコツーリズム	p.203
エコ・ネット・コンソーシアム	p.203
エコノミー	p.92
エコノミカル	p.92
エコノミスト	p.92
エコノミック・アニマル	p.251
エコマーク	p.203
エコマネー	p.92
エコミュージアム	p.203
エコレールマーク	p.203
エコロード	p.203
エコロジー	p.203
エス・アール・アイ	p.93
エス・イー	p.138
エス・エヌ・エス	p.138
エスクロー	p.93
エスコ	p.204
エスタブリッシュメント	p.251
エスニシティ	p.25
エスニック	p.252
エスニック・コンフリクト	p.251
エス・ピー・シー	p.93
エッチ・エル・ダブリュ	p.204
エヌ・エル・ピー	p.252
エヌ・ジー・エヌ	p.138
エヌ・ジー・オー	p.25
エヌ・ピー・エム	p.25
エヌ・ピー・オー	p.25

エビデンス	p.169
エフ・エー・キュー	p.139
エフ・ティー・エー	p.25
エポック	p.252
エマージェンシー	p.252
エミュレーション	p.139
エミュレータ	p.139
エムアールアイ	p.169
エム・アール・ピー	p.93
エム・アンド・エー	p.93
エム・ピー・エヌ	p.25
エル・アール・ティー／エル・アール・ブイ	p.237
エル・エル・シー	p.93
エル・エル・ピー	p.94
エル・シー・シー	p.25
エル・ジー・ワン	p.25
エル・ディー	p.169
エルニーニョ	p.204
エルピージー	p.252
エレクトロニクス	p.252
エロキューション	p.252
エンカウンター	p.252
エンカレッジ　スクール	p.193
エンクロージャー	p.252
エンゲル係数	p.94
エンジェル（エンゼル）	p.94,169
エンジニア	p.252
エンジン	p.143
エンゼルプラン／新エンゼルプラン／新新エンゼルプラン	p.170
エンタープライズ	p.94
エンタープライズ・アーキテクチャー	p.26
エンティティ	p.252
エンドユーザー	p.94
エントランス	p.227
エントロピー	p.252
エンバイラメント	p.204
エンパシィ	p.252
エンパワーメント	p.26
エンフォースメント	p.26
エンプロイアビリティ	p.26

お

オイルショック	p.94
オイルトラップ	p.205
オイルフェンス	p.205
オー・イー・エム	p.95
オー・イー・シー・ディー	p.95
オー・エー	p.253
オーエス	p.140
オー・エス・エス	p.140

インカメラ審査	p.21	
インキュベーション	p.21	
インキュベーター	p.21	
インクリメンタリズム	p.21	
インクルージョン	p.166	
インサイダー	p.90	
インサイダー取引	p.90	
インサイド	p.248	
インシデント	p.166	
インシデントレポート	p.167	
インシュリン	p.167	
インスタレーション	p.248	
インストール	p.134	
インストラクター	p.248	
インセンティブ	p.21	
インセンティブ規制	p.21	
インセンティブ手法	p.22	
インターコネクト	p.134	
インターセプト	p.249	
インターナショナル	p.249	
インターナショナルスクール	p.192	
インターネット	p.134	
インターネットエクスプローラ	p.134	
インターネットバンキング	p.134	
インターネット・フレンジー	p.134	
インターネット・プロトコル（アイ・ピー）	p.134	
インターフェース	p.134	
インターフェロン	p.167	
インタープリタ―	p.249	
インタープリテーション	p.22	
インターラプト	p.135	
インターロック	p.236,249	
インターン	p.192	
インターンシップ	p.193	
インダストリアルエンジニアリング	p.90	
インダストリアルパーク	p.226	
インタラクティブ	p.135,249	
インタレスト・グループ	p.22	
インテーク	p.167	
インテグレーション	p.249	
インデックス・ファンド	p.90	
インテリア	p.22	
インテリジェンス	p.249	
インテリジェントビル	p.226	
インテレクチュアル・プロパティ	p.249	
インテンシブ	p.250	
イントラネット	p.135	
インナーシティー	p.226	
インパクト	p.22	
インパクト分析	p.22	
インフォーマル	p.250	
インフォームド・コンセント	p.167	

インフォメーション	p.250	
インフォメーション・テクノロジー	p.135	
インプット	p.135	
インフラストラクチャー（インフラ）	p.226	
インプリメンテーション	p.22	
インフルエンザ	p.167	
インフレーション（インフレ）	p.90	
インフレーションターゲティング	p.91	
インプレッション	p.250	
インベストメント	p.91	
インベントリー	p.91	
インボイス	p.91	
インポート	p.135	
インマルサット	p.250	
インライン・システム	p.135	
インランド・デポ	p.236	

う

ウィキ	p.136	
ウィキペディア	p.136	
ウイルス	p.136,168	
ウイング	p.226	
ヴィンテージ	p.250	
ウィンドウズ	p.137	
ウェイト	p.250	
ウェザーマーチャンダイジング	p.92	
ウェストミンスター・モデル	p.24	
ウェブ2.0	p.137	
ウェブサイト	p.137	
ウェブジン	p.137	
ウェブ・マスター	p.137	
ウェルネス	p.168	
ウェルビーイング	p.168	
ウォーターフロント	p.227	
ウォームビズ	p.208	
ウォール・ストリート	p.92	

え

エアダスト	p.250	
エイ・オー入試（A・O入試）	p.192	
エイジェンシー	p.24	
エイジフリー	p.251	
エイズ	p.168	
エイチ・アイ・ブイ	p.168	
エー・エス・ピー	p.137	
エー・エル・オー・エス	p.168	
エージェント	p.92	
エー・ディー・アール	p.24	
エー・ディー・エイチ・ディー	p.169	
エー・ディー・エス・エル	p.137	
エートス	p.251	

アップグレード	p.130	アレンジメント	p.247
アップツーデート	p.130	アロケーション	p.89
アップデート	p.130	アンインストール	p.131
アティス	p.235	アンカー	p.247
アドバイザー	p.14	アングラ	p.131
アドバルーン	p.246	アングラサイト	p.131
アドバンス	p.88	アングル	p.247
アドバンテージ	p.246	アンケート	p.15
アトピー	p.165	アンダードッグ効果	p.15
アドボカシー・プランニング	p.14	アンダーバー	p.131
アドホック	p.130	アンタイドローン	p.89
アドミッション・オフィス方式	p.192	アンチ	p.16
アドミッションズ・オフィス	p.192	アンチ・グローバリズム	p.15
アドミッション・ポリシー	p.192	アンテナ・ショップ	p.16
アドミニストレーション	p.14	アントレプレナー	p.16
アドミニストレータ	p.14,130	アンビヴァレント	p.247
アトラクション	p.225	アンペイドワーク	p.89
アトランダム	p.246	**い**	
アトリウム	p.225		
アドレス	p.131	イー・アール	p.166
アナウンスメント	p.14	イー・アイ・エム	p.133
アナウンスメント効果	p.14	イーウェイスト	p.201
アナフィラキシー	p.165	イー・エー	p.20
アナリスト	p.88	イー・エス（ES）細胞	p.166
アナログ	p.246	イー・ガバメント	p.20
アニマル・アシステッド・アクティビティ	p.165	イーコマース（イーシー）	p.90
アニマルセラピー	p.165	イー・コンシューマー・ガバメント	p.20
アニュアルレポート	p.88	イー・ディー	p.166
アネックス	p.225	イーティシー	p.236
アパシー	p.15	イー・ピー・アール	p.201
アパルトヘイト	p.15	イー・ピー・エー	p.20
アパレル	p.246	イー・ピー・エム・エス	p.234
アピール	p.246	イービジネス	p.90
アファーマティブ・アクション	p.15	イーメール	p.133
アフィリエイトプログラム	p.131	イーラーニング	p.192
アブノーマル	p.165	イエローカード	p.247
アプリオリ	p.246	イグニッションインターロック装置	p.236
アプリケーション	p.131	イシュー	p.187
アプリケーションパッケージ	p.131	イデア	p.248
アプローチ	p.225	イデオロギー	p.248
アポインティブ	p.15	イニシアチブ	p.21
アポイントメント	p.246	イニシエーション	p.90
アマゾン・ドット・コム	p.131	イニシャル・コスト	p.21
アミューズメント施設	p.225	イノセント	p.248
アムネスティ	p.247	イノベーション	p.248
アムネスティ・インターナショナル	p.246	イベント	p.248
アメダス	p.247	イマジネーション	p.248
アメニティー	p.225	イミグレーション	p.21
アライアンス	p.89	イルミネーション	p.225
アリーナ	p.225	インカム	p.90
アレルギー	p.165	インカムゲイン	p.90

行政カタカナ用語辞典

索引

あ

アーカイブス …………………… p.11
アーキテクチャー ……………… p.224
アーケード ……………………… p.224
アートマネジメント …………… p.224
アーバン ………………………… p.224
アーバンデザイン ……………… p.224
アーバンリゾート ……………… p.224
アーベイン ……………………… p.224
アール・アイ・エー …………… p.11
アール・アンド・ディ ………… p.192
アール・シー・シー …………… p.88
アール・ティー・エー ………… p.11
アール・ディー・エフ ………… p.200
アイ・アール …………………… p.88
アイ・エス・エム・エス ……… p.128
アイ・エス・オー ……… p.11,200
アイ・エス・オー 14000 … p.11,200
アイ・エス・オー 9000 …… p.11,88
アイ・エス・ディー・エヌ …… p.128
アイ・エル・オー ……………… p.244
アイコン ………………………… p.128
アイ・シー（ＩＣ） …………… p.128
アイ・シー・タグ ……………… p.128
アイ・シー・ティー …………… p.129
アイ・シー・ユー ……………… p.164
アイストップ …………………… p.224
アイ・ティー …………………… p.129
アイ・ティー・エス …………… p.234
ITコーディネータ ……………… p.129
アイ・ティー戦略本部 ………… p.12
アイテム ………………………… p.244
アイデンティティ ……………… p.244
アイドリングストップ …… p.200,235
アイバンク ……………………… p.164
アイ・ピー・エス（iPS）細胞 … p.164
アイ・ピー・シー ……………… p.244
アイ・ピー・シー・シー ……… p.200
アウトカム ……………………… p.12
アウトカム評価 ………………… p.12
アウトソーシング ……………… p.12
アウトプット …………………… p.12

アウトプレースメント ………… p.13
アウトライン …………………… p.244
アウトリーチ …………………… p.164
アウトルックエクスプレス …… p.129
アウトレット …………………… p.244
アウトレットモール …………… p.224
アカウンタビリティ …………… p.13
アカデミー ……………………… p.245
アカデミズム …………………… p.192
アクアリウム …………………… p.224
アクション ……………………… p.245
アクション・プラン …………… p.13
アクション・プログラム ……… p.13
アクセシビリティ ………… p.130,245
アクセス ………… p.129,164,224,235
アクセス権 ………… p.13,129,164,245
アクセスタイム ………………… p.129
アクセスポイント ……………… p.129
アクティビティー ……………… p.245
アクティブ ………………… p.130,245
アクティブ化／アクティベート／アクティベーション ………………… p.130
アクト …………………………… p.245
アグレッシブ …………………… p.245
アジェンダ ……………………… p.13
アジェンダ21 ………………… p.200
アジェンダ・セッティング …… p.13
アシッドレイン ………………… p.201
アジャスト ……………………… p.13
アスペクト ……………………… p.245
アスベスト ……………………… p.201
アスベスト救済法 ……………… p.164
アスレチック（ス） …………… p.224
アセスメント …………………… p.13
アセット ………………………… p.88
アセットマネジメント ………… p.88
アセンブリー …………………… p.14
アソシエーション ……………… p.245
アタッチメント ………………… p.246
アダプト／アドプト …………… p.14
アダプト・システム（アドプト・システム） …………………………… p.14
アダプト・ロード・プログラム … p.14

2007年　明治大学大学院政治経済学研究科政治学専攻博士前期課程修了（政治学修士）。同年、国分寺市役所入庁。
大学院では「自治体と住民との協働」をテーマに研究。
修士論文：「コミュニティの再生と自治会・町内会の機能と活性化 - ５つの引証基準を素材にして - 」

監修・著者代表者　紹介
中邨章（なかむら　あきら）

現在、明治大学政経学部教授、公共政策大学院ガバナンス研究科教授を兼任。2008年3月まで6年間、明治大学副学長・大学院長をつとめる。1966年カリフォルニア大学バークレー校を卒業し、その後、南カリフォルニア大学大学院に進学。1973年に同校を修了し、政治学博士（Ph.D.）を受ける。カリフォルニア州立大学講師を経て、1976年から明治大学で教える。2003年から4年間、国際連合行政専門委員会委員。また、カナダ・ビクトリア大学特任教授やアメリカ・ブルッキングシ研究所研究員なども歴任。2003年には日本地方自治学会理事長就任。現在、国際行政学会政策諮問委員会会長、総務省消防庁「自治体危機管理研究委員会」座長のほか、日本自治体危機管理学会会長なども兼務。著書には、『アメリカの地方自治』、『東京市制と都市計画』、『自治体主権のシナリオ』、『危機管理の72時間』など多数。

著者　紹介
西村　弥（にしむら　わたる）

1976年生まれ。埼玉県出身。明治大学政治経済学部卒。明治大学大学院政治経済学研究科政治学専攻博士後期課程修了、博士（政治学）。

現在、（財）行政管理研究センター研究員、明治大学危機管理研究センター研究推進員、明治大学政治経済学部兼任講師、成蹊大学法学部、千葉商科大学商経学部、城西大学現代政策学部にて非常勤講師。日本政治学会、日本行政学会、日本自治体危機管理学会、日本オンブズマン学会に所属。論文に、「民営化の政治過程における政策環境の変化と議題設定に関する研究」など。

三原武司（みはらたけし）

1974年生まれ。東京都出身。
明治大学大学院政治経済学研究科政治学専攻博士後期課程修了。博士（政治学）。論文に「時空間の政治・社会理論──拡大する現在、ネオ・ステイティズム、第三の道」など。

芦田　隼人（あしだ　はやと）

現職　東京都国分寺市役所　都市建設部　都市計画担当。
1981年　大阪府出身。明治大学政治経済学部政治学科卒業。

行政カタカナ用語辞典

発行日	2008年8月4日
監修	中邨　章
著者代表	中邨　章
編集	イマジン自治情報センター
発行人	片岡　幸三
印刷所	凸版印刷株式会社
発行所	イマジン出版株式会社 ©
	〒112-0013 東京都文京区音羽1-5-8
	TEL (03) 3942-2520　FAX (03) 3942-2623
	http://www.imagine-j.co.jp/

ISBN978-4-87299-486-5　C2531　￥2200

イマジン出版 http://www.imagine-j.co.jp/

COPA BOOKS 　　　　　　　　　　　自治体議会政策学会叢書

地域防災とまちづくり
―みんなをその気にさせる災害図上訓練―

瀧本 浩一（山口大学准教授）**著**

- ある日突然起きる災害、みんなが参加してつくる災害防止の地域力。
- 子どもから高齢者まで参加して地域の危険箇所、避難所、要支援者などを点検。
- 安全なまちづくりにみんなが盛り上がる訓練の行い方がよくわかる。
- 災害図上訓練がまちづくりを変える。
- まちづくりと災害を知り尽くした著者がわかりやすく提言。

□A5判／108頁／定価1,050円（税込）

スウェーデン 高い税金と豊かな生活
―ワークライフバランスの国際比較―

星野 泉（明治大学教授）**著**

- 暮らしの豊かさ、人間の幸福を税金の仕組みから問い直す。消費税25％でもたじろがない、どうしてそんなことができるのか。
- 生活実感からみたスウェーデン。
- 税金の国際比較を通して明らかにするスウェーデンの実像と日本のひずみ。

□A5判／120頁／定価1,050円（税込）

予算・決算 すぐわかる自治体財政
―バランスシートから財政健全化法まで―

兼村 高文（明治大学大学院教授）**著**
星野　 泉（明治大学教授）**著**

- これからどうなる、どうする自治体財政。地方財政健全化法と自治体のバランスシート作成など現状を明快に解説。
- 自治体予算の役割と仕組み、決算の読み方、会計の仕組みや課題などの基礎と財政分析の活用の仕方をわかりやすく著した必携の書。

□A5判／200頁／定価2,100円（税込）

ご注文は直接、TELまたはFAXでイマジン自治情報センターへ

TEL.03-3221-9455　FAX.03-3288-1019　〒102-0083 東京都千代田区麹町2-3 麹町ガーデンビル6D

全国の主要書店・政府刊行物サービスセンター官報販売所でも取り扱っています。

イマジン出版
http://www.imagine-j.co.jp/

COPA BOOKS
自治体議会政策学会叢書

地域自立の産業政策
―地方発ベンチャー・カムイの挑戦―
小磯修二(釧路公立大学教授・地域経済研究センター長)著
□A5判／120頁　定価1,050円(税込)

いいまちづくりが防災の基本
―防災列島日本でめざすは"花鳥風月のまちづくり"―
片寄俊秀(大阪人間科学大学教授)著
□A5判／88頁　定価1,050円(税込)

地域のメタ・ガバナンスと基礎自治体の使命
―自治基本条例・まちづくり基本条例の読み方―
日高昭夫(山梨学院大学教授)著
□A5判／100頁　定価945円(税込)

まちづくりと新しい市民参加
―ドイツのプラーヌンクスツェレの手法―
篠藤明徳(別府大学教授)著
□A5判／110頁　定価1,050円(税込)

自治体の入札改革
―政策入札―価格基準から社会的価値基準へ―
武藤博己(法政大学教授)著
□A5判／136頁　定価1,260円(税込)

犯罪に強いまちづくりの理論と実践
―地域安全マップの正しいつくり方―
小宮信夫(立正大学教授)著
□A5判／70頁　定価945円(税込)

増補版 自治を担う議会改革
―住民と歩む協働型議会の実現―
江藤俊昭(山梨学院大学教授)著
□A5判／164頁　定価1,575円(税込)

地域防災・減災 自治体の役割
―岩手山噴火危機を事例に―
斎藤徳美(岩手大学副学長)著
□A5判／100頁　定価1,050円(税込)

自治体と男女共同参画
―政策と課題―
辻村みよ子(東北大学大学院教授)著
□A5判／120頁　定価1,260円(税込)

政策法務のレッスン
―戦略的条例づくりをめざして―
松下啓一(大阪国際大学教授)著
□A5判／108頁　定価945円(税込)

自治体法務の最前線
―現場からはじめる分権自治―
提中富和著
□A5判／128頁　定価1,365円(税込)

インターネットで自治体改革
―市民にやさしい情報政策―
小林隆(東海大学准教授)著
□A5判／126頁　定価1,260円(税込)

ローカル・マニフェスト
―政治への信頼回復をめざして―
四日市大学地域政策研究所(ローカル・マニフェスト研究会)著
□A5判／88頁　定価945円(税込)

ペイオフと自治体財政
大竹慎一(ファンドマネージャー)著
□A5判／70頁　定価945円(税込)

自治体の立法府としての議会
後藤仁(神奈川大学教授)著
□A5判／88頁　定価945円(税込)

自治体議員の新しいアイデンティティ
―持続可能な政治と社会的共通資本としての自治体議会―
住沢博紀(日本女子大学教授)著
□A5判／90頁　定価945円(税込)

ローカル・ガバナンスと政策手法
日高昭夫(山梨学院大学教授)著
□A5判／60頁　定価945円(税込)

分権時代の政策づくりと行政責任
佐々木信夫(中央大学教授)著
□A5判／80頁　定価945円(税込)

●ご注文お問い合せは●
イマジン自治情報センター TEL.03(3221)9455／FAX.03(3288)1019
〒102-0083 東京都千代田区麹町2-3 麹町ガーデンビル6D
http://www.imagine-j.co.jp/

D-file [ディーファイル]

イマジン出版
〒112-0013 東京都文京区音羽1-5-8

分権自治の時代・自治体の新たな政策展開に必携

自治体の政策を集めた雑誌です
全国で唯一の自治体情報誌

毎月600以上の自治体関連記事を**新聞1紙の購読料**なみの価格で取得。

[見本誌進呈中]

実務に役立つよう記事を詳細に分類、関係者必携!!

迅速・コンパクト
毎月2回刊行(1・8月は1回刊行)1ヶ月の1日〜15日までの記事を一冊に(上旬号、翌月10日発行)16日〜末日までの記事を一冊に(下旬号、翌月25日発行)年22冊。A4判。各号100ページ前後。名号の掲載記事総数約300以上。

詳細な分類・編集
自治体実務経験者が記事を分類、編集。自治体の事業・施策に関する記事・各種統計記事に加えて、関連する国・企業の動向も収録。必須情報がこれ一冊でOK。

見やすい紙面
原寸大の読みやすい誌面。検索しやすい項目見出し。記事は新聞紙面を活かし、原寸サイズのまま転載。ページごとに項目見出しがつき、目次からの記事の検索が簡単。

豊富な情報量
58紙以上の全国紙・地方紙から、自治体関連の記事を収録。全国の自治体情報をカバー。

自治体情報誌 D-file別冊 Beacon Authority 実践自治 ビーコン オーソリティー

条例・要綱を詳細に収録
自治体が制定した最新の条例、要綱、マニュアルなどの詳細を独自に収録。背景などポイントを解説。

自治体アラカルト
地域や自治体の特徴的な動きをアラカルトとして編集。自治体ごとの取り組みが具体的に把握でき、行政評価、政策分析に役立つ。

タイムリーな編集
年4回刊(3月・6月・9月・12月、各月25日発行)。各号に特集を掲載。自治体 を取りまく問題をタイムリーに解説。A4判・80ページ。

実務ベースの連載講座
最前線の行政課題に焦点をあて、実務面から的確に整理。

施策の実例と評価
自治体の最新施策の事例を紹介、施策の評価・ポイントを解説。各自治体の取り組みを調査・整理し、実務・政策の企画・立案に役立つよう編集。

D-fileとのセット
D-fileの使い勝手を一層高めるために編集した雑誌です。
別冊実践自治[ビーコンオーソリティー]のみの購読はできません。

ご購読価格 (送料・税込)

☆年間契約	55,000円	=[ディーファイル] 年間22冊 月2冊(1・8月は月1冊) 実践自治[ビーコンオーソリティー] 4冊/(年間合計26冊)
☆半年契約	30,500円	=[ディーファイル] 半年間11冊 月2冊(1・8月は月1冊) 実践自治[ビーコンオーソリティー] 2冊/(半年間合計13冊)
☆月払契約	各月5,000円(1・8月は3,000円)	=[ディーファイル] 月2冊(1・8月は月1冊) 実践自治[ビーコンオーソリティー] =3,6,9,12月各号1,250円

お問い合わせ、お申し込みは下記「イマジン自治情報センター」までお願いします。

電話 (9:00〜18:00) 03-3221-9455
FAX (24時間) 03-3288-1019
インターネット (24時間) http://www.imagine-j.co.jp/